职业教育汽车专业技能人才培养规划教材

ZHIYE JIAOYU QICHE ZHUANYE JINENG RENCAI PEIYANG GUIHUA JIAOCAI

U0940873

汽车自动变速器拆装与检修

■ 周洋　主编

柯文远　周超　张献群　副主编

徐咏良　主审

人民邮电出版社

北京

图书在版编目（CIP）数据

汽车自动变速器拆装与检修 / 周洋主编. -- 北京 : 人民邮电出版社, 2012.8（2016.1重印）
职业教育汽车专业技能人才培养规划教材
ISBN 978-7-115-27956-9

Ⅰ. ①汽… Ⅱ. ①周… Ⅲ. ①汽车－自动变速装置－装配（机械）－职业教育－教材②汽车－自动变速装置－车辆修理－职业教育－教材 Ⅳ. ①U472.41

中国版本图书馆CIP数据核字(2012)第090026号

内 容 提 要

本书是职业院校汽车运用与维修专业“汽车自动变速器”课程理实一体化教学教材。它依据国家职业标准关于“汽车自动变速器”考核要求以及“汽车自动变速器”模块教学实际需要，系统地介绍了汽车自动变速器构造、原理和维修技能；其主要内容包括：安全教育、自动变速器拆装工艺、自动变速器构造与检修、自动变速器故障诊断等。

本书可作为职业院校汽车类专业的教材，也可作为汽车行业岗前培训或自学用书，同时可供汽车维修技术人员阅读参考。

职业教育汽车专业技能人才培养规划教材

汽车自动变速器拆装与检修

◆ 主　　编　周　洋
副 主 编　柯文远　周　超　张献群
主　　审　徐咏良
责任编辑　刘盛平

◆ 人民邮电出版社出版发行　　北京市丰台区成寿寺路11号
邮编　100164　　电子邮件　315@ptpress.com.cn
网址　http://www.ptpress.com.cn
北京中石油彩色印刷有限责任公司印刷

◆ 开本：787×1092　1/16
印张：10.75　　2012年8月第1版
字数：274千字　　2016年1月北京第2次印刷

ISBN 978-7-115-27956-9

定价：23.00元

读者服务热线：(010) 81055256　印装质量热线：(010) 81055316
反盗版热线：(010) 81055315
广告经营许可证：京崇工商广字第0021号

前言 PREFACE

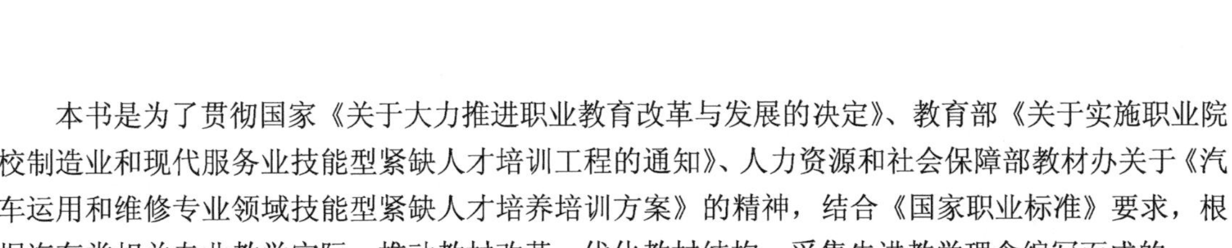

本书是为了贯彻国家《关于大力推进职业教育改革与发展的决定》、教育部《关于实施职业院校制造业和现代服务业技能型紧缺人才培训工程的通知》、人力资源和社会保障部教材办关于《汽车运用和维修专业领域技能型紧缺人才培养培训方案》的精神，结合《国家职业标准》要求，根据汽车类相关专业教学实际，推动教材改革，优化教材结构，采集先进教学理念编写而成的。

本书具有以下特点。

（1）理实一体化。理实一体化是当前汽车专业教学较为合适和效果较好的一种教学模式。汽车自动变速器是汽车专业教学模块之一，本模块教学全过程分 3 个单元进行：第一单元主要介绍教学的相关安全知识，任务结束后进行本任务考试；第二单元共 6 个任务，主要介绍自动变速器基本原理、拆装工艺和元件构造与检修，其中元件检修与拆装实习同步进行，理论、检修和拆装同时结束，最后分项组织考试；第三单元主要介绍自动变速器故障诊断理论与故障诊断作业，二者同步穿插进行，任务结束后进行本任务考试。本书从内容及教学运作上体现了理实一体化的特点。

（2）情境化教学。情境化教学是指通过“情境描述”和“情境链接”来设置学习任务，对为完成维修任务或回答问题所需专业理论和技能进行系统学习和训练的一种教学形式。本教材在每个知识或技能点前，设置维修故事或学习问题，引领学生进入学习或实习状态，激发学习欲望，增加学习动力，让学生带着工作任务去学习。

（3）驱动型教学。本书以“课前导读”环节，组织学生课前自主学习，起到承前启后的作用；通过工作情境描述，促动学生学习和实习；在教学内容中设置学习应答，把听、习、思、行有机结合，构建思维学习方式；以“拓展问题”学习形式，让学生获得学习效果的反思和体检；以“活动评价”环节，让学生自我检测学习效果等，充分体现了教师教学和学生学习的驱动性。

（4）教学内容翔实。从汽车专业技能型人才培养方向出发，学生学什么，为什么要学，应做哪些，怎么样去做，教材都给予了明确答复。

本书由周洋任主编，柯文远、周超和张献群任副主编，周盛海、邓湘滨参与编写，徐咏良主审。在编写过程中，参阅有关专著和文章，引用了精辟段落和优秀图片，在此表示衷心感谢。

由于编者水平有限，书中难免出现疏漏和不足之处，敬请读者批评指正。

编　者

2012 年 4 月

第一单元　安全教育 …… 1

任务　关键-专业能力安全 …… 1

■ 课前学习导读 …… 1

■ 工作情境描述 …… 2

■ 相关知识信息——学生学习安全知识 …… 2

■ 任务实施——学生自我安全知识检查 …… 5

■ 拓展练习 …… 6

■ 学习活动评价 …… 6

第二单元　自动变速器构造与维修 …… 8

任务Ⅰ　认识自动变速器 …… 8

■ 课前学习导读 …… 8

■ 工作情境描述 …… 9

■ 相关知识信息——自动变速器概述 …… 9

■ 任务实施——自动变速器识别 …… 14

■ 拓展练习 …… 18

■ 学习活动评价 …… 18

任务Ⅱ　自动变速器拆装 …… 19

■ 课前学习导读 …… 19

■ 工作情境描述 …… 20

■ 相关知识信息——自动变速器拆装知识 …… 20

■ 任务实施——自动变速器拆装流程 …… 23

■ 拓展练习 …… 39

■ 学习活动评价 …… 40

任务Ⅲ　液力变矩器 …… 41

■ 课前学习导读 …… 41

■ 工作情境描述 …… 42

■ 相关知识信息——液力变矩器的构造 …… 42

■ 任务实施——液力变矩器检修 …… 52

■ 拓展练习 …… 55

■ 学习活动评价 …… 55

任务Ⅳ　齿轮变速器 …… 57

■ 课前学习导读 …… 57

■ 工作情境描述 …… 58

■ 相关知识信息——齿轮变速器的构造 …… 58

■ 任务实施——齿轮变速器检修 …… 74

■ 拓展练习 …… 78

■ 学习活动评价 …… 79

任务Ⅴ　液压控制系统 …… 80

■ 课前学习导读 …… 80

■ 工作情境描述 …… 81

■ 相关知识信息——液压控制元件构造 …… 81

■ 任务作业实施——液压控制系统元件检修 …… 93

■ 拓展练习 …… 97

■ 学习活动评价 …… 98

任务Ⅵ　电子控制系统 …… 99

■ 课前学习导读 …… 99

■ 工作情境描述 …… 100

■ 相关知识信息——电子控制系统元件构造 …… 100

■ 任务实施——电子控制系统元件检修 …… 115

■ 拓展练习 …… 119

■ 学习活动评价 …… 120

第三单元　自动变速器故障诊断 ………… 121

任务　自动变速器故障诊断 ……………………… 121

■ 课前学习导读 ……………………… 122

■ 工作情境描述 ……………………… 122

■ 相关知识信息——自动变速器故障诊断知识 ………… 122

■ 任务实施——自动变速器故障诊断基本操作 ……………… 125

■ 拓展练习 ……………………………… 159

■ 学习活动评价 ……………………… 160

附录 A　汽车自动变速器型号与车型对照表 ………………………… 161

附录 B　汽车自动变速器术语中英文对照表 ………………………… 163

参考文献 ……………………………………………… 166

第一单元 安全教育

“安全第一，预防为主”是人们从事工作、学习和生活的重要行为准则。学生在校学习期间，首先要学会安全；安全是生命，安全是财富，安全更是人的全部。因此，关爱生命，精彩人生，造就财富，实现成功，就必须从安全做起。

任务一 关键-专业能力安全

■ **本任务学习目标**

1．熟悉安全知识，强化安全意识。

2．自我安全体检，增强安全能力。

■ **本任务建议课时**　　6 课时

■ **本任务教学流程**

1．开课教育。

2．播放学校学生安全案例影像资料。

3．组织学生通阅学习安全相关知识，填写课前导读工作页。

4．结合学生安全实际，讲解学习安全知识。

5．组织学生填写“任务作业实施”工作页，学生自我安全检查。

6．组织学生“拓展问题”讨论。

7．布置安全知识复习资料，并组织课堂复习。

8．组织安全知识考试。

9．考试结束后，填写活动评价表。

10．小结学生学习情况。

■ **本任务教学准备**

学校学生安全案例影像资料、自动变速器相关影像资料、本任务教学课件、本任务安全知识复习考试资料等。

■ 课前学习导读

序　号	导读内容	答案选择		
1	学校学生日常行为规范有多少条	3□	4□	5□
2	教师点名时，学生应做到哪一点	不起立答到□	起立答到□	起立不答到□
3	学生应提前多少分钟进教室	3□	5□	10□

续表

序号	导读内容	答案选择		
4	实习要求做到多少不准	5□	10□	15□
5	“不准闲谈打闹”是第几不准	1□	3□	5□
6	自动变速器检修时，密封件应如何处理	不需更换□	必须更换□	视情况更换□
7	汽修工应自觉按照什么要求进行维修工作	操作规程□	工资薪津□	生活补贴□
8	积极进取，应敢于什么	讲演□	时髦□	创新□
9	实习穿什么衣服都可以	对□	错□	
10	实习课可以不带书	对□	错□	
11	螺丝刀可作为撬棍使用	对□	错□	
12	拆装受力零件时，可直接用锤子敲击	对□	错□	
13	自动变速器出现故障时，应立刻拆卸检修	对□	错□	
14	有驾照的修理工就可路试汽车	对□	错□	

■ 工作情境描述

学校从重视教学安全角度出发，成立了以校长为组长的学校安全工作领导小组，建立层层安全工作责任制和严格的安全管理运行机制。学生在进入新模块学习之始，必须进行相应的安全教育。通过教育，使每个学生重温安全，熟悉模块特有的专业安全知识，强化安全知行统一；运用多种教育形式，领引学生安全学习，使学生获得自我安全体验和感悟，让学生真实地享受安全带来的人生快乐。

■ 相关知识信息——学生学习安全知识

安全知识包括关键能力安全知识和专业能力安全知识两个方面。关键能力安全知识是指能确保身心健康所要具备的最基本知识要素；专业能力安全知识是指能确保人身和财产安全所要具备的专业知识要素。关键能力安全知识是学习安全的基础；专业能力安全知识是学习安全的重要条件；二者相辅相成，事关安全的走向和安全与否。

知识一 关键能力安全知识

1. 学校学生日常行为规范	遵纪守法　勤奋学习 尊敬师长　团结同学 热爱劳动　文明生产 遵守公德　勤俭节约 自尊自爱　仪表端庄	● “哥们义气”很容易 违纪违法□　团结同学□ 遵守公德□ ● 60 分思想是不是勤奋学习的态度 是□　不是□
2. 理论课堂管理制度	（1）学生应该提前 10min 进入课堂，不迟到，做好上课准备；上课铃响后，师生互相礼节，保持端正坐姿 （2）学生迟到时，门口报告，待教师允许后进入教室就坐；教师点名时，学生起立答到；因故需离开课堂，应举手示意，经允许方可离开 （3）上课时，要严肃认真，保持安静，专心听讲；提问要举手，回答问题要起立；不与老师发生顶撞；衣着整洁，不穿背心、短裤、拖鞋，不坦胸露怀	● 上课坐姿不端正是否有害 有□　无□ ● 老师批评你，而你根本不理睬，算不算在顶撞老师 算□　不算□

续表

2. 理论课堂管理制度	(4) 上课前应带齐所需书籍和文具；上课中不乱找东西，不交头接耳，不看无关书刊，不做与上课无关事情 (5) 下课铃响后，教师宣布下课，全体起立，待老师回礼后方能离开座位 (6) 自习课须认真复习功课和做完布置作业，不迟到、早退，保持教室安静，不得在教室随意走动和离开教室，班长掌握考勤	● 上课能玩手机吗？ 能□ 不能□
3. 实习课堂管理制度	(1) 实习课前须穿好实习服装，戴好工作帽和其他防护品，提前10min进入实习工场，并做好上课准备工作 (2) 教师讲课时，专心听讲，做好笔记，不讲话、玩手机、睡觉和做与上课无关的事情；提问要举手，经教师同意后方可发问；上课中因故要出教室应举手示意，得到教师的允许可离开教室 (3) 教师操作示范时，认真观察，不拥挤和喧哗，不得乱动设备 (4) 学生按分配工位进行实习，不串岗，不能私自开启设备 (5) 严格遵守安全操作规程，防止发生人为事故 (6) 严格实习课题要求，保质保量按时完成实习任务，不断提高操作水平 (7) 实习做到十不准： ① 不准闲谈打闹 ② 不准擅离岗位 ③ 不准干私活 ④ 不准私带工具出车间 ⑤ 不准乱丢乱放工量具 ⑥ 不准生火玩火 ⑦ 不准设备带病工作 ⑧ 不准擅自拆修电器 ⑨ 不准乱用别人工具材料 ⑩ 不准顶撞教师 (8) 爱护公共财物，节电、节水、节约材料 (9) 保持工作场所整洁。下课前要清扫场地、保养设备，清理工具材料，关闭电源，经教师检查后方可离开 (10) 下课时，经教师同意后方可离开实习工场	● 迟到是违纪吗 是□ 否□ ● 天气炎热，脱下外衣穿背心违反课堂纪律吗 是□ 否□ ● 老师在场好好干，老师不在随便干是好心态吗 是□ 否□ ● 老师台上讲，我在台下私语好吗 好□ 不好□ ● 别人在实习时，我利用时间写封信有没有违纪 有□ 没有□ ● 因事需要离开实习场地一会儿，要不要报告老师 要□ 不要□
4. 汽车修理工岗位责任制	(1) 保证完成车间、班组分配生产任务，并且达到各项技术指标和技术定额；严格执行维修技术规范，保质保量完成维修任务 (2) 保管好自己使用的设备和工具，不要遗忘或损坏，并按期进行维护 (3) 经常保持设备、工具、场地和工件整洁，并做好交接班工作 (4) 自觉按照岗位操作规程进行生产，服从技术人员技术指导 (5) 在维修车辆过程中，认真进行自检和互检，虚心接受专职检验人员检查，保证自己完成的工序合格；如果有不合格，不交给下一工序，主动返工完成 (6) 遵守各项安全制度，合理使用设备和工具，不超负荷工作 (7) 坚持使用厂（场）发放的劳动保护用品进行生产，以保证生产安全 (8) 积极参加政治和业务学习，虚心学习别人经验，热情帮助其他同志，共同提高政治和业务水平，提高劳动生产率 (9) 不断改进工作，降低维修成本 (10) 认真做好各项原始记录，并按期上报 (11) 服从生产调度，积极参加班、组和车间管理工作	● 看到厕所水管常流水，管不管 管□ 不管□ ● 搞卫生做不做无所谓，对吗 对□ 不对□ ● 维修作业时，一个垫片没有装进去怎么办 重新安装□ 放着不装□ ● 总成组装完工后怎么办 自查自检□ 等待验收□

续表

5. 企业员工考核标准	(1) 爱岗敬业，廉洁自律 (2) 遵纪守法，按时上下班，不迟到、早退和旷工 (3) 积极参加企业组织的学习活动，提高思想素质，丰富专业知识 (4) 熟悉工作业务，提高专业技能 (5) 积极进取，敢于创新 (6) 团结同志，尊敬领导，乐于助人，团队精神强 (7) 提高服务质量，改进工作方法，提高工作效率，工作卓有成效 (8) 牢记企业宗旨和目标，维护企图信誉和利益，向企业提出合理化意见和建议	● 上班应做到 提前□ 晚到□ ● 下班应做到 按时□ 提前□ ● 同事之间应做到 和谐互助□ 不理不睬□ ● 遇见领导怎么打招呼 您好□ 再见□ ● 企业效益好坏与我没有关系，是老板的事情，对吗 对□ 不对□

知识二 专业能力安全知识

1. 实习操作前“一想二查三严格”	一想：当天学习中有哪些不安全因素，是如何处理的 二查：查设备、工具材料是否符合要求，有无隐患；如果发现异常，应立即报告有关教师，在确认设备、电器在安全状态下再使用；查看自己的操作是否符合安全要求以及防患措施是否妥当 三严格：严格遵守安全制度，严格执行操作规程，严格遵守课堂纪律，保证学习安全

● 实习中考虑过安全的事情吗	考虑□ 不考虑□ 有时考虑□
● 实习中电扇坏了你怎么办	去查开关□ 报告老师□ 不去管它□
● 你在作业时，想过作业安全吗	想过□ 没想过□ 根本不想□

2. 汽车维修作业有害因素	废气、汽油、防冻剂、旧机油、清洗剂、电解液、制动液、苯类、机械伤害

3. 汽车维修作业安全规程	(1) 按规定着装进行维修作业，不留长发 (2) 使用带电工具及设备时，要严格遵守安全操作规程，做到先检查，后使用 (3) 维修汽车时，要悬挂“正在维修”标牌，用三角木掩牢车轮 (4) 维修动态发动机时，注意防止伤害身体 (5) 在车底作业时，要使用卧板；有条件时，采用地沟或汽车举升器 (6) 使用千斤顶时，应放置平稳，人在车外位置，顶起后将汽车支牢；严禁用千斤支顶汽车而在车上或车下作业；在撤离千斤顶时，应缓慢打开开关，注意周围是否有人或障碍物影响 (7) 在维修放油时，要严禁烟火、停电作业 (8) 严格零件技术检验标准，确保维修质量 (9) 在装配汽车总成时，要采用正确操作方法，以免发生重大伤亡事故 (10) 视质量为生命，对企业信誉负责，为客户为所想，保质保量地完成维修工作任务	● 只要汽车在原地不动就可以维修车辆 对□ 不对□ ● 发动机一次未起动可以马上进行第二次起动 对□ 不对□ ● 为保全质量可修零件一律更换 对□ 不对□
4. 自动变速器实习安全规定	(1) 认真学习自动变速器结构、原理 (2) 熟悉自动变速器技术标准和操作规程 (3) 正确使用维修工具、量具和设备 (4) 拆卸零件要按序放置，按工序装配 (5) 防止丢失、损坏零件 (6) 严禁采取强拆强装等违规行为 (7) 严禁擅自动用实习设备 (8) 零件、油水不沾地 (9) 严格执行课堂纪律 (10) 维护实习场地卫生	● 自动变速器油对人体无伤害 是□ 不是□ ● 掌握自动变速器理论与拆装没有关系 是□ 不是□ ● 自动变速器拆装时，零件可以放在地上 是□ 不是□

续表

5. 自动变速器维修操作安全规程	（1）自动变速器在途中发生故障需要拖回时，应将传动轴拆开或将驱动轮离地后拖回 （2）解体变速器时，应先将变速器外部清洗干净，防止脏物污染内部精密元件 （3）解体后的零件要按序放置，避免漏装、错装 （4）应在清洁的场地解体变速器，不能用普通棉纱洗擦零件 （5）在组装变速器前应清洁所有零件并用压缩空气吹干 （6）对于销、片、圈、封件，不要重复使用，应均换为新件安装 （7）新摩擦片、钢片、密封油圈或新运动零件，在装配时均应涂抹变速器油 （8）新摩擦片要在自动变速器油中至少浸泡 15min 后再装配 （9）推力轴承、止推圈片位置和方向不能装反，预涂螺纹件在装配先涂抹密封胶 （10）自动变速器一旦出现故障时，不可盲目拆卸 （11）检修后的变速器必须按规定牌号加满自动变速器油
● 自动变速器位于发动机与哪个器件之间	变矩器□　传动轴□　驱动桥□
● 装配时，因有密封圈就不需涂密封胶	对□　错□
● 自动变速器的自动是指不需人来变挡	对□　错□
● 国产自动变速器油主要牌号有	6 号 7 号□　6 号 8 号□　8 号 9 号□
6. 汽车行驶中自动变速器操作注意事项	（1）从高挡换入低挡，必须先使汽车减速至相应的车速后才能进行 （2）选挡时，应先挂低挡再踩油门，不要立即猛踩油门；不许边踩油门边挂挡；更不要踩着制动踏板或未松驻车制动手柄就踩油门 （3）行驶中若无特殊需要，不要将选挡手柄在 D、S、L 挡之间来回拨动 （4）严禁空挡慢行
7. 倒车时自动变速器的正确使用	在换入 R 挡位前，一定要先让汽车停稳，不允许在汽车未停稳时就将选挡手柄在前进挡与倒挡之间切换，否则会损坏自动变速器中的摩擦片和制动带。有些轿车变速器的液压控制系统中装有倒挡限位阀，汽车未停稳时挂不上倒挡，从而起到换挡保护作用

■ 任务实施——学生自我安全知识检查

安全在心，更在于行。安全要素你心知多少，多少符合，不妨从下列问题回答中去体验和寻找答案。

学生自我安全知识检查

序　号	实 施 内 容	答 案 选 择		
1	学校人才培养目标有 4 点。你认为最接近的一点是什么	高尚品质□ 高超技能□	高强才智□ 高质身心□	
2	上课时要求不做与上课无关的事情。上课能玩手机吗	能□	不能□	
3	你上课玩过手机吗	有过□	没有□	经常□
4	你认为上课玩手机是有益还是有害	有益□	有害□	
5	你曾有过不安全苗头吗	有□	没有□	见过□
6	“不准擅离岗位”容易忽视吗	容易□	不容易□	偶尔□
7	老师讲授专业理论时，你是否在认真听讲	认真□	不认真□	容易分散□
8	老师在实习传授技能时，你是否认真在用心记忆	认真□	不认真□	无心记忆□
9	你喜欢的是理论课还是实习课，还是都喜欢	理论课□	实习课□	其他课□
10	上课老师批评你时，你是反感还是乐意接受	反感□	乐意接受□	无所谓□

续表

序 号	实施内容	答案选择		
11	团队精神又指什么精神	集体主义□	人脉关系□	助人为乐□
12	课堂安静的反义词是什么	集中精力□	高声喧哗□	静思无语□
13	心理对抗的同义词是什么	接受教育□	善罢甘休□	不甘示弱□
14	汽车制动液是否有毒有害	有□	无□	
15	实习时发现异常，不用阻止但要立即报告任课老师，对吗	对□	错□	
16	实习中有过打打闹闹吗	有□	无□	
17	同学提前离开实习场所回舍宿与我无关吗	有□	无□	
18	遇到学习难题退缩吗	要□	不要□	
19	60分万岁是好心态吗	好□	不好□	
20	现在只是学习，有没有目标不要紧，毕业后再作打算，对吗	对□	不对□	
21	每次考试准备纸条抄吗	没有□	有时有□	是的□
22	每次考试成绩一般在什么水平	优秀□	良好□	及格□
23	你在学校父母放心吗	放心□	不太放心□	很不放心□

■ 拓展练习

1．阐述心理安全与身体安全的关系。______________________________

____

____

2．安全操作规程与安全技术标准是同一概念吗？为什么？______________________________

____

3．简要阐述安全的意义。______________________________

____

____

■ 学习活动评价

活动评价表

项 目	评价内容	评价等级（学生自我评价）		
		A	B	C
关键能力评价项目	1．安全意识强			
	2．着装仪容符合实习要求			

续表

项目	评价内容	评价等级（学生自我评价）		
		A	B	C
关键能力评价项目	3．积极主动学习			
	4．无消极怠工现象			
	5．爱护公共财物和设备设施			
	6．维护课堂纪律			
	7．服从指挥和管理			
	8．积极维护场地卫生			
专业能力评价项目	1．书、本等学习用品准备充分			
	2．工具、量具选择及运用得当			
	3．理论联系实际			
	4．遵守操作规范			
	5．作业符合技术标准			
	6．独立完成操作训练			
	7．独立完成工作页			
	8．学习和训练质量高			
教师评语		成绩评定		

第二单元 自动变速器构造与维修

自动变速器（Automatic Transmissions，AT）是指能根据发动机转速和汽车行驶阻力变化自动改变速度和扭矩大小，实现动力传递，并能改变汽车行驶方向的装置。自动变速器是电子、液体、机械等传动技术应用及发展的产物。目前，美国、日本以及欧洲等国采用自动变速器的汽车达到80%～90%。

任务1 认识自动变速器

■ **本任务学习目标**

1．了解自动变速器的特点、类别、基本组成和控制原理。

2．掌握自动变速器型号、挡位识别方法。

■ **本任务建议课时**　　6课时

■ **本任务工作流程**

1．检查讲评学生完成导读工作页情况。

2．导入新课。

3．结合解剖自动变速器实物及影像资料，进行理论讲解。

4．对照自动变速器实物，进行识别作业示范。

5．组织学生自动变速器识别作业实习。

6．巡回指导学生实习。

7．组织学生“拓展问题”讨论。

8．组织本任务学习测试。

9．测试结束后，组织学生填写活动评价表。

10．小结学生学习情况。

■ **本任务教学准备**

自动变速器影像资料及课件、搭载自动变速器轿车2台、自动变速器总成4～6台、本任务学习测试资料。

■ 课前学习导读

序　号	导读内容	答案选择		
1	自动变速器英文缩写是什么	AT□	MT□	CT□
2	自动变速器采用液力传动技术后，发动机使用寿命可延长多少	65%□	75%□	85%□

续表

序　号	导 读 内 容	答 案 选 择		
3	电控自动变速器是由几大部分组成的	4□	5□	6□
4	自动变速器可分为前驱动和后驱动两种	对□	错□	
5	电控自动变速器主要换挡信号是节气门阀和速控阀	对□	错□	
6	节气门开关信号不是自动变速器主要换挡控制信号	对□	错□	
7	哪个元件具有离合器功用	变矩器□	变速器□	散热器□
8	轿车车箱尾部标有“MT”指该车搭载的是什么变速器	自动□	手动□	电动□
9	字母“A”表示的是什么变速器	自动□	手动□	电动□
10	字母“F”表示的是什么驱动自动变速器	前□	中□	后□
11	自动变速器控制类型中用什么字母表示液控自动变速器	L □	E □	R □
12	自动变速器型号 A341E 中，第一位数字表示的是什么	驱动方式□	控制类型□	生产序号□
13	自动变速器型号中“R”表示该自动变速器用于四轮驱动车辆	对□	错□	
14	选挡手柄在 R 位汽车不能移动	对□	错□	
15	挡位字母“S”为前进 2 挡	对□	错□	
16	选挡手柄在“L”时，汽车可在前进 1～2 之间自动换挡	对□	错□	

■ 工作情境描述

某汽修厂李师傅接到一张丰田皇冠轿车维修单，根据进厂检验提示，进行了自动变速器试验，分析结果是自动变速器故障。李师傅在了解该型号变速器基本结构和原理后，查询了这款车自动变速器有关维修技术资料，在经过一系列的检查、试验确认部位后，对该变速器拆检维修，最后送质检验收交车。

■ 相关知识信息——自动变速器概述

变速器在汽车传动系中主要起改变转速和转矩的作用。自动变速器、手动变速器的外形如图 2-1 所示。为满足人们对安全、舒适、节油和排放的要求，自动变速器便应运而生了。1939 年，美国通用汽车公司首先在其生产的奥兹莫比尔（Oldsmobile）轿车上装用了由液力变矩器行星齿轮

（a）自动变速器

（b）手动变速器

图 2-1　自动变速器、手动变速器的外形

组成的液力变速器。20 世纪 40 年代末 50 年代初，出现了根据车速和节气门开度自动控制换挡的液力控制换挡自动变速器。到 1975 年，自动变速器在重型汽车及公共汽车上的应用已相当普及。20 世纪 70 年代末，电子控制技术开始应用于汽车变速器，日本丰田汽车公司研制成功了世界上第一台电子控制变速装置，并在 1976 年实现了批量生产。目前，美国大部分的汽车装用了自动变速器，日本和西欧国家汽车自动变速器普及率也达到了 80%左右。

知识一 自动变速器的特点

自动变速器安装在发动机和驱动桥之间，它的功用是根据汽车行驶阻力的变化，在一定范围内自动地改变传动比，传递动力使汽车行驶，并能改变汽车行驶方向。同手动变速器相比，自动变速器具有以下特点。

（1）使用寿命长，经济性好

有试验资料表明，由于采用液力传动技术，发动机的使用寿命可延长 85%，变速器的使用寿命可延长 12 倍，传动轴的使用寿命可延长 75%以上。自动变速器能根据汽车行驶阻力变化，选择最佳换挡时机，从而提高了汽车的动力性和经济性。

（2）适应能力强，驾驶性好

自动变速器根据汽车行驶阻力变化，自动控制挡位变换，同时减少换挡次数和换挡冲击，特别适合非职业人员驾驶。

（3）行车安全高，排放性好

由于换挡次数的减少、道路适应性高等优点，驾驶员避免了频繁操作，有利于注意力的集中和体力的保持，增强了行车安全系数。采用自动变速器后，汽车能在最经济范围工作，其废气排放低，从而降低了排气污染。

（4）复杂、成本高、效率低

自动变速器的结构较复杂，生产和维修成本都较高，传递效率低。液体传动效率一般在 85%左右。

知识二 自动变速器的类型

不同车型所装用的自动变速器在形式、结构上往往有很大的差异，下面按不同的角度对自动变速器进行分类。

1．按变速方式分类

汽车自动变速器按变速方式的不同，可分为有级变速器和无级变速器两种。有级变速器是具有有限几个定值传动比（一般有 3～5 个前进挡和一个倒挡）的变速器。无级变速器是能使传动比在一定范围内连续变化的变速器，无级变速器目前在汽车上应用较少。

2．按汽车驱动方式分类

自动变速器按照汽车驱动方式的不同，可分为前驱自动变速器和后驱自动变速器,其实物图如图 2-2 所示，这两种自动变速器在结构和布置上有很大的不同。

后驱动自动变速器的变扭器和齿轮变速器的输入轴及输出轴在同一轴线上，因此轴向尺寸较大；阀板总成则布置在齿轮变速器下方的油底壳内。

前驱自动变速器（又叫自动变速器驱动桥）除了具有与后驱动自动变速器相同的组成外，在自动变速器的壳体内还装有差速器和主减速器。

（a）前驱自动变速器

（b）后驱自动变速器

图 2-2　前、后驱自动变速器实物图

3．按自动变速器前进挡位数分类

自动变速器按前进挡的挡数的不同，可分为 2、3、4 挡 3 种。早期的自动变速器通常有 2～3 个前进挡，没有超速挡，其最高挡为直接挡。新型轿车装用的自动变速器基本上都是 4 个前进挡，即设有超速挡，这种设计虽然使自动变速器的构造更加复杂，但由于设有超速挡，这样就能大大改善了汽车的燃油经济性。

4．按变矩器的类型分类

液力变矩器的类型，自动变速器大致可分为普通液力变矩器式、综合液力变矩器式和带锁止离合器的液力变矩器 3 种。普通液力变矩器是指由泵轮、导轮和涡轮 3 个元件组成的液力变矩器，如图 2-3 所示。综合式液力变矩器是指在导轮与固定导轮的套管之间装有单向离合器的液力变矩器，新型轿车的自动变速器普遍采用带锁止离合器的液力变矩器。

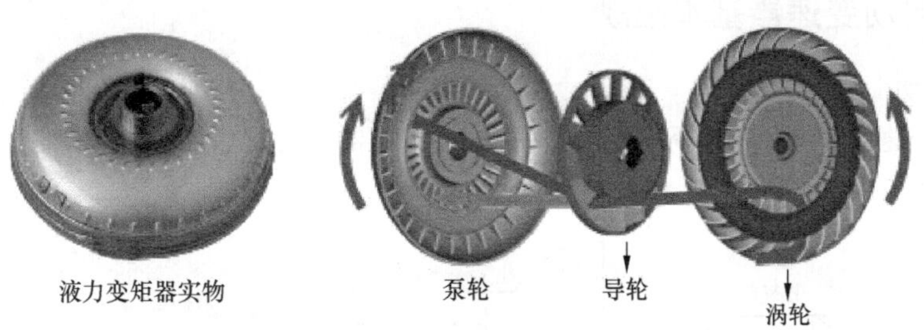

图 2-3　液力变矩器

轿车自动变速器基本上都是采用结构简单的单级三元件综合式液力变矩器。这种变矩器又分为有锁止离合器和无锁止离合器两种。早期的变矩器中没有锁止离合器，在任何工况下都是以液力的方式传递发动机动力，因此传动效率较低。新型轿车自动变速器大都采用带锁止离合器的变扭器，这样当汽车达到一定车速时，控制系统使锁止离合器接合，液力变矩器输入部分和输出部分连成一体，发动机动力以机械传递的方式直接传入齿轮变速器，从而提高传动效率，降低汽车的燃油消耗。

5．按传动机构的类型分类

自动变速器按其传动机构的类型不同，可分为平行轴式、行星齿轮式与链条传动式 3 种。如图 2-4 所示，平行轴式自动变速器体积大，最大传动比小，只有少数几种车型使用。链条传动式为新型的无级变速器，正由推广而走向应用之中。行星齿轮式自动变速器结构紧凑，能获得较大的传动比，为绝大多数轿车采用。

（a）平行轴式

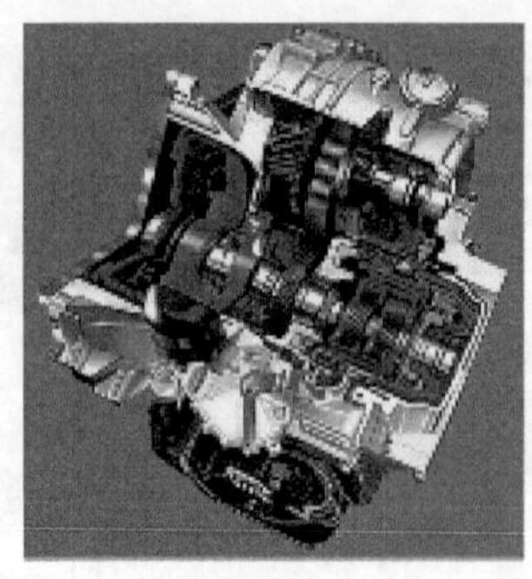
（b）行星齿轮式

（c）链条传动式

图 2-4 不同传动机构的自动变速器

6．按控制方式分类

自动变速器按控制方式不同，可分为液力控制自动变速器和电子控制自动变速器两种。液力控制自动变速器是通过机械的手段，将汽车行驶时的车速及节气门开度这两个参数转变为液压控制信号；阀板中的各个控制阀根据这些液压控制信号的大小，按照设定的换挡规律，通过控制换挡执行机构的动作，实现自动换挡。电子控制自动变速器是通过各种传感器，将发动机转速、节气门开度、车速、发动机水温、自动变速器液压油温度等参数转变为电信号，并输入电脑；电脑根据这些电信号，按照设定的换挡规律，向换挡电磁阀、油压电磁阀等发出电子控制信号；换挡电磁阀和油压电磁阀再将电脑发出的电子控制信号转变为液压控制信号，阀板中的各个控制阀根据这些液压控制信号，控制换挡执行机构的动作，从而实现自动换挡。

知识三 自动变速器基本组成

1．液控自动变速器组成

液控自动变速器如图 2-5 所示，它主要由液力变矩器、行星齿轮变速器、液压控制系统、散热器系统和壳体 5 大部分组成。

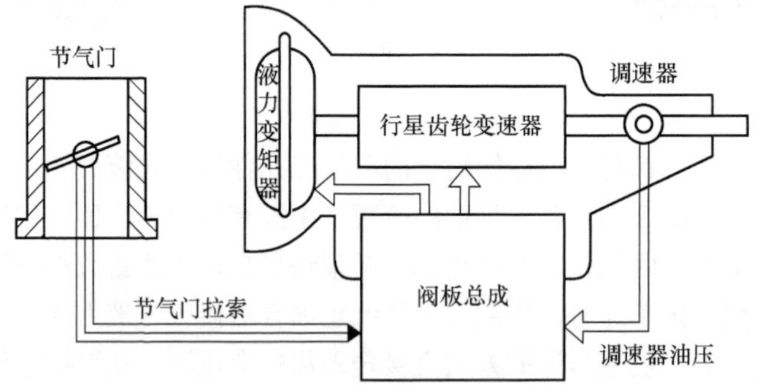

图 2-5 液控自动变速器的组成

（1）液力变矩器

液力变矩器是安装在发动机和齿轮变速器之间的动力传递元件。它能在一定范围内自动地改转矩比，传递动力，且具有离合器的功用。

（2）齿轮变速器

齿轮变速器是安装在液力变矩器和驱动桥之间用于改变传动比的重要元件。齿轮变速器有动轴式

（行星齿轮）和定轴式（机械齿轮）两种。动轴式齿轮变速器一般用于后驱的汽车上，定轴式齿轮变速器一般用于前驱的汽车上。它能根据汽车行驶阻力变化，自动改变传动比，改变汽车行驶方向。

（3）液压控制系统

液压控制系统是由油泵、各种控制阀和与之相连接的液压换挡元件组成的液压控制回路。它根据节气阀、车速阀的信号及换挡杆的位置，按照一定规律自动控制换挡元件的工作，实现自动换挡。

（4）散热器

散热器一般安装液力变矩器油路系统中，主要用于冷却自动变速器油液，防止油温过高影响其正常工作。

（5）壳体

壳体是基础件，用以安装支承变速器全部零件及存放润滑油。其上有安装轴承的精确镗孔。变速器承受变载荷，所以壳体应有足够的刚度，内壁有加强，形状复杂，多为铸件（材料为灰铸铁，常用 HT200）。

2．电控自动变速器组成

电控自动变速器如图 2-6 所示，它主要由液力变矩器、齿轮变速器、液压控制系统、电子控制系统、散热器系统和壳体 6 大部分组成。

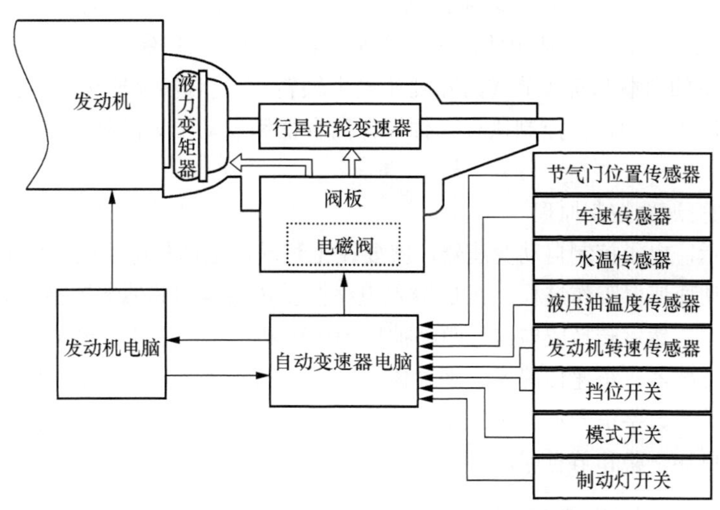

图 2-6　电控自动变速器的组成

电控自动变速器与液控自动变速器相比，增加了电子控制系统。电子控制系统主要由各种传感器、控制单元（ECU）和执行器 3 部分组成。它将各种传感器的信号输入控制单元（ECU），经 ECU 处理后发出控制指令控制液压系统中各种电磁阀，实现自动换挡。

● 液控和电控自动变速器的主要区别在于有无什么？

变矩器□　换挡阀□　电控单元□　手控阀□

● ECU 发出的指令是什么信号？

液压信号□电压信号□其中信号□

● 电磁阀控制什么的通断？

油路□　电路□　其他□

知识四 自动变速器控制原理

自动变速器之所以能够实现自动换挡是因为工作中驾驶员踏下油门的位置或发动机进气歧管的真空度和汽车的行驶速度能指挥自动换挡系统工作，自动换挡系统中各控制阀不同的工作状态将控制变速齿轮机构中离合器的分离与结合和制动器的制动与释放，并改变变速齿轮机构的动力传递路线，实现变速器挡位的变换。

1．液控自动变速器控制原理

液压控制装置根据节气门（油门）开度和变速器输出轴上速控阀输送来的液压信号控制升降挡。根据节气门开度变化，液压控制装置中的调节阀产生与加速踏板踏下量成正比的液压，该液压作为节气门开度“信号”加到液压控制装置；另外有装配在输出轴上的速控液压阀可产生与转速（车速）成正比的液压，作为车速“信号”加到液压控制装置。因此，就有节气门开度“信号”和车速“信号”，液压控制装置根据这两个“信号”自动调节变速器油量，从而控制换挡时机。也就是说在汽车驾驶中，驾驶员踏下加速踏板（油门踏板），控制节气门开度和汽车的行驶速度（变速器输出轴转速），就能自动控制变速器内的液压控制装置，液压控制装置会利用液力去控制传动系统的离合器和制动器，以改变行星齿轮的传动状态。自动变速器的核心控制装置是液压控制装置，液压控制装置由油泵、阀体、离合器、制动器以及连接所有这些部件的液体通路所组成。关键部件是阀体，因此它是自动变速器的控制中心。阀体的作用是根据发动机和底盘传动系的负载状况（节气门开度和输出轴转速），对油泵输出到各执行机构的油压加以控制，以控制液力变矩器，控制执行元件（各离合器和制动器）的结合与分离实现自动换挡，如图 2-5 所示。

2．电控自动变速器控制原理

如图 2-6 所示，电子控制自动变速器，就要在上述基础上增加电磁阀，ECU（电控单元）借助电磁阀控制自动变速器工作过程。ECU 输入电路接受传感器和其他装置输入的信号，对信号进行过滤处理和放大，然后转换成电信号驱动被控的电磁阀工作。因此，电子控制自动变速器就要增加节气门位置传感器、车速传感器、水温传感器、液压温度传感器、发动机转速传感器、挡位开关、刹车灯开关等数字信号汇入 ECU，从而使得 ECU 精确控制电磁阀，使换挡和锁止时间准确，令汽车运行更加平稳和节省燃油。

■ 任务实施——自动变速器识别

不同车型装备不同型号的自动变速器。在使用或维修过程中，首先要了解自动变速器的型号，否则对查找资料、故障分析、诊断和排除带来困难。同样，对选挡手柄标识及自动变速器使用等问题，也是必须了解的内容之一。

操作一 识别自动变速器

方法一 自动变速器铭牌识别	变速器壳体上一般都有一个金属铭牌，上面标有自动变速器生产公司名称、型号、生产序号代码、液力变矩器规格等内容，可以很方便地从铭牌上知道自动变速器型号。例如，宝马轿车自动变速器铭牌上标有 ZF4HP－22 或 ZF5HP－18
方法二 汽车铭牌的识别	部分汽车在发动机舱内、驾驶室内、门柱等位置有汽车铭牌，这些铭牌上一般标有生产厂名称、汽车型号、车身型号、底盘型号、发动机型号、变速器型号、出厂编号等内容。通过汽车铭牌上的内容可对汽车自动变速器型号进行识别

续表

方法三 壳体标号的识别	部分自动变速器的壳体或油底壳等部位，在生产时将其型号刻在上面，可以直观地识别出自动变速器的型号。例如，福田公司生产的 AXOD 自动变速器，在油底壳上冲压有很大的“AXOD”字样
方法四 箱尾标识的识别	在很多轿车的车箱尾部标有“MT”或“AT”字母。“MT”是“Manual Transmissions”英文的缩写，中文含义是手动变速器，即本车上搭载的是手动变速器。“AT”是“Automatic Transmissions”英文的缩写，中文含义是自动变速器，即本车上搭载的是自动变速器

操作二 识别自动变速器型号

自动变速器型号很多，不同型号其结构原理、型号标注不同。自动变速器型号识别，首先要了解自动变速器型号的组成和代号及代号的含义。

自动变速器型号主要由生产厂家字母代号、自动变速器性质字母代号、驱动方式字母号、前进挡数字代号、改进序号和控制类型字母代号 6 部分组成。各组成部分代号及含义如表 2-1 所示。

表 2-1 自动变速器型号的组成部分名称、代号及含义

序号	组成部分名称	代号	含义
1	生产厂家代号	生产厂家代号通常用字母表示	例如，丰田汽车公司生产自动变速器，在型号前面有“MODR”字样；德国 ZF 公司生产的自动变速器，在型号前面有“ZF”字样
2	自动变速器性质	通常用字母“A”或“M”表示	“A”表示的是自动变速器 “M”表示的是手动变速器
3	驱动方式代号	一般用“F”或“R”表示。也有用“1、2、3、4、5”数字表示	“F”表示的是前驱动自动变速器“R”表示的是后驱动自动变速器 “1、2、5”表示为前驱动自动变速器 “3、4”表示为后驱动自动变速器
4	前进挡数代号	自动变速器前进挡位数通常用数字表示	3 表示该车有 3 个前进挡 4 表示该车有 4 个前进挡 5 表示该车有 5 个前进挡
5	改进序号	变速器改进序号是指在原变速器基础上改进次数，通常用数字表示	0 表示首次生产型 1 表示第一次改型 2 表示第二次改型 3 表示第三次改型 依此类推
6	控制类型代号	自动变速器控制类型主要说明的是电控、液控还是电液控，通常用字母“E”、“L”和“EH”表示	“E”表示电控自动变速器 “L”表示液控自动变速器 “EH”表示电液控自动变速器
● 自动变速器英文字母是什么			A□ M□ C□
● 驱动方式分类其针对对象是什么			发动机□ 驱动桥□ 车轮□
● 第一次生产的自动变速器其序号是什么			0□ 1□ 2□
宝马 ZF4H P22EH 系列型号含义	ZF——表示德国宝马汽车 4——表示有 4 个前进挡 H——表示液控自动变速器 P——表示行星齿轮式自动变速器 22——表示自动变速器额定扭矩为 22N·m EH——表示电液控自动变速器		

续表

<table>
<tr><td>两位数丰田自动变速器系列型号含义</td><td>例如，A40、A41、A55、A55F、A40D、A42DL、A43DL、A44DL、A45DL、A45DF、43D 等。其中“A”代表自动变速器，若左起第一个阿拉伯数字分别为“1”、“2”、“5”则表示该自动变速器为前驱动车辆用；若左起第 1 个阿拉伯数字分别为“3”、“4”则表示该自动变速器为后驱动车辆用。左起第 2 个阿拉伯数字代表生产序号。数字后面的字母含义为：“H”或“F”表示该自动变速器用于四轮驱动车辆；“D”表示该自动变速器设有超速挡；“L”表示该自动变速器带有锁止离合器；“E”表示该自动变速器为电控式，同时带有锁止离合器；若无“E”表示全液控自动变速器</td><td>
</td></tr>
<tr><td colspan="2">● 带锁止离合器自动变速器型号中一般有什么字母</td><td>F□ L□ E□</td></tr>
<tr><td>3 位数丰田自动变速器系列型号含义</td><td>例如，A130L、A131L、A132L、A140L、A240L、A241L、A243L、A440L、A440F 、A442F、A340E、A340H、A340F、A341F、A140F、A240E、A241E、A540E、A540H 等。左起第一个字母“A”表示自动变速器，左起第 1 个阿拉伯数字及以后的字母含义与上述相同，左起第 2 个阿拉伯数字代表该自动变速器前进挡位数，左起第 3 个阿拉伯数字代表该自动变速器生产序号。还需说明的是，上述 A340H、A340F 、A540H 自动变速器型号中，其后面均省略了“E”，均为带有锁止离合器的电控自动变速器。在 A241H、A440F、A45DF 自动变速器型号中，其后面均省略了“L”，都带有锁止离合器</td><td>
</td></tr>
<tr><td colspan="2">● 两种系列型号中的第 2 位数字含义相同</td><td>对□ 错□</td></tr>
<tr><td colspan="2">● A440F 型自动变速器没有锁止离合器</td><td>对□ 错□</td></tr>
<tr><td colspan="2">● 丰田自动变速器 A55 型为电控自动变速器</td><td>对□ 错□</td></tr>
<tr><td>克莱斯勒自动变速器系列新型号的含义</td><td>1992 年，克莱斯勒公司开始执行一套新的自动变速器识别型号，这套系统是由 4 个字母组成的识别系统。第 1 个字母代表的是自动变速器前进挡位的个数，第 2 个字母代表的是自动变速器输入转矩容量：从 0～2（从轻负荷至重负荷）是乘用车用的，从 0～7 是卡车用的。第 3 个字母表示车辆是前驱动还是后驱动的以及发动机在驱动系中的位置：“R”代表后轮驱动的车辆，“T”代表发动机横置前轮驱动的车辆，“L”代表发动机纵置前轮驱动的车辆，“A”代表四轮驱动的车辆。第 4 个字母表示自动变速器的控制类型：“E”表示电控，“H”表示液控</td><td>
</td></tr>
<tr><td colspan="2">● 克莱斯勒 30TE 旧型号中前进有几个挡</td><td>3□ 4□ 5□</td></tr>
</table>

续表

● 克莱斯勒新型号中电控用什么字母表示		L□ E□ H□
通用自动变速器系列型号的含义	通用汽车公司自动变速器型号主要有 4T60E、4L60E 等，第 1 个阿拉伯数字表示自动变速器前进挡位的个数，第 2 个字母表示驱动方式，“T”表示变速器为横置式，“L”表示变速器为后置驱动式，第 3 个和第 4 个数字表示变速器的额定驱动扭矩，第 5 个字母表示控制类型，“E”表示电控自动变速器	

操作三 识别自动变速器挡位

自动变速器通常有 6 个位置和 7 个位置两种（见图 2-7），当选挡手柄在某一挡位时，位于仪表盘中显示器将显示出对应某一挡位标识。

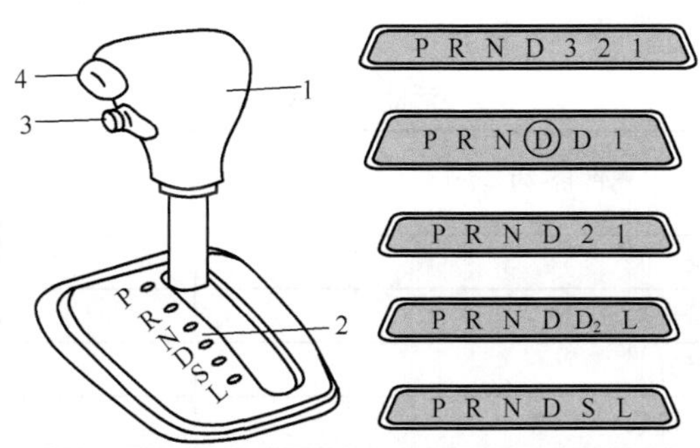

图 2-7 自动变速器选挡手柄和挡位指示器

1—选挡手柄；2—挡位；3—超速挡开关；4—锁止按钮

自动变速器挡位标识说明如表 2-2 所示。

表 2-2 自动变速器挡位标识说明

挡位标识	挡 位	说 明
P	驻车挡	当选挡手柄在该位置时，汽车不能移动
R	倒挡	当选挡手柄在该位置时，汽车倒退行驶
N	空挡	当选挡手柄在该位置时，汽车不能行驶
D	前进挡	当选挡手柄在该位置时，自动变速器可以在所有前进挡位之间自动换挡
D4	前进 4 挡	当选挡手柄在该位置时，自动变速器可以在所有前进挡位之间自动换挡
D3	前进 3 挡	当选挡手柄在该位置时，自动变速器可以在前进 1～3 挡位之间自动换挡
S	前进 2 挡	当选挡手柄在该位置时，自动变速器可以在前进 1～2 挡位之间自动换挡
2	前进 2 挡	当选挡手柄在该位置时，自动变速器可以在前进 1～2 挡位之间自动换挡
L	前进 1 挡	当手柄在该位置时，变速器只能在前进 1 挡行驶
1	前进 1 挡	当手柄在该位置时，变速器只能在前进 1 挡行驶
图中 3	O/D 超速挡选挡开关	如图 2-7 所示，当汽车行驶速度达到超速时，可以按下 O/D 开关，此时汽车在超速挡位置保持行驶
图中 4	选挡手柄锁止按钮	如图 2-7 所示，未按下此按钮时，选挡手柄不能移动，按下此按钮时，选挡手柄才可以移动

■ 拓展练习

1．本田雅阁轿车选挡手柄位置是：________

2．采用自动变速器后，发动机为什么排放性好？________

____

3．采用自动变速器后，变速器使用寿命为什么会延长十多倍？

____

■ 学习活动评价

活动评价表

项　　目	评 价 内 容	评价等级（学生自我评价）		
		A	B	C
关键能力评价项目	1．安全意识强			
	2．着装仪容符合实习要求			
	3．积极主动学习			
	4．无消极怠工现象			
	5．爱护公共财物和设备设施			
	6．维护课堂纪律			
	7．服从指挥和管理			
	8．积极维护场地卫生			
专业能力评价项目	1．书、本等学习用品准备充分			
	2．工具、量具选择及运用得当			
	3．理论联系实际			
	4．积极主动参与自动变速器认识训练			
	5．严格遵守操作规程			
	6．独立完成操作训练			
	7．独立完成工作页			
	8．学习和训练质量高			
教师评语		成绩评定		

任务Ⅱ 自动变速器拆装

■ **本任务学习目标**

1．熟悉自动变速器拆装工艺相关知识。

2．掌握自动变速器拆装工艺操作流程。

■ **本任务建议课时** 30 课时

■ **本任务工作流程**

1．检查讲评学生完成导读工作页情况。

2．导入新课。

3．讲解自动变速器拆装理论。

4．播放自动变速器拆装影像资料。

5．对照自动变速器实物，进行拆装作业示范。

6．巡回指导学生实习。

7．组织学生“拓展问题”讨论。

8．组织本任务学习测试。

9．测试结束后，组织学生填写活动评价表。

10．小结学生学习情况。

■ **本任务教学准备**

齿轮变速器影像资料及课件、齿轮变速器总成 4～6 台、常用工量具和套筒 4～6 套、本任务学习测试资料。

■ 课前学习导读

序号	导 读 内 容	答 案 选 择		
1	专用工作台用来拆装制动器和离合器	对□	错□	
2	装配零件必须清洁后才可安装	对□	错□	
3	止推垫片圈安装有位置要求但没有方向要求	对□	错□	
4	螺栓、螺帽要按规定力矩拧紧	对□	错□	
5	自动变速器拆装前，要将自动变速器油完全放尽	对□	错□	
6	阀体总成拆出后，要求分解上下体，并拆出所有液控元件	对□	错□	
7	丰田 A341E 型自动变速器拆卸共有多少步骤	20□	30□	40□
8	本田雅阁变速器组装共有多少步骤	15□	17□	19□
9	图 3-2 中有多少个换挡离合器	1□	2□	3□

续表

序号	导读内容	答案选择		
10	图 3-2 中有多少个换挡制动器	2□	3□	4□
11	图 3-2 中有多少个换挡单向离合器	1□	2□	3□
12	图 3-2 中有多少个动力轴	2□	3□	4□
13	图 3-2 中有多少个行星排	2□	3□	4□
14	自动变速器组装后要做多少项工作	5□	7□	9□
15	“拆下滤清器”是丰田 A341E 型自动变速器拆卸的第 19 步	对□	错□	
16	丰田 A341E 型自动变速器按照从前至后拆卸步骤进行组装	对□	错□	
17	辛普森自动变速器是美国通用公司生产的	对□	错□	
18	中国本田雅阁轿车是广东深圳生产制造的	对□	错□	

■ 工作情境描述

王师傅上班后，接到一款丰田车自动变速器维修任务，因用户急需要求两天内修好。经过检查试验分析，故障在变速器内部，需拆分检修。徒弟从车上拆下总成后二人对变速器进行拆卸，边拆边检，在更换故障零件后组装了变速器，装车进行故障验证，故障排除后交付质检部验收，经验收合格，维修工作结束，完成维修任务。

■ 相关知识信息——自动变速器拆装知识

知识一 自动变速器拆装常用工具、量具和设备

（1）常用工具：一般用来拆装轻力螺纹件的有开口扳手、梅花扳手、丁字扳手、套筒扳手、电动扳手，扭力扳手主要用来拆装重力螺纹件。

（2）尖嘴钳、钢丝钳：主要用来夹取零件和丝、线的剪切。

（3）平口螺丝刀、卡钳：主要用来拆装卡环。

（4）铜棒、铁锤：主要用来敲击零件。

（5）冲子：主要用来拆卸销子。

（6）超速制动鼓专用工具：主要用于拆出超速制动鼓。

（7）油底壳专用工具：主要用于拆开油底壳。

（8）离合器拆装工作台：主要用于分解、组装离合器。

（9）平尺、角尺、塞尺、传动杆、内径卡、游标卡尺、千分尺、百分表：主要用来测量零件尺寸和间隙。

（10）万用表、灯泡、电阻元件、示波器、专用检测仪、专用检测仪：主要用来检测电控元件，读取或消除故障代码。

（11）空气压缩机及气管：主要用于拆取活塞。

（12）托架和举升机：主要用于拆装自动变速器总成。

知识二 自动变速器的基本拆卸步骤

自动变速器的拆卸方法和普通齿轮变速器有所不同，必须按照正确的方法和步骤进行，（以避免损坏自动变速器。

对于自动变速器的拆卸，不同车型的拆卸方法有所不同，一般情况下都是先关闭汽车的点火开关，拆下蓄电池搭铁线，放掉自动变速器内的液压油，然后按下列步骤进行拆卸。

（1）拆下与节气门摇臂连接的自动变速器节气门拉索，拔下自动变速器上的所有线束插头，拆除车速表软轴、液压油加油管、散热器油管、操纵手柄与手动阀摇把的连接杆等所有与自动变速器连接的零部件。

（2）拆去排气管中段，拆除自动变速器下方的护罩、护板等。

（3）松开传动轴与自动变速器输出轴的连接螺栓，拆下传动轴。

（4）拆下飞轮壳盖板，用起子撬动飞轮，逐个拆下飞轮与变矩器的连接螺栓。

（5）拆下起动机。

（6）拆下自动变速器与车架的连接支架，用千斤顶托住自动变速器。

（7）拆下自动变速器和飞轮壳的连接螺栓，将变矩器和自动变速器一同抬下。在抬下自动变速器时，应扶住变矩器以防滑落。

在拆卸前驱动自动变速器时，应先拆除变速器上方的有关部件，如蓄电池、空气滤清器、进气管等，同时还应拆去左右前轮半轴，如图 3-1（a）所示。

再按图 3-1（b）所示顺序拆除其他零件，并用专用支架将发动机吊住，然后用千斤顶托住自动变速器，松开自动变速器与发动机的连接螺栓，将自动变速器和变矩器一同拆下。

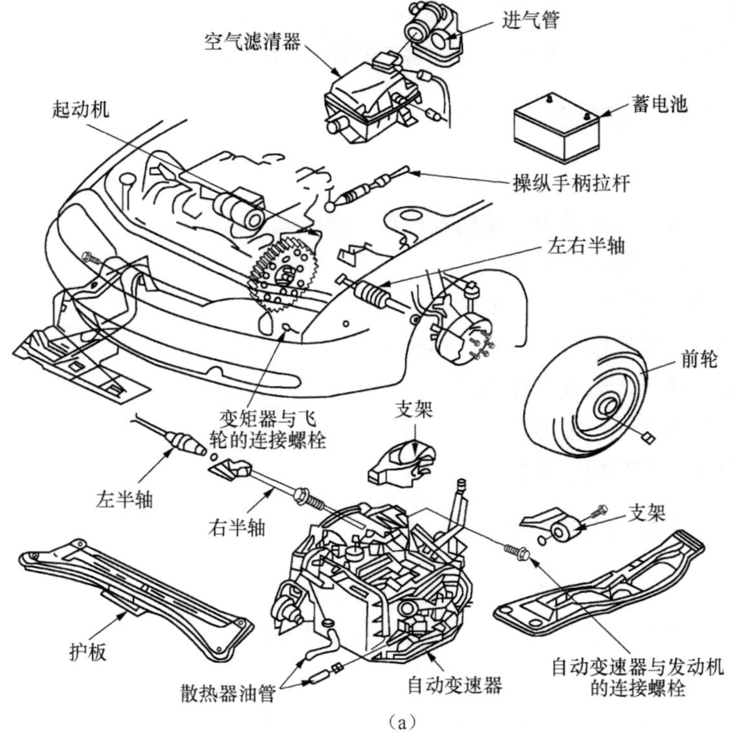

图 3-1 前驱自动变速器拆卸

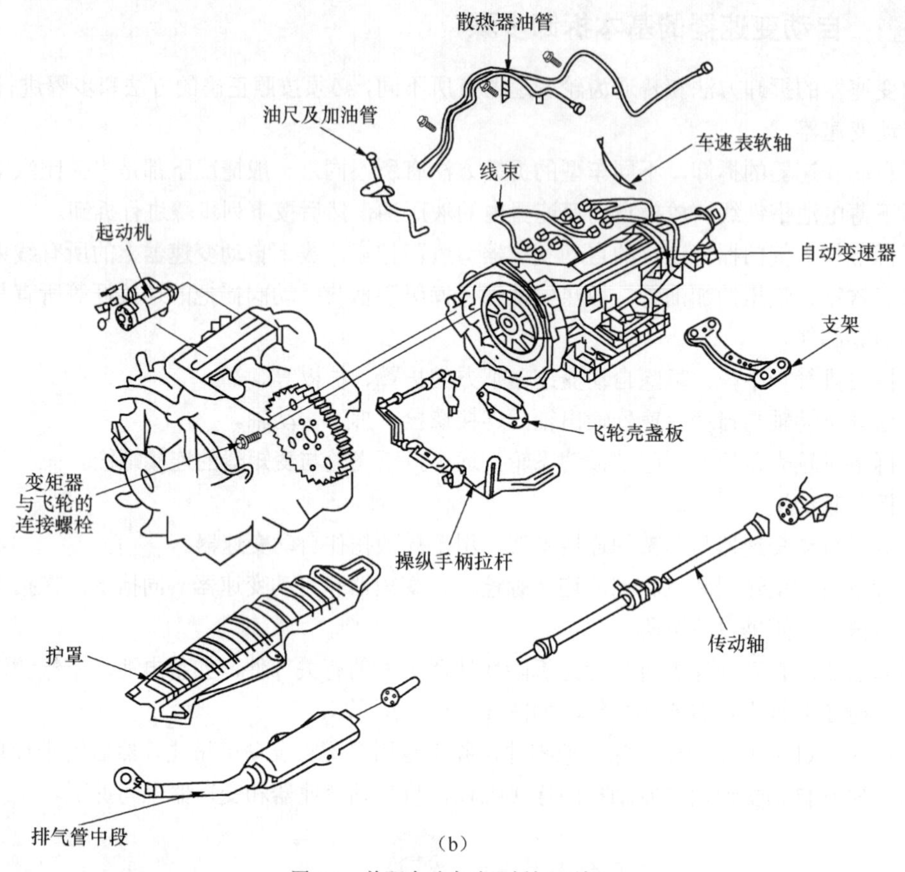

(b)

图 3-1 前驱自动变速器拆卸（续）

知识三 自动变速器拆卸注意事项

（1）拆解前对自动变速器外部进行清洗。

（2）拆卸零部件前要熟悉其功用、结构及原理，弄清其连接关系。

（3）在确定拆卸方法后再动手拆卸。

（4）需要做标记的，其拆卸前一定要做好标记。

（5）按照拆卸步骤将零件按顺序放置，不要混乱。

（6）零件的螺丝、垫片，靠近零件放置。

（7）对于难拆部位不要强行蛮拆。

（8）清洗零件时不要混杂顺序放置。

知识四 自动变速器组装注意事项

（1）所有装配零件必须清洁干净，油道、油孔应疏通。

（2）所有密封垫、圈均要更换。安装时必须涂抹变速器油。

（3）更换的摩擦片或制动带，在安装前应在变速器油中浸泡 15min 以上，然后再进行组装。

（4）对推力轴承、止推垫片圈，注意位置、方向不能错乱。

（5）防止小零件掉入变速器内部。

（6）有标记的零件，一定按标记安装。

（7）为防止油外漏，螺丝、壳、盖安装时必须涂抹密封胶。

（8）零件安装一定要到位，螺栓、螺帽要按规定力矩拧紧。

知识五 自动变速器总成装配后的工作

（1）加添自动变速器油。

（2）检查自动变速器的油是否泄漏。

（3）检查调整节气门拉索。

（4）检查调整选挡手柄位置。

（5）检查调整空挡起动开关。

（6）检查各种开关功能。

（7）检查调整发动机怠速。

（8）手动挡试验。

（9）消除故障代码。

（10）道路试验。

■ 任务实施——自动变速器拆装流程

操作一 拆卸与组装丰田 A341E 型自动变速器

根据图 3-2 所示丰田 A341E 自动变速器的分解图，下面进行丰田 A341E 型自动变速器拆卸与组装。

1．拆下控制轴杠杆

用套筒扳手拧下紧固螺母，取下控制轴杠杆 注意：取控制轴杠杆不能前后晃动，避免轴孔、轴颈磨耗损坏	→		→	● 控制轴扛杆上端通过连接杆与谁连接 A．加速踏板 B．制动踏板 C．选挡手柄 选择（　　）

2．拆下空挡起动开关

用套筒扳手拧下两个紧固螺钉，用手力取下空挡开关 提示：空挡起动开关外壳上有一道垂直刻线，安装时要与轴上凹槽对正	→		→	● 空挡起动开关两个螺孔为什么做成长弧孔 A．用于检查 B．用于调整 C．便于安装 选择（　　）

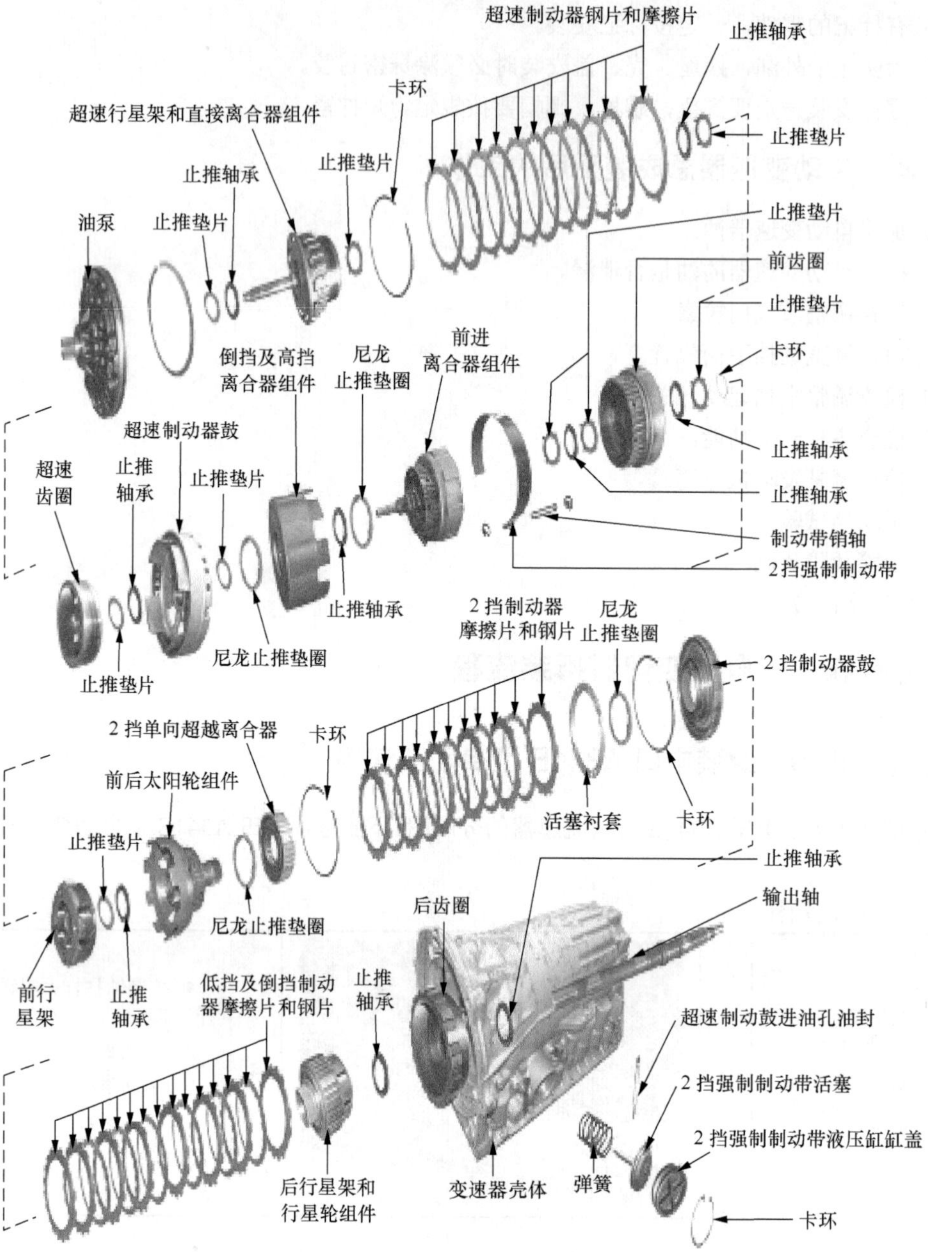

超速制动器钢片和摩擦片
止推轴承
卡环
超速行星架和直接离合器组件
止推垫片
止推垫片
止推轴承
油泵
止推垫片
止推垫片
前齿圈
止推垫片
前进
离合器组件
卡环
倒挡及高挡
离合器组件
尼龙
止推垫圈
超速制动器鼓
止推轴承
止推轴承
超速
齿圈
止推
轴承
止推垫片
制动带销轴
2挡强制制动带
止推轴承
尼龙止推垫圈
止推垫片
2挡制动器
摩擦片和钢片
尼龙
止推垫圈
2挡制动器鼓
2挡单向超越离合器
卡环
前后太阳轮组件
活塞衬套
卡环
止推垫片
止推轴承
输出轴
尼龙止推垫圈
后齿圈
前行
星架
止推
轴承
低挡及倒挡制动
器摩擦片和钢片
止推
轴承
超速制动鼓进油孔油封
2挡强制制动带活塞
2挡强制制动带液压缸缸盖
后行星架和
行星轮组件
变速器壳体
弹簧
卡环

图3-2 丰田A341E自动变速器的分解图

3．拆下车速传感器

用套筒扳手拧下紧固螺钉，用手力拔出车速传感器 提示：大多数变速器安装有1号和2号两个车速传感器	→	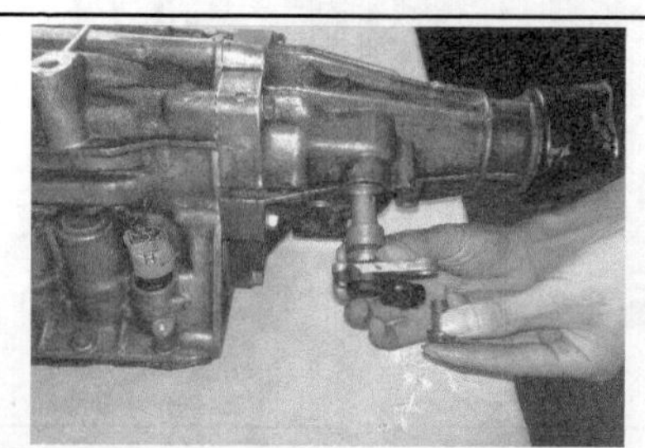	→	● 为什么要安装两个车速传感器 ________________ ________________ ________________

4. 拆下超速挡直接离合器速度传感器

操作		图示		思考
用套筒扳手拧下紧固螺钉，用手力拔出车速传感器 注意：老款丰田没有安装此传感器，新款丰田或部分车型均安装此传感器	→	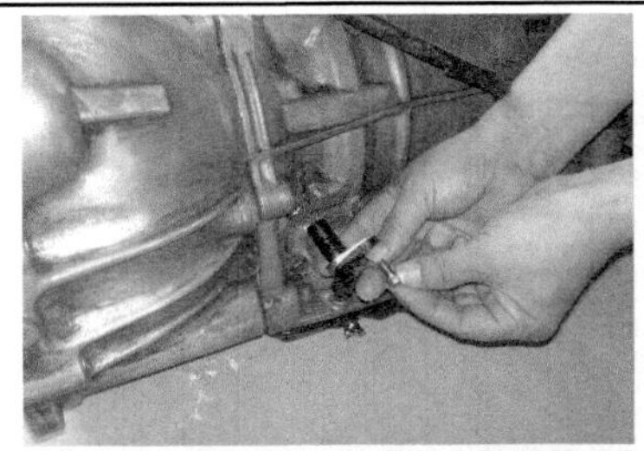	→	● 直接离合器速度传感器检测出谁的转速信号 A. 变矩器输入 B. 变矩器输出 C. 变速器输出 选择（　　）

5. 拆下变速器前壳体

操作		图示		思考
用套筒加长扳手交叉分次拧松6个紧固螺栓后，用铜棒上下左右敲下前壳体 注意：勿用铁锤敲击，看清安装记号	→		→	● 拆下变速器前壳体为什要交叉分次拧松紧固螺栓 A. 防止壳体变形 B. 便于快速拆卸 C. 加快拆卸速度 选择（　　）

6. 拆下变速器后壳体

操作		图示		思考
用套筒扳手拧下两紧固螺栓，用铜棒轻轻敲下后壳体 注意：敲击时用力要均匀，不能强力蛮干	→	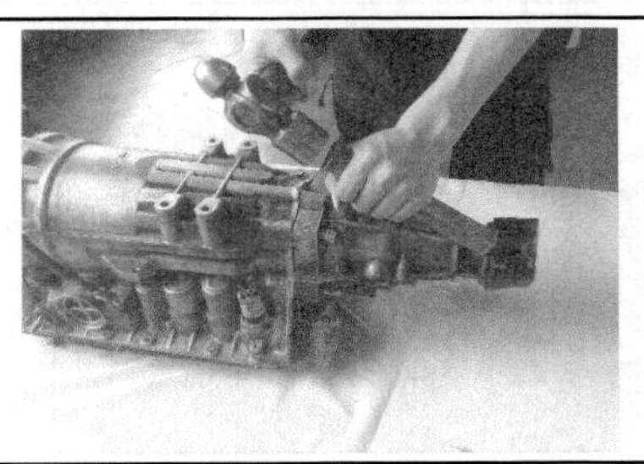	→	● 安装后壳体时，油封是否更换 A. 必须更换 B. 不必更换 C. 没坏再用 D. 原封安上 选择（　　）

7. 拆下转速表主动齿轮和传感器转子

操作		图示		思考
用卡环钳取出后卡环和转速表主动齿轮，转动输出轴使钢球向下让钢球脱出，取下传感器转子。用尖嘴钳取出半圆键，再用卡环钳取出前卡环	→	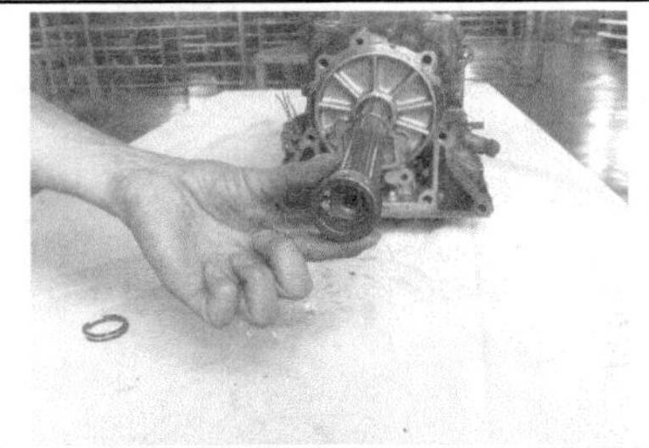	→	● 轴转动转子不转动 判断（　　） ● 转子是转速表总成零件之一 判断（　　） ● 无转子传感器也会有电信号 判断（　　）

8. 拆下油底壳

操作		图示		思考
用套筒扳手交叉分次拧下油底壳四周螺钉，用专用工具切开密封胶，取下油底壳 注意：不能翻转变速器向上，否则，变速器油底壳内杂质弄脏阀体	→		→	● 少数变速器油底壳上没有放油螺塞，想想更换油怎么办 ____________________ ____________________ ____________________ ____________________

9．拆下滤清器

翻转变速器向上，用套筒扳手拧下 3 个紧固螺钉，取下滤清器	→		→	● 滤清器起什么作用 ________________ ________________ ● 滤清器安装在哪个系统中 A．液控 B．电控 C．气控 选择（ ）

10．拆下 3 个电磁阀导线

用套筒扳手拧下导线夹 2 个紧固螺钉，取下导线夹，拔出 4 个电磁阀插头，用套筒扳手拆下壳体导线夹，取出导线 提示：不拆电磁阀	→		→	● 电磁阀通电其电源来自哪里 A．变速器电控单元 B．发动机电控单元 C．ABS 系统电控单元 选择（ ）

11．拆下节气门拉索

用螺丝刀和尖嘴钳配合从凸轮上拆下节气门拉索，用套筒扳手从壳体上拆下拉索密封座，取出拉索	→		→	● 节气门拉索过长对换挡有何影响 A．换挡过早 B．换挡过迟 C．无影响 选择（ ）

12．拆下阀体总成

用套筒扳手拧下阀体上 20 个螺钉，取出阀体总成 提示：20 个螺钉不要从阀体上取出，以免带来安装麻烦。阀体不要分解	→		→	● 阀体总成是液控阀的集结地 判断（ ） ● 手控阀阀芯在油压作用下才能移动 判断（ ）

13．取出单向阀

用手取出单向阀 注意：单向阀钢球不要擦伤，放置在规定位置，避免安装时漏装	→	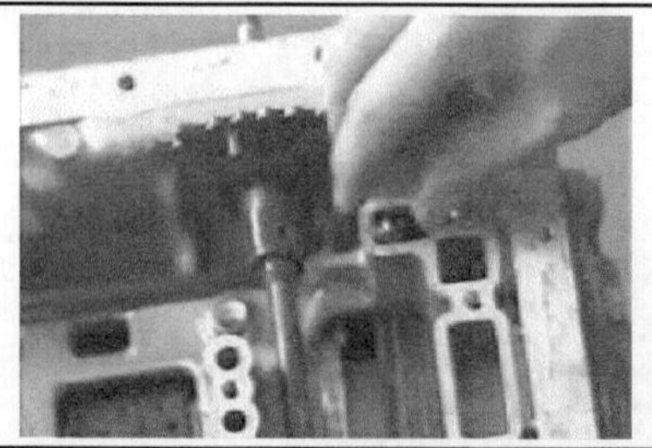	→	● 单向阀的功用是什么 A．能进不出 B．能进能出 C．不进不出 选择（ ）

14．拆下 B_0、C_2、B_2、C_0 蓄压缓冲器

用手分别取出 B_0、C_2、B_2、C_0 蓄压缓冲器活塞及弹簧 注意：各蓄压缓冲器成套零件不得混乱，避免安装错误	→		→	● 蓄压缓冲器的功用是什么 A．改善换挡品质 B．提高换挡油压 C．加快换挡速度 选择（　　）

15．拆下停车锁杆和棘爪

用套筒扳手拆下锁杆支架，从手控阀摆杆上拆下停车锁杆，取下弹簧，拉出停车锁杆轴，拆下棘爪 提示：研究弹簧怎么安装	→	 	→	● 摆杆的运动是受谁控制的 A．加速踏板 B．制动踏板 C．选挡手柄 选择（　　）

16．拆下变速器控制轴

用冲销冲出锁止销，移动锁套，再用冲子冲出弹簧销，拉出手控阀杆轴，取出摆杆，用螺丝刀取出油封	→	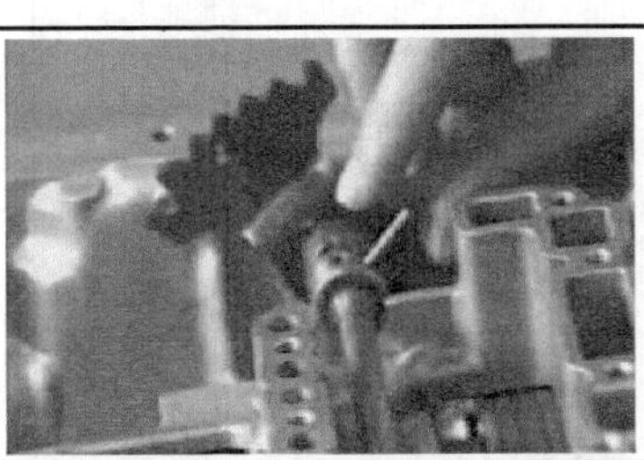	→	● 杆轴的转动是受谁控制的 A．加速踏板 B．制动踏板 C．选挡手柄 选择（　　）

17．拆下油泵

用套筒扳手拧下油泵的7个螺钉，拧上两个油泵专用螺钉，双手拉出油泵 注意：油泵与中壳体有安装记号，安装要对好记号	→		→	● 丰田 A341E 型自动变速器采用什么类型的油泵 A．内啮合齿轮泵 B．外啮合齿轮泵 C．叶片泵 选择（　　）

18．拆下超速行星齿轮排

用双手拉出超速传动行星排，取下齿圈和行星齿轮架	→		→	● “超速”这里是指哪个挡 A．前进 4 挡 B．前进 3 挡 C．倒挡 D．空挡 选择（　　）

19．拆下超速挡制动器 B_0

用螺丝刀取出卡环，用手依次取出压盘、5 个摩擦片和 5 个钢片 注意：取出摩擦片、钢片时，记清前后顺序	→		→	● 超速挡制动器前后压盘厚度不一样，厚压盘在前，且有安装方向要求 A．对 B．错 选择（　　）

20．拆下超速传动支架总成

用套筒扳手拧下支架两个固定螺钉，用螺丝刀取出卡环，使用专用工具取下超速传动支架总成 注意：安装工具时中心螺栓与轴同心	→		→	● 超速挡制动器在分离工况状态下，汽车可在几个挡位之间行驶 A．1-2 B．3-4 C．1-2-3-4 选择（　　）

21．拆下 2 挡强制制动器 B_1 伺服机构

用卡钳拆下卡环，从进油口处通压缩空气，取出盖、活塞和弹簧，拆下活塞上的 O 型密封圈	→	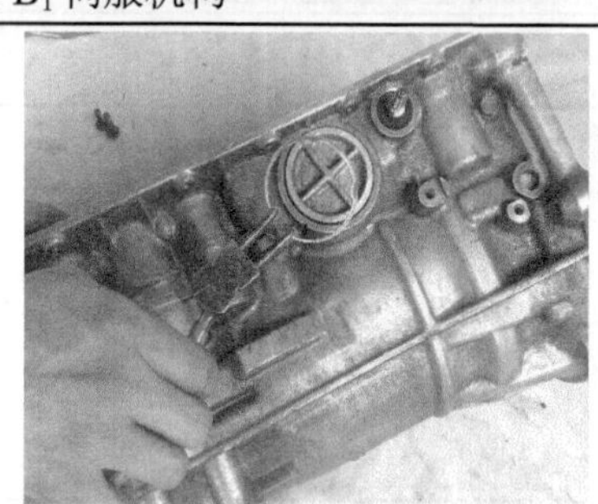	→	● 具有伺服机构的为什么式制动器 A．片 B．带 C．其他 选择（　　）

22．拆下 C_1、C_2 离合器

用手取出 C_1、C_2 离合器总成，取下 C_1 离合器和推力轴承	→		→	● C_1 是什么离合器 A．前进挡 B．倒挡 C．高挡 选择（　　） ● C_2 是前进挡离合器 对□　　错□

23．拆下制动带

用螺丝刀取下卡片，抽出销子，从壳体内取出制动带	→		→	● 带式制动器的驱动机构是什么 A．伺服机构 B．操纵杆 C．电磁阀 选择（　　）

24．拆下前行星齿轮排齿圈

用手从壳体内取出前行星排齿圈，取出滚道和推力轴承	→		→	● 前排齿圈与后排什么元件连为一体 A．太阳轮 B．齿圈 C．行星架 选择（　　）

25．拆下输出轴

用卡钳拆下输出轴前端卡环，用手从后壳体抽出输出轴	→	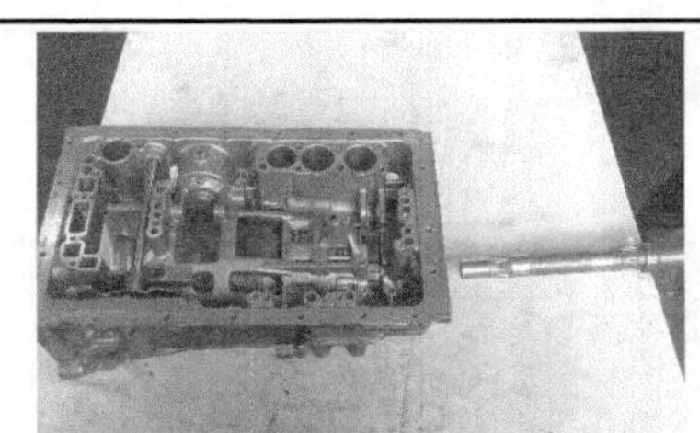	→	● 输出轴与前排什么元件连在一起 A．行星轮 B．行星架 C．齿圈 选择（　　）

26．拆下前行星齿轮

用手从壳体内取出前行星齿轮架，从行星轮中取出滚道和推力轴承	→		→	● 前行星架在什么方向上不能转动 A．顺时针 B．逆时针 选择（　　）

27．拆下太阳齿轮和单向离合器

用手从壳体取出太阳轮和F1单向离合器、止推垫	→		→	● 什么制动器制动时，太阳轮是不能转动的 A．B_0 B．B_1 C．B_3 选择（　　）

28．拆下 2 挡制动器 B_2 摩擦片总成

用卡钳或螺丝刀拆出卡环，用手分别取出压盘和 5 个摩擦片、钢片、活塞传动套	→		→	● 制动器 B_2 结合时，公共太阳轮在什么方向上能转动 A．顺时针 B．逆时针 选择（　　）

29．拆下并取出 B_2、B_3 和后行星排总成

用卡钳或螺丝刀拆出卡环，重新插入输出轴，用手握住输出轴，用微力拉出 B_2、B_3 和后行星排总成	→		→	● 制动器 B_3 用来约束前排哪个元件 A．行星轮 B．行星架 C．齿圈 选择（　　）

30．取出片簧和进油管

用力从壳体上取出片簧，从壳体上取出制动器 B_2 进油管和油封	→		→	● 3 挡变速机构中，中间轴与哪个离合器连接 A．C_0 B．C_1 C．C_2 选择（　　）

31．组装变速器

按 30 到 1 的拆卸顺序组装变速器	→		→	● 行星齿轮变速器一般多用于什么驱动的自动变速器上 A．前轮 B．后轮 C．四轮 选择（　　）

● 行星齿轮变速器字母代号含义

C_0：直接挡离合器	C_1：前进挡离合器	C_2：倒挡及高挡离合器	B_0：超速挡制动器
B_1：2 挡强制制动器	B_2：2 挡制动器	B_3：低挡及倒挡制动器	F_1：2 挡单向离合器
F_0：直接挡单向离合器	F_2：低挡单向离合器		

丰田 A341E 型自动变速器拆卸注意事项如下。

（1）拆解前，变速器外壳一定要清洁干净。

（2）拆卸传动鼓前，要先拆下两个螺栓。

（3）油泵与中壳体、前壳体与中壳体均要做好安装记号。

（4）按顺序放置零件，安装时就不会混乱。

（5）阀体总成不要拆开。

（6）电磁阀不需要拆下。

（7）阀体总成控制阀不要从阀体上拆下。

丰田 A341E 型自动变速器组装注意事项如下。

（1）传动鼓安装时，鼓上两个螺纹孔要与架上的螺纹孔对正，否则无法安装完好。

（2）摩擦片槽口一定要对齐。

（3）摩擦片钢片是碟形的，安装时，碟形凹面一律朝前。

（4）油泵与中壳体、前壳体与中壳体均有记号，按记号对正安装。

（5）安装前壳体时，要用铜棒对称敲进。

操作二 拆卸与组装本田雅阁自动变速器

一、拆卸本田雅阁自动变速器

1．拆下变速器右侧外盖和油门拉线

用扭力扳手拆松外壳螺栓，再用快速套筒扳手拧出外壳螺栓，用铜棒向外敲击壳体，放油，取出节气门拉线用手取下右侧外盖	→	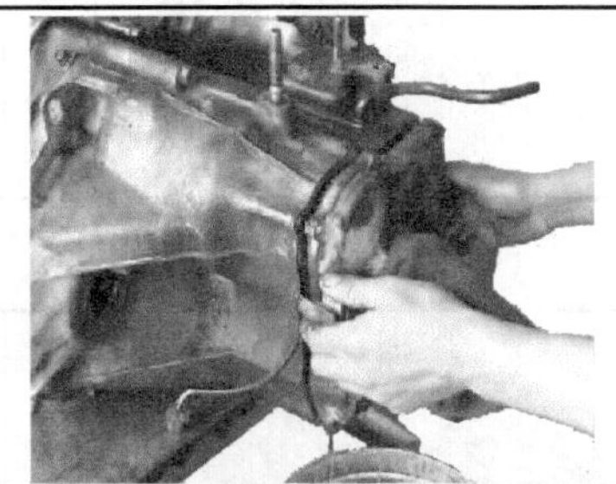	→	● 拆卸受力较大螺栓时，首先应用什么扳手 A．开口扳手 B．套筒扳手 C．扭力扳手 选择（　　）

2．拆下三轴锁紧螺母，取出垫片

用尖嘴螺丝刀分别撬开主轴、惰轴、副轴螺母锁片，用扭力扳手拆下三轴螺母，取出垫片 注意：主轴螺母为反牙螺母	→		→	● 对于反牙螺纹的螺栓来说，要拆下螺栓是什么方向旋转 A．顺时针 B．逆时针 选择（　　）

3．拧下变速器外壳锁紧螺栓

用扭力扳手拆松壳体锁紧螺栓，再用快速套筒扳手拧出外壳所有螺栓	→		→	● 拆卸壳体螺栓时，其要求是什么 A．交叉多次 B．一次拆下 C．分次拆下 选择（　　）

4．拆下车速传感器

用套筒扳手拆下车速传感器固定螺钉，再用平口螺丝刀撬出车速传感器并取下	→	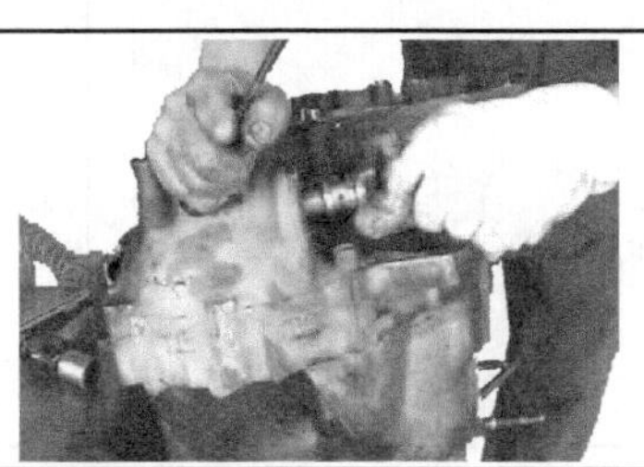	→	● 车速传感器输出信号反映哪里的转速 A．变速器输出 B．车轮旋转 C．变矩器输入 选择（　　）

5．拆下变速器惰轴驻车齿轮

用手拉下驻车齿轮，取下惰轴止推滚针轴承	→		→	● 惰轴又称什么轴 A．输入轴 B．中间轴 C．输出轴 选择（　　）

6．拆下惰轴隋转齿轮，取出轴承和垫片

用手取下隋转齿轮、惰轴止推滚针轴承和垫片	→		→	● 图中隋转齿轮支承在什么零件上 A．隋轴 B．主轴 C．隋转齿轮外轴 选择（　　）

7．取下主、副轴隋转齿轮

用手分别拉出主轴隋转齿轮和副轴隋转齿轮	→		→	● 主轴、隋轴和副轴隋转齿轮是什么啮合方式 A．三齿轮常啮合 B．二齿轮常啮合 C．三齿轮不啮合 选择（　　）

8．拆下驻车刹车瓜

用开口扳手拆下固定螺母，取出驻车刹车瓜	→		→	● 刹车瓜用来固定什么齿轮转动 A．隋轴隋转齿轮 B．主轴隋转齿轮 C．驻车齿轮 选择（　　）

9．拆下控制柄及弹簧

用开口扳手拆下节气门控制柄固定螺钉，取下控制柄及弹簧	→	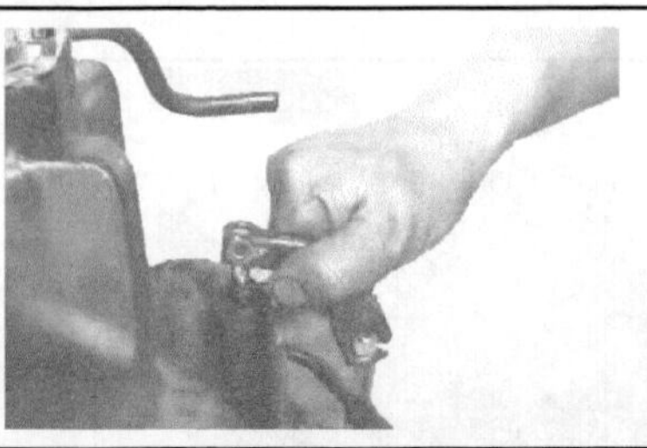	→	● 控制柄与什么部件连接 A．加速踏板 B．制动踏板 C．选挡手柄 选择（　　）

10．取出倒挡隋转齿轮轴固定器

用套筒扳手拆出固定器螺钉，取出倒挡隋转齿轮轴固定器	→		→	● 固定器起什么作用 A．支撑 B．连接 C．固定 选择（ ） ● 固定器能转动 对□ 错□

11．拆下变速器外壳

用铜棒向外敲击外壳，再用螺丝刀撬开外壳并取下	→		→	● 变速器外壳是什么材料 A．铸铁 B．钢料 C．硬质铝 选择（ ）

12．拆下倒挡拔叉锁紧螺钉

用平口螺丝刀冲开倒挡拔叉锁紧螺钉保险片，拆下锁紧螺钉	→		→	● 保险片的作用是什么 A．防松 B．防紧 C．防锈 选择（ ）

13．取出惰轴 2 挡齿轮、倒挡齿轮

用手分别取下最终齿轮、惰轴 2 挡齿轮、倒挡齿轮和轴承	→		→	● 惰轴上装有什么离合器 A．2 挡 B．3 挡 C．锁定 选择（ ）

14．取出惰轴倒挡选择器、惰轴 4 挡齿轮

用开口扳手拧出倒挡选择器螺钉，用手分别取出惰轴倒挡选择器、惰轴 4 挡齿轮	→		→	● 转动惰轴时，哪个齿轮随之转动 A．惰轴隋轮 B．2 挡（主动）齿轮 C．4 挡（从动）齿轮 选择（ ）

15．取出副轴、主轴、惰轴等总成

用手分别取出副轴、主轴、惰轴等总成	→		→	● 副轴上共有几个齿轮 A．3 B．4 C．5 选择（ ）

16．取出伺服止回瓜座和过滤器

用套筒扳手拧出伺服止回瓜座和过滤器支架固定螺钉，用手取下过滤器	→		→	● 过滤器位于油液与什么部件之间 A．调压阀 B．油泵 C．手控阀 选择（ ）

17．取出止回瓜臂弹簧

用尖嘴钳取下止回瓜臂弹簧	→		→	● 止回瓜臂弹簧工作时处于什么状态 A．压缩 B．拉伸 C．自然 选择（ ）

18．取出差速器总成

用手取出差速器总成和轴承外座圈	→		→	● 与差速器外壳连为一体的是什么齿轮 A．主减器主动齿轮 B．主减器从动齿轮 C．主减器中间齿轮 选择（ ）

19．取出 1 挡/2 挡集油器本体

用套筒扳手松开 1 挡/2 挡集油器本体螺栓，用手取下 1 挡/2 挡集油器本体	→		→	● 1 挡/2 挡集油器本体油道与什么挡离合器活塞室相通 A．1 挡/2 挡 B．3 挡/4 挡 C．伺服器 选择（ ）

20．取出伺服器本体

用套筒扳手松开伺服器本体螺栓，用手取下伺服器本体	→		→	● 伺服器本体因什么条件很好，一般不会损伤 A．结构 B．润滑 C．连接 选择（　　）

21．取下惰轴分离板

用手从壳体上取出惰轴分离板，套在伺服器本体螺栓上	→		→	● 分离板起什么作用 A．垫高 B．支撑 C．密封 选择（　　）

22．取出调节阀本体

用套筒扳手拧出紧固螺丝，用手取出调节阀本体和摇臂轴	→		→	● 调节阀起什么作用 A．调整间隙 B．调节油压 C．节制流量 选择（　　）

23．取出控制轴，主阀门本体

用套筒扳手拧出紧固螺丝，用手取下控制轴，双手取出主阀门本体	→		→	● 液控元件主要安装在什么本体上 A．调节阀 B．伺服器 C．主阀门 选择（　　）

24．对主轴进行分解

分别取出固定环、轴承、卡环、主轴轴环、4 挡/倒挡齿轮、4 挡/3 挡离合器零件 注意：检查主轴栓槽和轴承是否损伤	→		→	● 主轴上共有几个齿轮 A．3 B．4 C．5 选择（　　）

25．对惰轴进行分解

取出卡环、轴环、轴栓、外套轴环、3 挡齿轮、1 挡齿轮/单向离合器、1 挡轴环，分别拆出锁定离合器内零件	→		→	● 锁定离合器在哪个挡位处于结合状态 A. L B. D－1 C. D－4 选择（ ）

26．对副轴进行分解

取出 2 挡齿轮、滚针轴承、止推滚针轴承、卡环，拆出 2 挡离合器各零件。取出卡环、轴栓、轴环，拆出 1 挡离合器各零件	→		→	● 2 挡（主动）齿轮与 2 挡离合器什么零件连为一体 A. 内毂 B. 外毂 C. 钢片 选择（ ）

二、组装本田雅阁自动变速器

1．安装 1 挡/2 挡集油器本体

在活塞上涂上油液，换上新的密封圈，连同回位弹簧一并装入 1 挡/2 挡集油器本体内，然后装上扣环，再将本体装在壳体上	→	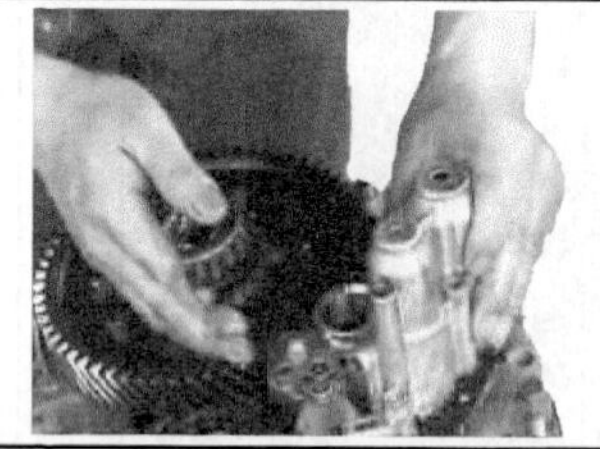	→	● 活塞密封圈无论好坏都必须更换 对□ 错□ ● 集油器本体螺栓是有扭力要求的 对□ 错□

2．安装伺服器本体

拆出所有活塞，换上新密封圈，抹上变速器油，再装入所有活塞，最后将伺服器本体装入变速器壳体上，盖上外盖，固定好螺丝	→		→	● 本伺服器作用是把什么压力转换成机械推力 A. 气体 B. 液体 C. 机械 选择（ ）

3．安装过滤器

将 ATF 过滤器装在阀体上，用套筒扳手拧紧固定螺丝	→		→	● 字母“ATF”的含义是什么 A. 自动变速器 B. 自动变速器油 C. 液控系统 选择（ ）

4．组装主轴

更换密封圈，抹上变速器油后，按分解相反顺序进行组装	→		→	● 3挡/4挡离合器安装后，钢片与摩擦片之间是否有间隙 A．有 B．无 选择（　　）

5．组装惰轴

更换密封圈，抹上变速器油后，按分解相反顺序进行组装	→		→	● 与轴制成一体的螺旋小齿轮名称是什么 A．1挡齿轮 B．最终驱动齿轮 C．3挡齿轮 选择（　　）

6．组装副轴

更换密封圈，抹上变速器油后，按分解相反顺序进行组装	→		→	● 图中上面离合器为几挡离合器 A．1挡 B．2挡 C．3挡 选择（　　）

7．将节气门调节阀装在主阀上

将节气门调节阀装入主阀上，用套筒扳手固定锁紧螺母	→		→	● 节气门调节阀的作用是什么 A．调节换挡油压 B．控制节气门开度 C．调节节气门位置 选择（　　）

8．分别装入主轴、惰轴和副轴

用手分别将主轴、惰轴和副轴插入相对应的轴孔中，各轴转动自如	→		→	● 某轴有左右晃动感觉一般是什么问题 A．轴承严重磨损 B．轴孔严重磨损 C．轴颈严重磨损 选择（　　）

9. 装入4挡主动齿轮、倒挡选择器

用手先装入4挡主动齿轮，再套上倒挡选择器，用套筒扳手固定好锁紧螺母，锁好锁片	→		→	● 倒挡选择器向下移动，将惰轴与什么齿轮连接起来 A. 4挡齿轮 B. 倒挡齿轮 C. 2挡齿轮 选择（　　）

10. 装入倒挡齿轮和2挡齿轮

用手分别装入倒挡齿轮和2挡齿轮到位	→		→	● 2 挡齿轮与惰轴用什么方式连接 A. 平键 B. 花键 C. 半圆键 选择（　　）

11. 装入差速器轴承外座，装上处壳

用手将外座平压在孔内，再用铜棒轻轻敲进外座到底，装上新密封垫，盖上外壳，用扭力扳手将壳体螺栓按规定力矩拧紧	→		→	● 壳体螺栓按规定力矩为多少N·m A. 30 B. 60 C. 120 选择（　　）

12. 装上隋转齿轮、驻车齿轮

用手分别装上主轴、副轴、隋轴的隋转齿轮，再装上驻车齿轮，用扭力扳手将螺母按规定力矩拧紧	→		→	● 轴端螺母按规定力矩为多少N·m A. 110 B. 160 C. 180 选择（　　）

13. 装上停车爪和停车刹柄

用手分别装上停车爪和停车刹柄	→		→	● 停车爪与驻车齿轮啮合时，什么轴不能转动 A. 主轴 B. 隋轴 C. 副轴 选择（　　）

14．装供油管、密封圈和右侧外盖

用手装上供油管、密封圈和密封垫，盖上右侧外盖，用扭力扳手按规定力矩拧紧外盖螺丝	→		→	● 密封垫是否需要涂抹变速器油 A．需要 B．不需要 选择（ ）

15．装上节气门拉线支架、拉线、拉杆

用手装上节气门拉线支架、拉线、拉杆，并用套筒扳手拧紧螺丝	→	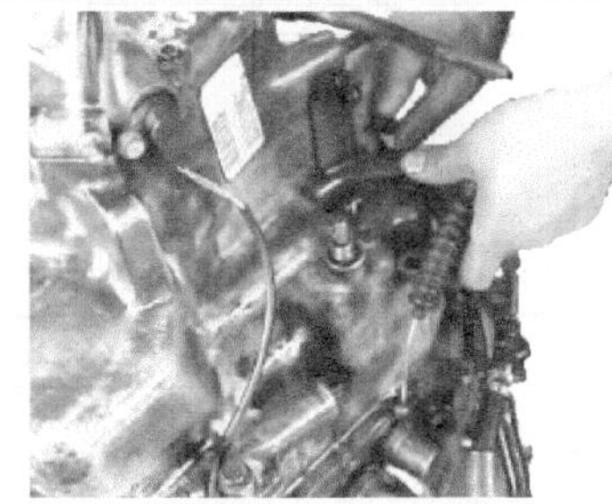	→	● 节气门拉线长短对什么有很大影响 A．换挡时间 B．动力传递 C．变换挡位 选择（ ）

16．装上变速器通气软管

用套筒扳手装上变速器通气软管	→	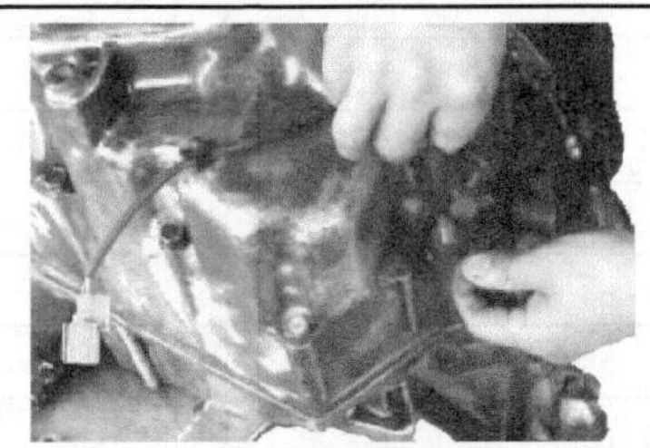	→	● 通气软管堵塞危害在哪里 A．油液温度升高 B．油液不能流动 C．换挡元件不工作 选择（ ）

17．装上液力变矩器

装上油封，再装上变矩器。装入后变矩器位置要到位，转动应自如	→		→	● 液力变矩器是由谁来直接驱动的 A．曲轴 B．飞轮 C．电动机 选择（ ）

■ 拓展练习

1．摩擦片为什么要在油中浸泡 15min 以后再安装？

____

____

2．检修自动变速器时，为什么所有密封圈都要更换？

3．有标记的零件，为什么一定按标记安装？

■ 学习活动评价

活动评价表

<table>
<tr><th rowspan="2">项　目</th><th rowspan="2">评 价 内 容</th><th colspan="3">评价等级（学生自我评价）</th></tr>
<tr><th>A</th><th>B</th><th>C</th></tr>
<tr><td rowspan="8">关键能力评价项目</td><td>1．安全意识强</td><td></td><td></td><td></td></tr>
<tr><td>2．着装仪容符合实习要求</td><td></td><td></td><td></td></tr>
<tr><td>3．积极主动学习</td><td></td><td></td><td></td></tr>
<tr><td>4．无消极怠工现象</td><td></td><td></td><td></td></tr>
<tr><td>5．爱护公共财物和设备设施</td><td></td><td></td><td></td></tr>
<tr><td>6．维护课堂纪律</td><td></td><td></td><td></td></tr>
<tr><td>7．服从指挥和管理</td><td></td><td></td><td></td></tr>
<tr><td>8．积极维护场地卫生</td><td></td><td></td><td></td></tr>
<tr><td rowspan="8">专业能力评价项目</td><td>1．书、本等学习用品准备充分</td><td></td><td></td><td></td></tr>
<tr><td>2．工具、量具选择及运用得当</td><td></td><td></td><td></td></tr>
<tr><td>3．理论联系实际</td><td></td><td></td><td></td></tr>
<tr><td>4．遵守操作规范</td><td></td><td></td><td></td></tr>
<tr><td>5．作业符合技术标准</td><td></td><td></td><td></td></tr>
<tr><td>6．独立完成操作训练</td><td></td><td></td><td></td></tr>
<tr><td>7．独立完成工作页</td><td></td><td></td><td></td></tr>
<tr><td>8．学习和训练质量高</td><td></td><td></td><td></td></tr>
<tr><td>教师评语</td><td></td><td colspan="2">成绩评定</td><td></td></tr>
</table>

任务Ⅲ 液力变矩器

■ **本任务学习目标**

1. 熟悉液力变矩器的构造原理。
2. 掌握液力变矩器的检修方法。

■ **本任务建议课时** 6课时

■ **本任务教学流程**

1. 检查讲评学生完成导读工作页情况。
2. 导入新课。
3. 结合解剖变矩器实物及影像资料，进行理论讲解。
4. 对照变矩器实物，进行检修作业示范。
5. 在自动变速器拆装中布置变矩器检修实习任务，并组织实习。
6. 巡回指导学生实习。
7. 组织学生“拓展问题”讨论。
8. 组织本任务学习测试。
9. 测试结束后，组织学生填写活动评价表。
10. 小结学生学习情况。

■ **本任务教学准备**

液力变矩器影像资料、液力变矩器课件、液力变矩器总成4～6台、常用工量具和套筒4～6套、本任务学习测试资料。

■ 课前学习导读

序号	导读内容	答案选择		
1	变矩器采用一种什么传动	液压□	液力□	电力□
2	什么既传递扭矩又改变扭矩	耦合器□	变矩器□	离合器□
3	汽车起步时变矩器涡轮 M_w=	M_B+M_D□	M_B+M_w□	M_w+M_D□
4	变矩器达到耦合点时，涡轮 M_w=	M_B□	M_D□	M_w+M_o□
5	变矩器的反应元件是什么	泵轮□	涡轮□	导轮□
6	变矩器在变矩工况，导轮转动方向是什么	可逆转□	可顺转□	不能转□
7	泵轮与涡轮之间一般间隙是多少	1～2mm□	3～4mm□	5～6mm□
8	变矩器的输出元件是什么	泵轮□	涡轮□	导轮□
9	变矩器一般安装什么离合器	机械□	电力□	锁止□
10	液力变矩器功用是只能传递动力，但不能改变扭矩	对□	错□	
11	液力变矩器涡轮动力是通过涡轮轴输出	对□	错□	

续表

序号	导读内容	答案选择
12	涡轮轴就是齿轮变速器输入轴	对□ 错□
13	涡轮旋向与泵轮的旋向相同	对□ 错□
14	泵轮与外壳体制为一体	对□ 错□
15	泵轮转动是涡轮油液冲击力的结果	对□ 错□
16	导轮中油液循环到泵轮中心处	对□ 错□
17	变矩器单向离合器两个方向均能转动	对□ 错□
18	泵轮上有叶片而涡轮上则没有	对□ 错□
19	导轮可以正反两个方向转动	对□ 错□
20	有的锁止离合器把摩擦片黏结在变矩器壳体的内端面上	对□ 错□
21	在锁止离合器活塞的前端面一般粘有摩擦片	对□ 错□
22	液力传动效率不能达到100%	对□ 错□
23	锁止离合器结合后传动效率可达到100%	对□ 错□
24	制动时锁止离合器将自动分离	对□ 错□

■ 工作情境描述

张司机把车开到修理厂，向维修师傅道明汽车行驶无力故障。维修师傅在进行失速和时滞两个试验后，告诉张司机故障原因是液力变矩器出现问题，需要拆下检修。于是，维修师傅在获取相关知识信息和技术资料后，拆分变速器对变矩器进行了各项检查，发现故障是单向离合器不能锁止所致，在更换变矩器后故障排除，交付质检人员验收合格，维修工作任务结束。

还有一个问题请大家思考：在普通货车驾驶室内一般有加速、制动和离合器 3 个踏板，而轿车驾驶室内只有加速和制动两个踏板，为什么省了一个踏板？你不妨从“相关知识”中去寻找答案。

■ 相关知识信息——液力变矩器的构造

汽车上采用的液力传动装置有液力耦合器和液力变矩器两种。在早期自动变速器中，一般采用液力耦合器，由于只能传递转矩而不能改变转矩，满足不了现代多挡自动变速器的需要，故不被采用；而液力变矩器不仅能传递转矩又能改变转矩，则被现代汽车广泛采用。

知识一 液力变矩器的功用

液力变矩器是连接发动机飞轮和齿轮变速器输入轴的一种液力传动装置。它安装在发动机和齿轮变速器之间，其功用是：将发动机动力传给齿轮变速器，增大发动机转矩。

想一想

（1）发动机的动力经过什么元件传至齿轮变速器？

A. 单向离合器　　B. 液力变矩器　　C. 传动轴

（2）现代自动变速器一般采用的液力传动装置是什么？

A. 耦合器　　B. 变矩器

知识二 液力耦合器

液力变矩器是由液力耦合器（见图 4-1）发展而来，叶轮与外壳刚性连接且与曲轴一起旋转，为耦合器的主动元件，称为泵轮。与从动轴相连的叶轮，为耦合器的从动元件，称为涡轮。泵轮与涡轮统称为工作轮。泵轮与涡轮装合后，通过轴线的纵断面呈环形，称为循环圆。在环状壳体中贮有工作油液。

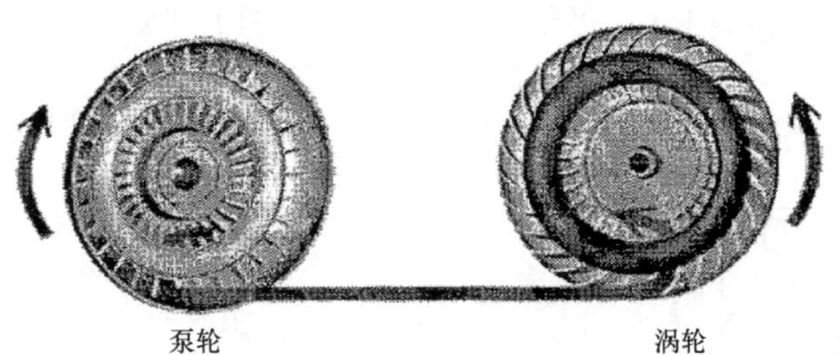

图 4-1 液力耦合器

传动原理：发动机的动能通过泵轮传给工作油液，工作油液在循环流动的过程中又将动能传给涡轮输出。工作油液在循环流动的过程中，除了与泵轮和涡轮之间的作用力之外，没有受到其他任何附加的外力。根据作用与反作用力相等的原理，工作油液作用在涡轮上的转矩应等于泵轮作用在工作油液上的转矩，即发动机传给泵轮的转矩与涡轮上输出的转矩相等。

涡轮与泵轮的转速差越大，传动比越小，传动效率就越低；反之，传动效率就越高。

知识三 液力耦合器的组成

液力耦合器主要由泵轮、涡轮和壳体组成，如图 4-2 所示。

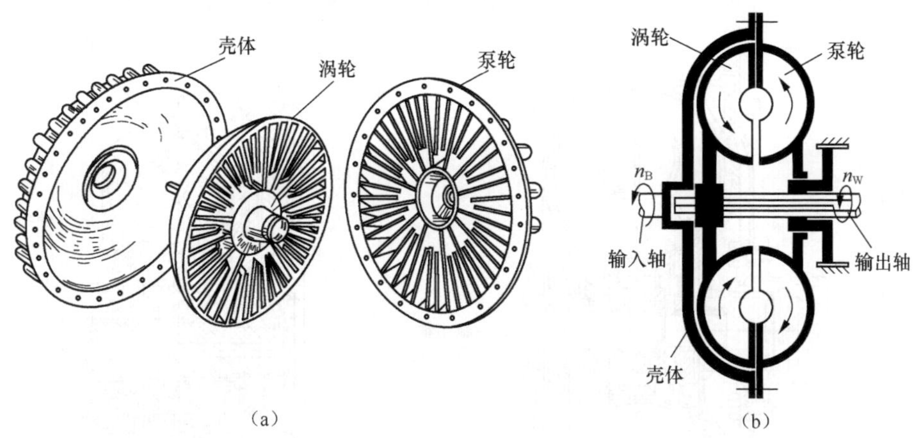

图 4-2 液力耦合器

知识四 液力耦合器的工作原理

液力耦合器的工作原理可用两个对置的电风扇来描述，如图 4-3 所示，当一台接通电源的电扇（相当于泵轮）旋转时，产生的气流可以吹动不接电源的电扇。只是耦合器中对置的泵轮与涡轮之间使用的是液体，而不是空气，即当曲轴驱动泵轮转动时，带动泵轮中的工作风扇（相当于涡轮）使其旋转液回转。随着泵轮转速升高，离心力使工作液沿着泵轮叶片表面从泵轮中心开始向外侧喷出，将工作液喷射到涡轮的叶片上，驱使涡轮转动，将动力传递至变速器输入轴。

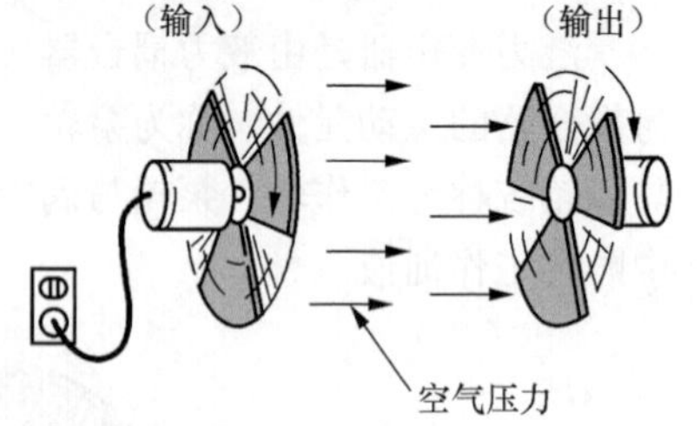

图 4-3 液力耦合器的工作原理

知识五 液力变矩器的结构

1．液力变矩器的分类

液力变矩器从轮的数量多少上，可分为三元件和四元件两种，如图 4-4（a）、（b）所示；从有无锁止离合器上，可分为带锁止离合器和不带锁止离合器两种，如图 4-4（c）、（d）所示。

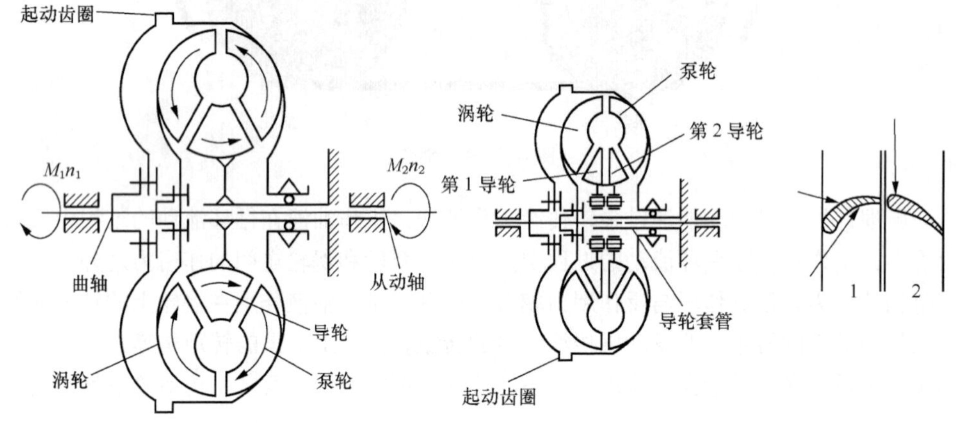

（a）三元件液力变矩器 （b）四元件液力变矩器

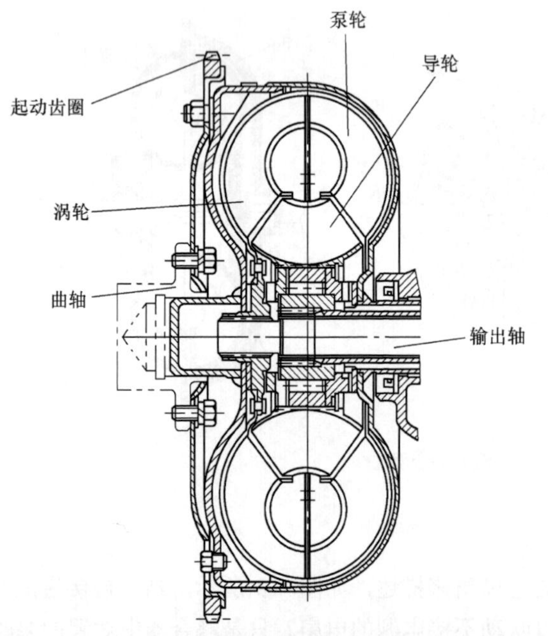

（c）三元件不带锁止离合器液力变矩器

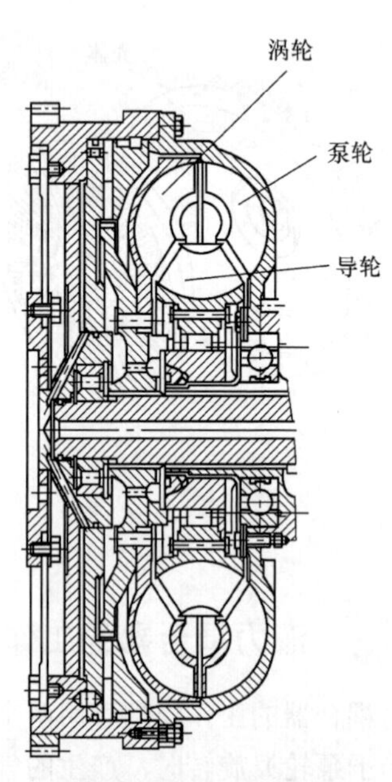

（d）三元件带锁止离合器液力变矩器

图 4-4 液力变矩器的类型

现代轿车一般采用三元件、带锁止离合器的液力变矩器；大功率轮式工程机械多采用四元件、带锁止离合器的液力变矩器。

想一想

● 液力变矩器三元件是指什么？

A. 泵轮、涡轮、导轮 B. 泵轮、齿轮、导轮 C. 棘轮、齿轮、泵轮

选择（ ）

● 因为轮式机械需要较大驱动力，所以要采用四元件带锁止离合器的液力变矩器。

判断（ ）

2．液力变矩器的组成

典型液力变矩器采用的是单导轮、不带锁止离合器的液力变矩器。它主要由泵轮、涡轮和导轮组成，如图 4-5 所示。

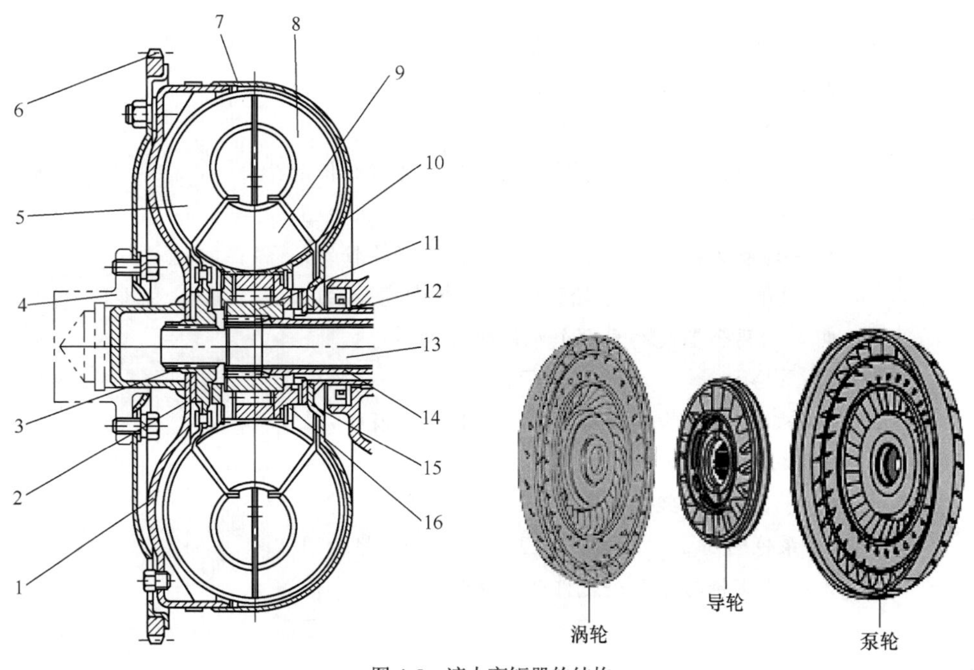

图 4-5 液力变矩器的结构

1—滚柱；2—塑料垫片；3—涡轮轮毂；4—曲轴凸缘；5—涡轮；6—起动齿圈；7—变矩器壳；8—泵轮；9—导轮；10—自由轮外座圈；11—自由轮内座圈；12—泵轮轮毂；13—变矩器输出轴；14—导轮固定套管；15—推力垫片；16—自由轮机构盖

3．液力变矩器的零件关系

如图 4-5 所示，泵轮 8 与变矩器壳体 7 制为一体，壳体 7 与传动盘焊接，传动盘与飞轮用螺栓连接，发动机飞轮转动，壳体 7 和泵轮 8 随之转动。泵轮是液力变矩器输入元件。

涡轮 5 通过铆钉铆接在涡轮轮毂 3 上，涡轮轮毂 3 通过花键与输出轴 13 连接。涡轮位于泵轮正前方，两轮之间有 3～4mm 间隙。泵轮转动油液冲击涡轮转动，通过涡轮轮毂 3 和输出轴 13 将动力传给齿轮变速器。涡轮是液力变矩器输出元件。

导轮 9 位于泵轮和涡轮之间，通过由滚柱 1、外座圈 10、内座圈 11 组成的单向离合器支撑在导轮固套管 14 上，其内座圈 11 不能转动。导轮是改变转矩的反应元件。

泵轮、涡轮和导轮均带有若干曲面叶片，三元件装配后，形成循环圆形状，油液在循环圆腔内作环流运动，其油液环流途径为泵轮→涡轮→导轮→泵轮。

练一练

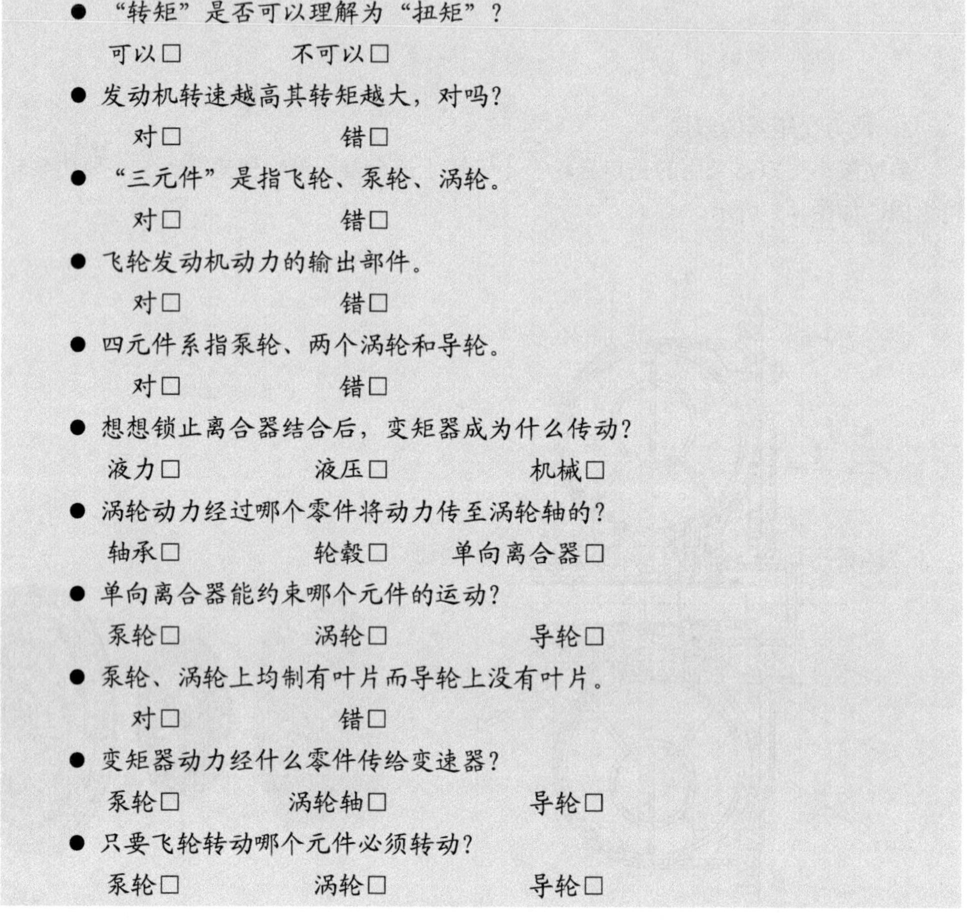
- “转矩”是否可以理解为“扭矩”？
  可以□ 不可以□
- 发动机转速越高其转矩越大，对吗？
  对□ 错□
- “三元件”是指飞轮、泵轮、涡轮。
  对□ 错□
- 飞轮发动机动力的输出部件。
  对□ 错□
- 四元件系指泵轮、两个涡轮和导轮。
  对□ 错□
- 想想锁止离合器结合后，变矩器成为什么传动？
  液力□ 液压□ 机械□
- 涡轮动力经过哪个零件将动力传至涡轮轴的？
  轴承□ 轮毂□ 单向离合器□
- 单向离合器能约束哪个元件的运动？
  泵轮□ 涡轮□ 导轮□
- 泵轮、涡轮上均制有叶片而导轮上没有叶片。
  对□ 错□
- 变矩器动力经什么零件传给变速器？
  泵轮□ 涡轮轴□ 导轮□
- 只要飞轮转动哪个元件必须转动？
  泵轮□ 涡轮□ 导轮□

4．导轮单向离合器

变矩器多采用滚柱式单向离合器，如图 4-6（a）所示，它由内圈、外圈、滚柱、弹簧及保持架组成。

单向离合器内圈与固定套管用槽键连接，而固定套管固定在变速器壳体上，故内圈不能转动，其外圈与导轮连接。

如图 4-6（b）所示，当内、外圈无相对运动时，滚柱被弹簧推至楔形空间的最窄处。当外圈顺时针转动时，摩擦力使滚柱压缩弹簧至楔形空间的最宽处，外圈不被锁止，外圈及导轮可以顺时针转动；当外圈逆时针转动时，摩擦力及弹簧力使滚柱至楔形空间的最窄处，进而卡止，外圈及导轮逆时针旋转被锁止。

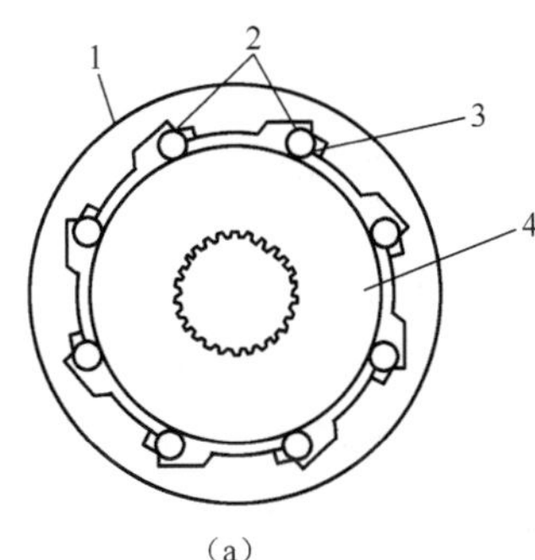

（a）　　　　（b）

图 4-6　导轮单向离合器

(a) 1—外圈；2—滚柱；3—弹簧及保持架；4—内圈

(b) 1—外圈；2—滚柱；3—弹簧；4—保持架；5—内圈

知识六　液力变矩器的工作原理

液力变矩器的工作原理用工作轮展开图来说明，如图 4-7 所示。

1．变矩工况

当发动机运转而汽车未起步时，涡轮转速 n_w 为 0，如图 4-8（a）所示。发动机带动泵轮转动，油液被甩出冲击涡轮叶片，由于涡轮静止不动，液流沿涡轮叶片流出去冲击导轮凹面，其方向如图 4-8（a）中 2 所示，由于单向离合器单向作用，导轮不能顺时针转动（从后向前看），根据作用力与反作用定律，液流此时也会受到叶片的反作用力矩，其大小与作用力矩相等，方向相反，这时涡轮上的转矩 $M_w = M_B + M_D$，即涡轮力矩 M_w 等于泵轮转矩 M_B 与导轮转矩 M_D 之和；此时涡轮转矩 M_w 大于泵轮转矩 M_B，即变矩器起到增大转矩的作用；当增大的转矩足以克服静止汽车的阻力时，汽车即起步并加速。

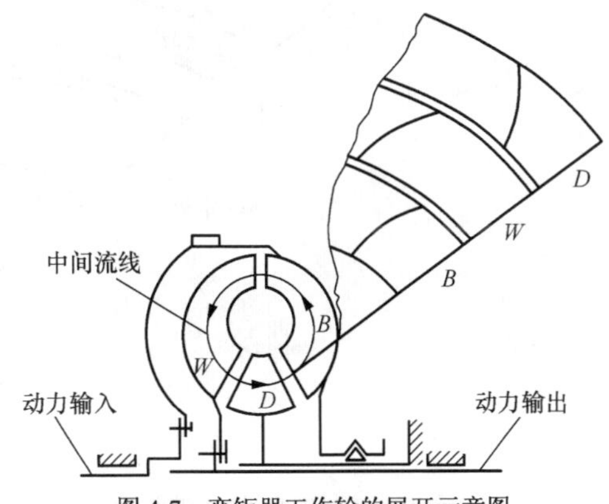

图 4-7　变矩器工作轮的展开示意图

B—泵轮；W—涡轮；D—导轮

2．耦合工况

汽车起步加速后，涡轮转速 n_w 由 0 开始逐渐增加。当涡轮转速 n_w 不为 0 时，涡轮出口处不仅具有相对速度 w，也具有沿圆周切线方向的牵连速度 u，两个速度合成为合成速度 v，随着涡轮转速增加就会出现 v_1、v_2…等合成速度；如图 4-8（b）所示，当液流由原来冲击导轮凹面转为冲击导轮背面时，由于单向离合器不起单向作用，导轮被冲击而逆时针转动，原来反作用在涡轮上的反作用力矩随着涡轮速度的增加而逐渐减少，涡轮获得的力矩 M_w 也随之减小。当导轮转矩为 0 时，那么涡轮转矩等于泵轮转矩，即 $M_w = M_B$，这时涡轮和泵轮的速比 i 就为 1:1，变矩器不起变矩作用而变为耦合工况。

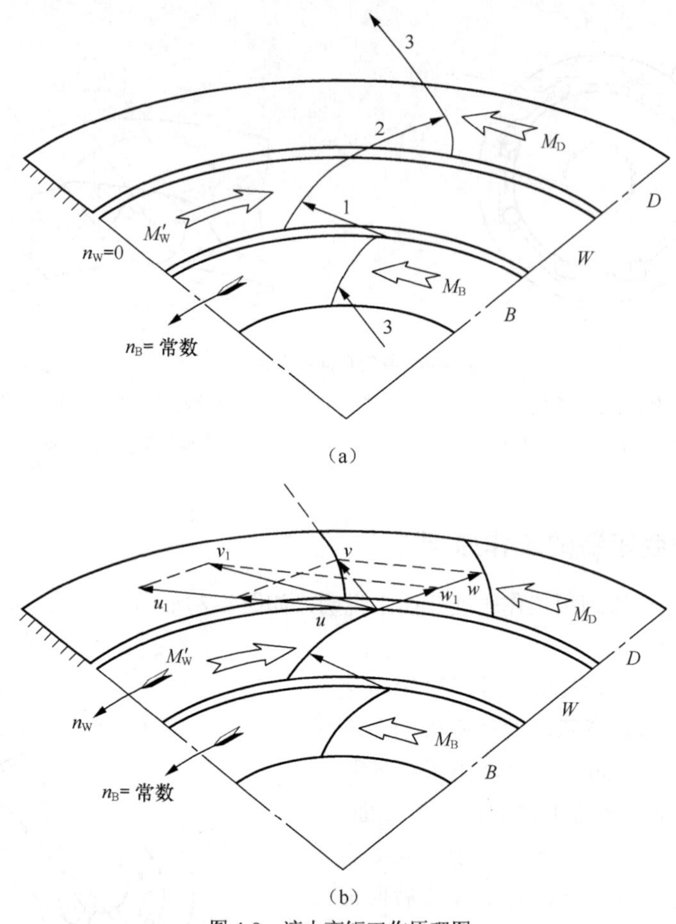

图 4-8 液力变矩工作原理图

想一想

- 汽车起步前涡轮转速是多少？
  零□ >零□
- 汽车低速行驶时，涡轮叶片流出液油将冲击导轮什么地方？
  背面□ 凹面□
- 导轮的反作用力将作用在涡轮上。
  对□ 错□
- 汽车起步的条件是什么
  $M_w>M_B$□ $M_w<M_B$□ $M_w=M_B$□
- 相对速度和牵连速度的合成速度叫什么速度？
  相对速度□ 牵连速度□ 合成速度□
- 合成速度随着涡轮转速增加其冲击方向逐步向哪个方向偏移？
  向左□ 向右□ 不偏移□

知识七 液力变矩器的特性

液力变矩器的性能一般用其特性曲线来描述。液力变矩器的特性曲线反映的是当发动机转速和转矩一定（即泵轮转速 n_B 和转矩 M_B 一定）时，液力变矩器的转矩比（K）、转速比（i）和传动效率（η）三者之间的变化关系。图 4-9 所示为车用液力变矩器的特性曲线。

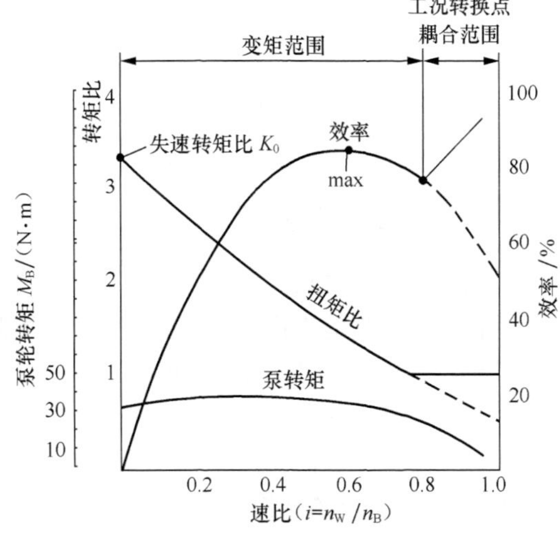

图 4-9 液力变矩器的特性曲线

（1）转速比（速比）i

涡轮转速 n_W 与泵轮转速 n_B 之比为液力变矩器的速比，一般以 i 来表示，即速比说明液力变矩器输出转速降低的倍数，用来描述变矩器的工况。

$$i=\frac{n_W}{n_B}\leqslant 1$$

（2）转矩比（变矩系数）K

涡轮输出转矩 M_W 与泵轮输入转矩 M_B 之比为液力变矩器的转矩比，用 K 来表示，即

$$K=\frac{M_W}{M_B}$$

转矩比说明变矩器输出转矩增大的倍数，它随变矩器转速比而变化。

从图 4-9 中可以看出，液力变矩器的运作分为两个工作区域：当 $i<0.8$（$K>1$）时，为变矩器的变矩区，在变矩区转矩成倍放大；当传动比 i 为 0 时，即在涡轮转轮停转时，转矩比 K 达到最大；当 $i\geqslant 0.8$（$K\leqslant 1$）时，为变矩器的耦合区，只是传送转矩而并无转矩放大。K=1 的速比点是这两个区域的转换点，亦称为“耦合点”。

（3）传动效率 η

涡轮输出功率与泵轮输入功率之比为变矩器的传动效率，用 η 表示。传动效率说明变矩器输出轴上所获得的功率比输入功率小的倍数。液力变矩器的传动效率是随传动比而变化的抛物线，其最高效率 η_{max} 在 i=0.6 时获得，一般约为 80%～86%。

若液力变矩器中的导轮在工作时始终固定，则自耦合点起在大速比的耦合范围内，转矩比曲线变成 $K<1$，且传动效率急剧下降（见图 4-9 中的虚线）。这是由于固定不动的导轮，在速比较小的范围内，能起到增大转矩的作用，因为此时由循环流动的速度 A 和圆周流动的速度 B 所合成工作液按速度 C 流向导轮前部，经固定不动的导轮后改变了液流方向冲向泵轮的背面（见图 4-10（a）），产生增矩作用。但在速比较大的工作范围内，工作液的合成速度 C 将流向导轮的背面，固定不动的导轮使工作液产生涡流，将阻碍涡轮的旋转（见图 4-10（b）），降低其传动效率。其解决的办法就是在导轮上增设单向离合器。

工作情境链接

张某昨天开车从博罗到广州火车站花费了 2 小时，而今天在昨天同等条件下花费了 2 小时 20 分钟。张某找我道明原因，我经过检查后发现其中原因在于锁止离合器出现故障。为什么锁止离合器出现故障后汽车会跑慢呢？请你阅读“锁止离合器”就知道答案了。

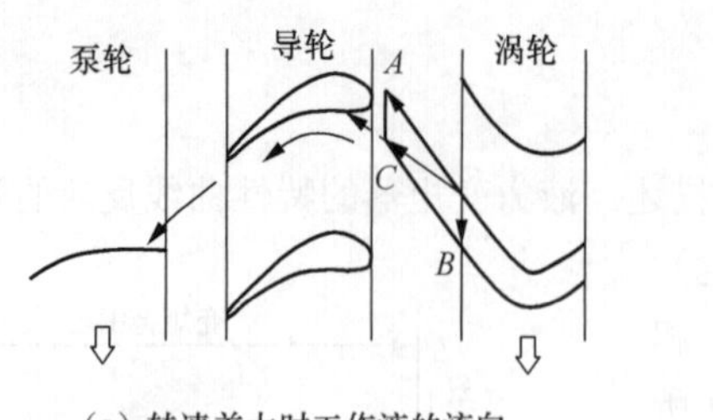

（a）转速差大时工作液的流向　　（b）转速差小时工作液的流向

图 4-10　传动效率

知识八　锁止离合器

1．锁止离合器概述

从液力变矩器的工作原理分析可知，变矩器进入耦合工况后，不再起增大转矩的作用，且在转矩传递过程中，泵轮和涡轮之间存有 4%～5%的转速差，其结果将不能把发动机动力 100%地传递给齿轮变速器，这足以说明存在能量损失。为了防止这种损失，提高变速器在高转速下的传动效率，减少发动机燃油消耗，现代汽车液力变矩器中一般都安装有锁止离合器。

2．锁止离合器的结构

锁止离合器位于液力变矩器前端，如图 4-11 所示，它主要由活塞 2、减震盘 4、涡轮传动板 3 等组成。

图 4-11　锁止离合器结构

1—变矩器壳体；2—锁止活塞；3—涡轮传动板；4—减震盘；5—涡轮；6—导轮；7—泵轮

活塞 2 与减震盘 4 用方键连接，可前后移动；在活塞前端面或变矩器壳体内端面粘有摩擦片，减震盘 4 和涡轮传动板 3 通过减震弹簧连接，减震弹簧起到离合器结合时扭转缓冲作用，防止结合冲击；涡轮传动板 3 铆接在涡轮轴花键毂上。

想一想

对照图 4-11 回答以下问题：

1．摩擦片黏结在____________________上。

2．单向离合装在____________________上。

3．活塞不能移动。　　判断（　　）

4．涡轮转动活塞也转动。判断（　　）

5．什么零件位于涡轮传动板与减震盘之间？

减震弹簧□　　壳体□　　导轮□

6．减震盘只起减震作用而不起传递作用。

对□　　　　错□

3．锁止离合器的工作原理

如图 4-12 所示，当汽车在低速（一般在 60km/h 以下）行驶时，电控单元根据车速信号控制锁止电磁阀断电，油液自涡轮轴中心油道进入锁止活塞前腔，在油压作用下，锁止活塞向后移动，锁止离合器处于分离工况。通过活塞的油液经过泵轮、涡轮、油道和散热器流回油箱。

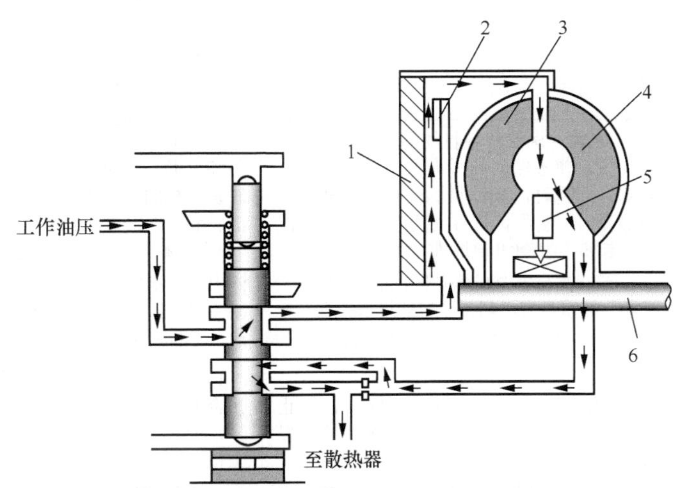

图 4-12　锁止离合器分离工况原理示意图

1—变矩器壳体；2—锁止活塞；3—涡轮；4—泵轮；5—导轮；6—变速器输入轴

如图 4-13 所示，当汽车在高速（一般在 60km/h 以上）行驶时，电控单元根据车速信号控制锁止电磁阀通电，油液流动方向被改变为通过变矩器油道进入锁止活塞后腔，在油压的作用下，锁止活塞向前移动，锁止离合器处于结合工况，活塞前腔油液经过油道及泄油口流回油箱。

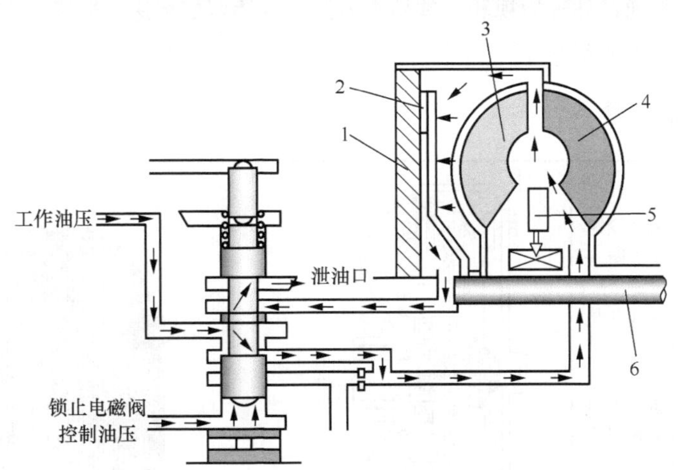

图 4-13　锁止离合器结合工况原理示意图

1—变矩器壳体；2—锁止活塞；3—涡轮；4—泵轮；5—导轮；6—变速器输入轴

知识九　液力变矩器的常见故障

液力变矩器为不可拆式总成，一旦它产生了故障，能用于判断故障的参数只有发动机转速（泵轮转速）、涡轮转速（变速器输入轴转速）和 ATF 温度信号，只能通过对数据流进行机理分析和换件试验的方法排除故障。为了能正确地判断故障，对多个具有不同故障的液力变矩器进行解剖、检查和分析，总结出3种常见的“机械”故障现象及故障判断方法如表4-1所示，供参考。

表4-1　3种常见的“机械”故障现象及故障判断方法

故障现象	故障原因	故障判断方法
汽车起步时液力变矩器增大转矩的能力变差，甚至在起步加速时发动机熄火	单向离合器打滑，导轮因不能锁止而反向旋转	将变速杆依次置于D位和R位下进行失速试验，如失速转速远低于标准值（＞600r/min）或发动机熄火，则单向离合器打滑
汽车加减速时液力变矩器中的异响增大，严重时出现“挂挡熄火”（将变速杆从N位挂入D位或R位时发动机熄火）现象	1. 泵轮、涡轮和导轮间的轴承损坏（滚针飞脱，使各轮间的轴向冲击增大，产生异响；严重时，滚针将涡轮卡住在液力变矩器壳内，使两套变为刚性连接），以致汽车一起步，发动机便熄火 2. 锁止离合器内减震弹簧的弹力降低引发异响；减震弹簧在断裂后可能将涡轮卡在液力变矩器壳内，以致发生“挂挡熄火”现象	1. 如在汽车停驶状态下将变速杆依次挂入D位和R位时发动机熄火或在汽车强行起步、加速时发动机的转速较高（多为1 500 r/min），则泵轮、涡轮和导轮间的轴承损坏 2. 在汽车停驶状态下不断改变发动机的转速，如液力变矩器中的异响增大（只能用听诊器检查），则减震弹簧的弹力降低（还可在将液力变矩器拆下后通过不断晃动液力变矩器的方法来检查）
汽车高速行驶时，发动机相应的转速偏高，发动机冷却液温度和ATF温度也偏高	1. 由于液力变矩器锁止阀泄漏，锁止离合器频繁接合与分离，使其摩擦片磨损量过大 2. 锁止离合器锁止电磁阀卡滞，锁止离合器或油压调节阀有故障	1. 当车速为100km/h条件下（锁止离合器应已接合）急促加速时，车速和发动机转速应同步上升，如车速上升的幅度不大，而发动机转速猛升，则锁止离合器摩擦片磨损量过大 2. 根据解码器读得的数据流的下列参数进行判定：发动机转速、挡位、输入轴转速、输出轴转速、锁止离合器的状态和ATF温度

■ 任务实施——液力变矩器检修

从液压变矩器的结构可知，液力变矩器是一个密封整体而不可拆卸，故无法进行拆分检修。因此在维修时，只能通过外观检视和一些检查方法对变矩器好坏进行判断，若发现异常或工作性能变坏，则应更换液力变矩器。

操作一　外部检查

如图4-14所示，对液力变矩器的外部检查主要包含下面4个方面的内容。

（1）检查变矩器螺钉、螺孔是否损坏。如损坏2个牙以上时，螺钉要更换，螺孔要攻丝修理

（2）检查变矩器平衡块是否脱落。如有脱落应在原位重新焊接

（3）检查变矩器有无裂纹、变形。若有裂纹或明显变形时，应更换变矩器

（4）检查油泵驱动轴缺口是否损坏、轴颈是否磨损。若缺口损坏或轴颈严重磨损时，应更换变矩器

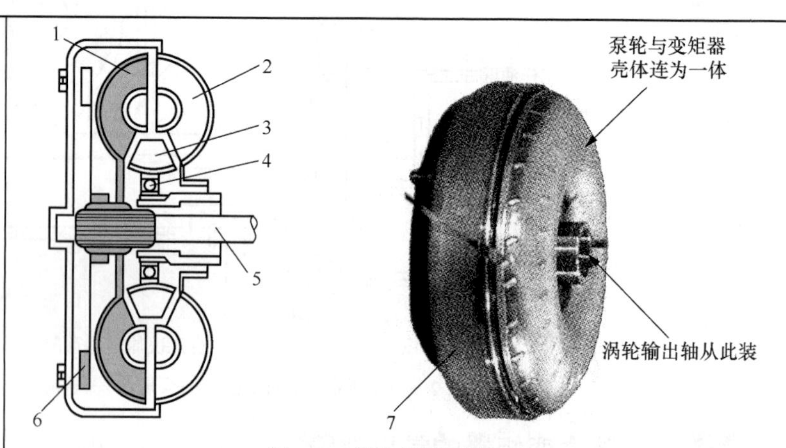

图4-14　液力变矩器的检查

1—涡轮；2—泵轮；3—导轮；4—单向离合器；5—涡轮输出轴；6—锁止离合器；7—壳体

操作二 变矩器径向圆跳动量检查

如图 4-15 所示，按技术要求将变矩器安装在飞轮上，安装百分表将表头垂直抵压在涡轮轴上，并压缩 1mm，旋转曲轴 360° 观察百分表指针摆动量。变矩器径向圆跳动量一般不超过 0.05mm；若跳动量过大，应更换变矩器，否则造成油泵早期损坏	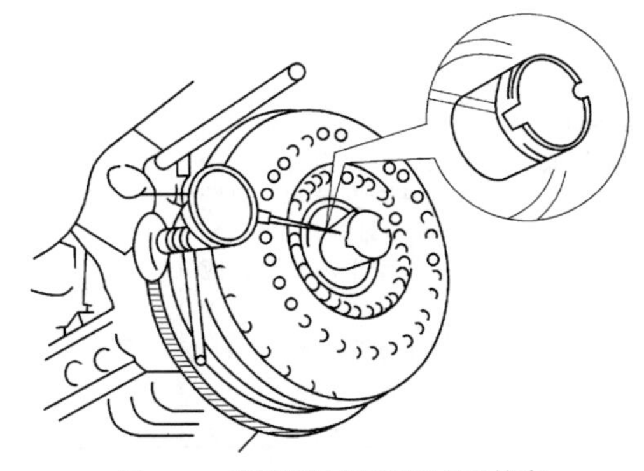 图 4-15 变矩器径向圆跳动量的检查

- 想一想，百分表为什么要有 1mm 的压缩量。________________
- 你是怎样理解“径向圆跳动量”的。________________
- 想一想，变矩器径向圆跳动量过大，为什么造成油泵早期损坏？________________

操作三 变矩器前端面到变矩器壳体前端面距离检查

如图 4-16 所示，其检查方法是将变矩器和变矩器壳体按技术要求安装到位，用平尺放在壳体中央，再用直尺或深度尺测量到平尺下端面到变矩器前端面的距离。丰田 A341 型变速器此距离为 17.1mm。若不符合要求，说明变矩器、油泵没有安装到位，重新安装后再检查	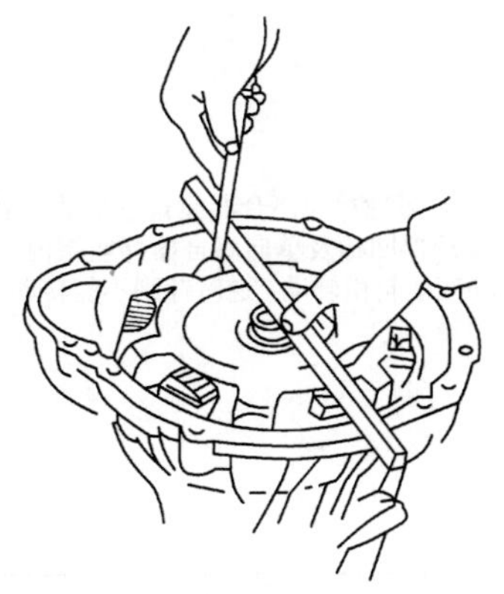 图 4-16 变矩器前端面到变矩器壳体表面距离检查
● 操作三检查的目的是什么	安装是否到位□ 变矩器是否变形□

操作四 变矩器内部运动干涉检查

检查导轮与涡轮之间运动干涉方法如图 4-17 所示，将油泵与变矩器连接安装，插入涡轮轴，固定油泵和变矩器不动，然后顺时针、逆时针转动涡轮轴，注意倾听变矩器内部是否有异响，涡轮轴是否转动自如。若有异响或涡轮轴转动不自如，说明变矩器导轮与涡轮之间有运动干涉故障，应更换变矩器	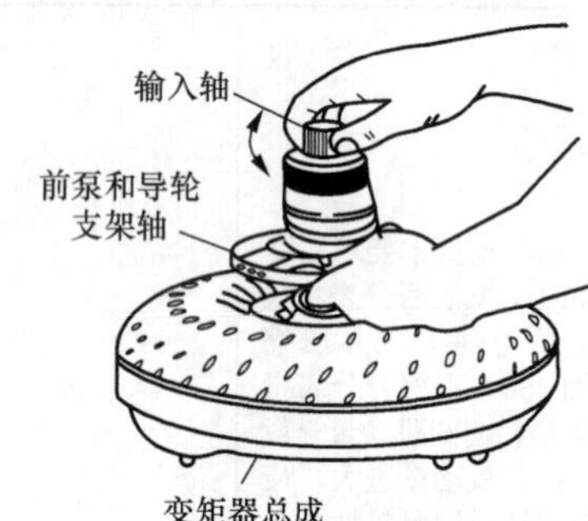 图 4-17　涡轮运动干涉的检查
如图 4-18 所示，导轮与泵轮之间运动干涉检查方法是：将油泵放在台架上固定不动，把变矩器安装在导轮轴的支撑花键上，逆时针转动变矩器，若转动不顺畅或有异响，说明变矩器导轮与泵轮之间有运动干涉故障，应更换变矩器	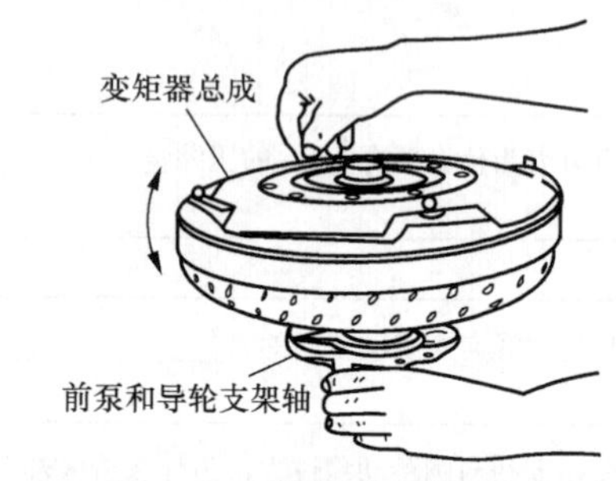 图 4-18　泵轮运动干涉的检查
● 泵轮与涡轮不应有接触现象	对□　　　　错□

操作五 导轮单向离合器检查

如图 4-19 所示，导轮单向离合器检查方法是：用专用工具嵌入变矩器凹槽及单向离合器外座圈内，顺时针方向转动应能自由转动，逆时针则不能转动，否则要更换变矩器	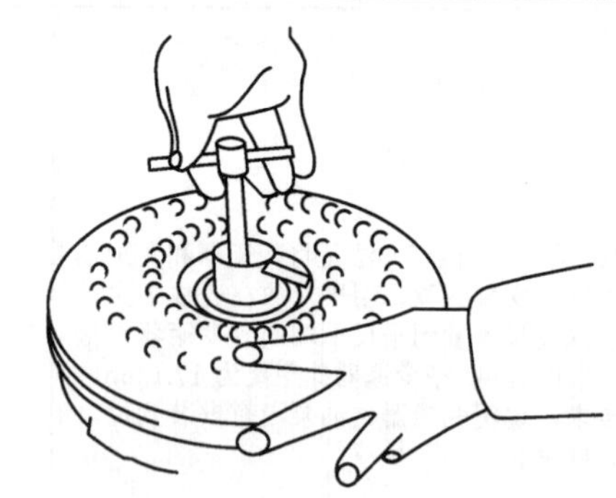 图 4-19　导轮单向离合器检查

● 什么叫单向离合器？________________________________

操作六 变矩器清洗

如图 4-20 所示，变矩器清洗方法是：将变矩器倒放在油盆木板上，把气管插入变矩器内部到底，打开压缩空气开关，将变矩器内部油液全部吹出，再把清洗油（汽油或自动变矩器油）倒入变矩器内，用手晃动变矩器进行清洗或利用转动涡轮、导轮方法进行清洗，最后用压缩空气将清洗油吹出	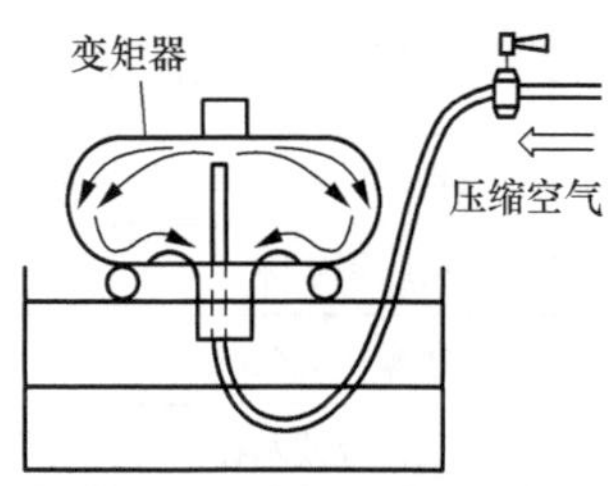 图 4-20 变矩器普通清洗方法
● 变矩器采用什么油清洗最好	汽油□ ATF 油□ 混合油□

■ 拓展练习

1．请分析变矩器在起步前后阶段泵轮与涡轮的转速情况。	
2．变矩器传动效率为什么不能达到 100%？	
3．锁止离合器结合后，在哪些情况下自动中断锁止工况？	

■ 学习活动评价

活 动 评 价 表

项 目	评 价 内 容	评价等级（学生自我评价）		
		A	B	C
关键能力评价项目	1．安全意识强			
	2．着装仪容符合实习要求			
	3．积极主动学习			
	4．无消极怠工现象			
	5．爱护公共财物和设备设施			
	6．维护课堂纪律			
	7．服从指挥和管理			
	8．积极维护场地卫生			

续表

项　　目	评 价 内 容	评价等级（学生自我评价）		
		A	B	C
专业能力评价项目	1．书、本等学习用品准备充分			
	2．工具、量具选择及运用得当			
	3．理论联系实际			
	4．遵守操作规范			
	5．作业符合技术标准			
	6．独立完成操作训练			
	7．独立完成工作页			
	8．学习和训练质量高			
教师评语		综合成绩		

任务Ⅳ 齿轮变速器

■ **本任务学习目标**

1．熟悉齿轮变速器的构造及原理。

2．掌握齿轮变速器的部件检修内容和方法。

■ **本任务建议课时** 18 课时

■ **本任务教学流程**

1．检查讲评学生完成导读工作页情况。

2．导入新课。

3．结合齿轮变速器影像资料和实物，讲解相关理论。

4．播放齿轮变速器部件检修影像资料。

5．对照齿轮变速器实物，进行检修操作示范。

6．在自动变速器拆装中布置齿轮变速器检修实习任务，并组织实习。

7．巡回指导学生实习。

8．组织学生“拓展问题”讨论。

9．组织本任务学习测试。测试后组织学生填写活动评价表。

10．小结学生学习情况。

■ **本任务教学准备**

齿轮变速器理论及检修影像、齿轮变速器理论及检修课件、齿轮变速器部件若干件、常用工量具、套筒扳手（32）专用拆装台 4～6 台、本任务学习测试资料。

■ 课前学习导读

序号	导读内容	答案选择		
1	一个行星齿轮排是由太阳轮、行星轮及架和齿圈等组成	对□	错□	
2	单向离合器只能一个方向转动	对□	错□	
3	辛普森齿轮变速器直接单向离合器逆时针锁止，顺时针转动	对□	错□	
4	4 挡辛普森齿轮变速器中只有两个行星齿轮排	对□	错□	
5	4 挡辛普森齿轮变速器中有 4 根轴，一个输入轴	对□	错□	
6	本田雅阁轿车齿轮变速器中共有 5 个换挡离合器	对□	错□	
7	哪个是换挡执行元件	输入轴□	换挡离合器□	行星齿轮排□
8	普通齿轮变速器一般用于什么桥驱动轿车上	前□	中□	后□
9	4 挡辛普森齿轮变速器 1 挡行驶时，C_{12}是什么工况	结合□	分离□	
10	4 挡辛普森齿轮变速器 3 挡行驶时，前排齿圈什么方向转动	顺时针□	逆时针□	

续表

序号	导读内容	答案选择		
11	本田雅阁齿轮变速器3挡行驶时，几挡离合器结合	2□	3□	4□
12	换挡离合器结合时，活塞回位弹簧处于什么状态	压缩□	伸张□	
13	本田变速器锁定离合器安装在哪根轴上	主轴□	输出轴□	副轴□
14	齿圈若有磨损时应更换齿圈	对□	错□	
15	行星轮与行星架之间极限间隙为多少mm	0.5□	1.0□	1.5□
16	钢片若翘曲变形时可压来校正	对□	错□	
17	制动带若发黑时，应予更换	对□	错□	

■ 工作情境描述

小李司机开丰田车多年，从未遇到挂挡后汽车不能行驶的事情，抱着试探的心理，他改挂S挡和D挡汽车还是不能起步，再改挂R挡，汽车仍不能行驶。没有办法他只好叫了拖车把车拖进了修理厂。汽修师傅在询问车情后进行实车检查试验，分析后告诉小李司机是自动变速器换挡机构出现严重故障，需要进厂检修。于是，小李司机将车交给了修理厂。汽修师傅告诉小李司机自动变速器的结构复杂，维修较为困难，要快速修好变速器需要一段时间的实情，小李司机表示理解。的确，要修好变速器除有相当维修技术能力外，还需要自动变速器理论的支持。因此，汽修师傅在重温丰田自动变速器理论和相关故障诊断资料的基础上，才开始着手检修。经过拆检发现该车故障是因直接挡离合器故障所致，在更换全部摩擦片后故障排除，交付质检人员验收合格。

■ 相关知识信息——齿轮变速器的构造

知识一　齿轮变速器概述

1．齿轮变速器的种类

齿轮变速器安装在液力变矩器和驱动桥之间，目前主要应用的有行星齿轮式（动轴式）和普通齿轮式（定轴式）两种，如图5-1、图5-2所示。普通齿轮变速器一般用于前驱动的轿车上。行星齿轮变速器一般用于后驱动的轿车上，也适用前驱动的轿车，但结构有所不同。

图5-1　行星齿轮变速器

图5-2　普通齿轮变速器

2．齿轮变速器的组成

两种类型的齿轮变速器均由齿轮传动机构和换挡执行机构两部分组成，如图 5-3 所示。齿轮传动机构的作用是改变挡位和传动方向，换挡执行机构的作用是实现挡位的变换。现以辛普森 4 挡行星齿轮变速器和本田雅阁普通齿轮变速器为例分别进行阐述。

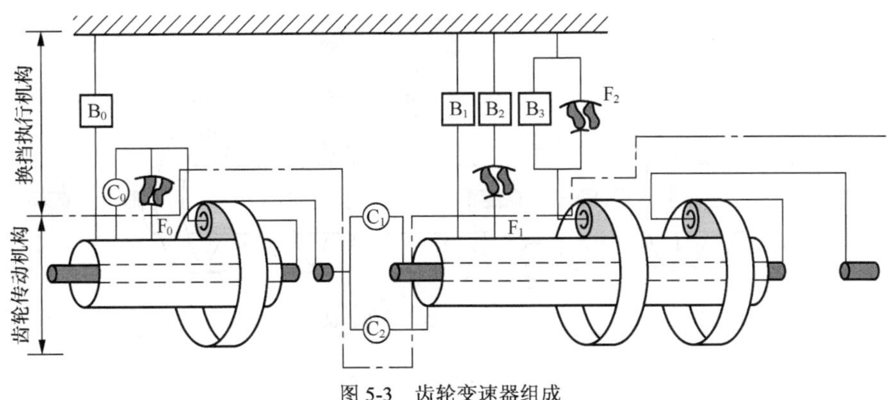

图 5-3 齿轮变速器组成

工作情境链接

温老师有辆变速自行车，通过手动开关就可获得不同的转速。其实自动变速器与这辆自行车一样，变速都是通过改变传动比来实现的。当然，自动变速器的结构原理比起变速自行车复杂得多。变速器是怎样实现变速呢？

知识二 辛普森 4 挡行星齿轮变速器

辛普森行星齿轮变速器从 20 世纪 70 年代开始应用在通用、福田、克莱斯特、丰田、日产等多家汽车自动变速器上。辛普森 4 挡行星齿轮变速器是在辛普森 3 挡行星齿轮变速器上发展而成。从 20 世纪 80 年代起，越来越多的轿车自动变速器采用辛普森 4 挡行星齿轮变速器，以提高燃油的经济性。该变速器 4 挡为最高挡，即超速挡，其传动比小于 1；3 挡为直接挡，其传动比为 1:1。

辛普森四挡齿轮变速器由行星齿轮传动机构和换挡执行机构两部分组成，如图 5-3 所示。

1．辛普森 4 挡行星齿轮变速器的基本结构

（1）行星齿轮传动机构

行星齿轮传动机构主要由超速挡行星齿轮机构和 3 挡行星齿轮机构两部分组成，如图 5-4 所示。

超速挡行星齿轮机构由超速挡输入轴 1 和超速行星齿轮排（超速排太阳轮 2、超速排齿圈 3、超速排行星轮及架 4）组成。

3 挡行星齿轮机构由 3 挡输入轴 5、中间轴 6、前行星齿轮排（前排太阳轮 7、前排齿圈 8、前排行星轮及架 10）、后行星齿轮排（后排太阳轮 7、后排齿圈 9、后排行星轮及架 11）和输出轴 12 组成。

超速挡输入轴 1 输入端与涡轮连接，输出端与超速排行星轮及架 4 连接，行星轮架 4 与直接挡离合器 C_0、直接挡单向离合器 F_0 外毂连为一体。

太阳齿轮 2 与直接挡离合器 C_0、超速挡制动器 B_0 内毂、直接挡单向离合器内圈连接，齿圈 3

与 3 挡输入轴 5 连接，3 挡输入轴 5 右端与前进挡离合器 C_1、倒挡及高挡离合器 C_2 的外毂连接；中间轴 6 左端与前进挡离合器 C_1 的内毂连接，右端与后排齿圈 9 连接。

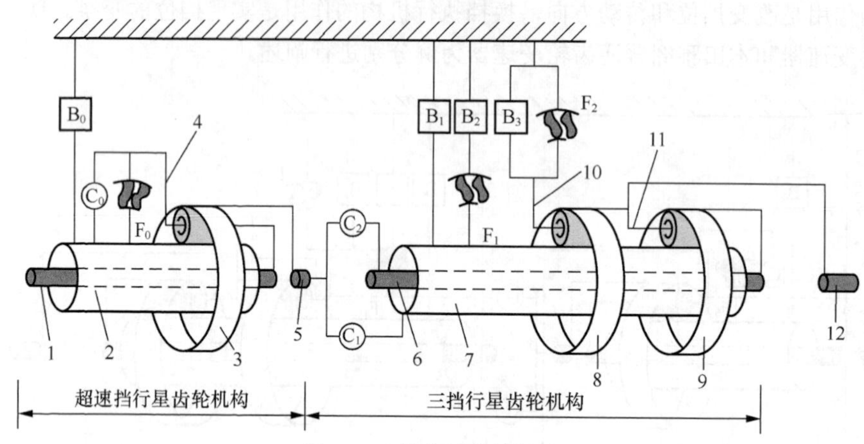

图 5-4 辛普森行星齿轮机构

1—超速挡输入轴；2—超速排太阳轮；3—超速排齿圈；4—超速排行星架；5—3 挡输入轴；6—中间轴；7—前、后排太阳轮；8—前排齿圈；9—后排齿圈；10—前排行星轮及架；11—后排行星轮及架；12—3 挡输出轴

前、后行星排共用一个太阳齿轮 7 分别与倒挡及高挡离合器 C_2 和 2 挡强制制动器 B_1 内毂及 2 挡单向离合器 F_1 内圈连接。前排行星轮架 10 与低挡及倒挡制动器 B_3 内毂和低挡单向离合器 F_2 内座圈连接。前排齿圈 8、后排行星轮架 11、输出轴 12 连为一体。

图 5-5 所示为单排行星齿轮，其结构简图如图 5-6 所示，它由太阳轮 1、齿圈 2 和行星轮 4 及架 3 等独立元件组成。

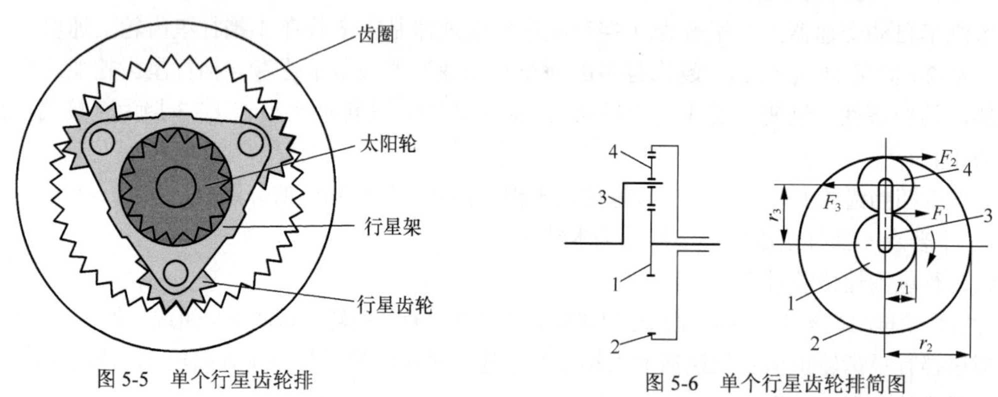

图 5-5 单个行星齿轮排

图 5-6 单个行星齿轮排简图

行星齿轮机构特点：太阳轮、齿圈和行星轮架均为旋转构件，可以将不同构件设定为输入或输出或固定条件，随着条件不同就能获得多种传动比和旋向，实现不同挡位的变换。

单行星排传动比计算公式为

$$i=\text{主动齿轮转速}/\text{从动齿轮转速}=\text{从动齿轮齿数}/\text{主动齿轮齿数}$$

下面假设太阳轮齿数 Z_1 为 24，齿圈齿数 Z_2 为 56，行星轮架齿数 $Z_3=Z_1+Z_2=80$ 来分析单排行星齿轮机构运动规律和传动比，其运动规律如下。

规律 1：齿圈固定，太阳轮为主动件，行星架为从动件。

如图 5-7 所示，当太阳轮按箭头顺时针转动时，行星齿轮则逆时针方向绕行星轮轴旋转。行星齿轮使齿圈力图按逆时针方向转动，但齿圈被固定，行星齿轮只能在围绕齿圈行走时带动行星架按顺时针旋转。与太阳轮相比，行星架以较低转速旋转，二者转动方向相同，其传动比 i=从动齿轮齿数/主动齿轮齿数＝80/24＝3.33＞1，相当于变速器 1 挡。

规律 2：齿圈固定，行星架为主动件，太阳轮为从动件。

如图 5-8 所示，当行星架按箭头顺时针转动时，行星齿轮有带动齿圈和太阳轮一起顺时针转动的趋势，因齿圈被固定，行星齿轮逆时针只能在围绕齿圈行走时带动太阳轮按顺时针旋转。与行星架相比，太阳轮以较高的转速旋转，二者转动方向相同，其传动比 i=从动齿轮齿数/主动齿轮齿数＝24/80＝0.3＜1，这种传动方式不被变速器采用。

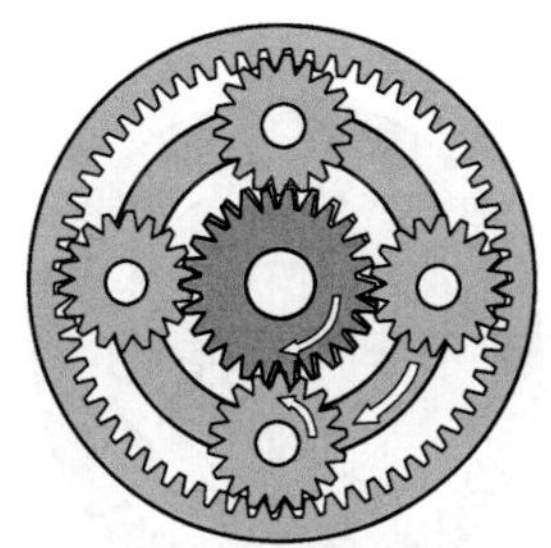

图 5-7 太阳齿轮主动

图 5-8 行星架主动

规律 3：太阳轮固定，行星架为主动件，齿圈为从动件。

如图 5-9 所示，当行星架顺时针转动时，行星齿轮有带动齿圈和太阳轮一起顺时转动的趋势，因太阳轮被固定，因此行星轮顺时针转动，且齿圈受到力的作用按顺时针转动。与行星架相比，齿圈以较高转速旋转，二者转动方向相同，其传动比 i=从动齿轮齿数/主动齿轮齿数＝56/80＝0.7＜1，相当于变速器超速挡。

规律 4：太阳轮固定，齿圈为主动件，行星架为从动件。

如图 5-10 所示，当齿圈顺时针转动时，行星轮以顺时方向绕其轴自转，并试图使太阳轮逆向转动。因太阳轮被固定，行星轮只能在自转的同时，带动行星架按顺时针方向绕太阳轮公转。与齿圈相比，行星架以较低转速旋转，二者转动方向相同，其传动比 i=从动齿轮齿数/主动齿轮齿数＝80/56＝1.43＞1，相当于变速器 2 挡。

规律 5：行星架固定，太阳轮为主动件，齿圈为从动件。

如图 5-11 所示，当太阳轮按箭头顺时针转动时，行星齿轮按逆时针方向绕其轴自转。因行星架被固定，与行星齿轮内啮合的齿圈按逆时针方向转动。与太阳轮相比，齿圈以较低的转速作反向旋转，其传动比 i=从动齿轮齿数/主动齿轮齿数＝56/24＝2.33＞1，相当于变速器倒挡。

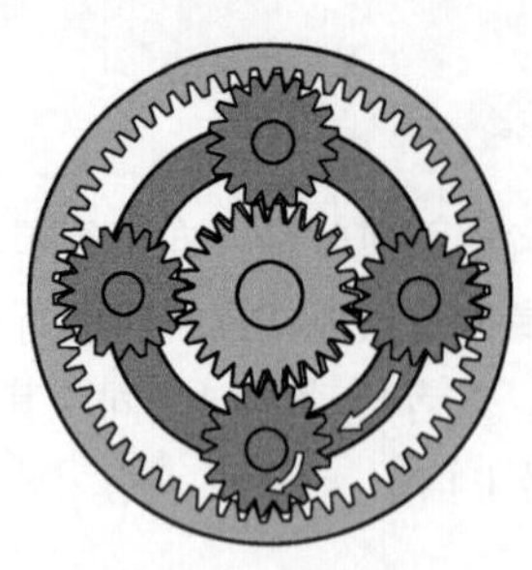
图 5-9 行星架主动

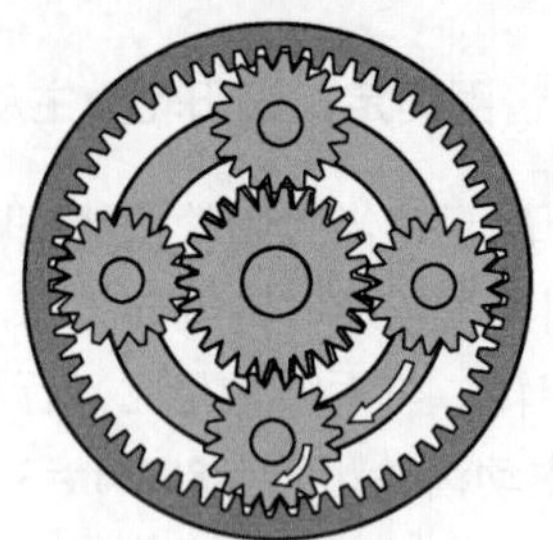
图 5-10 齿圈主动

规律 6：行星架固定，齿圈为主动件，太阳轮为从动件。

如图 5-12 所示，当齿圈顺时针转动时，行星齿轮按顺时针方向绕其轴自转。因行星架被固定，行星齿轮按顺时针方向转动，并带动太阳轮按逆时针方向转动。与齿圈相比，以太阳轮较高的转速旋转，二者转动方向相同，其传动比 i=从动齿轮齿数/主动齿轮齿数=56/24=0.43<1，这种传动方式不被变速器采用。

图 5-11 太阳齿轮主动

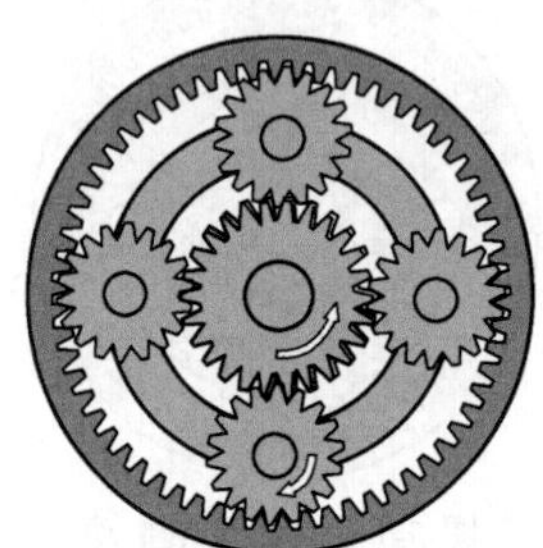
图 5-12 齿圈主动

规律 7：任意两个构件为主动件，另一个构件为从动件。

如图 5-13 所示，在单排中有任意两个构件锁为一体时，则各齿轮之间均无相对运动，整个机构将联为一个整体转动，转速、方向相同，其传动比 $i=1$，相当变速器直接挡即为 3 挡。

想一想

- 假设太阳轮和齿圈为主动件，输出元件是哪个？
  行星轮□ 行星轮架□
- 传动比为 1 时，变速器输入和输出转速相同。
  对□ 不对□

规律 8：3 个构件均不受约束。

在单排齿轮机构的太阳轮、行星架和齿圈 3 个构件中，无任何构件固定，且无任何两个构件被锁为一体，各构件将都可作自由转动，不受任何约束，如图 5-14 所示。当主动件转动时，从动件不动则不传递动力，相当于变速器空挡。

想一想

- 行星排中 3 个构件均不受约束时，此时选挡手柄应在什么位置？
  A. R B. N C. D
- 变速器空挡时，主动件转动，其他元件均不转动。
  对□ 不对□

图 5-13　任意两个构件为主动件

图 5-14　3 个构件均不受约束

（2）换挡执行机构

如图 5-3 所示，辛普森 4 挡行星齿轮变速器换挡执行机构主要由超速挡制动器 B_0、直接挡离合器 C_0、直接挡单向离合器 F_0、前进挡离合器 C_1、高挡及倒挡离合器 C_2、2 挡强制制动器 B_1、2 挡制动器 B_2、低挡及倒挡制动器 B_3、2 挡单向离合器 F_1、低挡单向离合器 F_2 等组成。

① 换挡离合器。

（a）功用：传递、中断动力。

（b）组成：它由外毂、活塞、回位弹簧、钢片、摩擦片、内毂、单向阀等组成，如图 5-15 所示。

（c）工作原理：离合器分离时，活塞在弹簧作用下抵靠在外毂上，输入轴旋转带动外毂和钢片转动。由于钢片和摩擦片之间有间隙，摩擦片和离合器内毂不转动，如图 5-15 所示。结合时，液油进入活塞室，在油压作用下活塞向右移动，回位弹簧被压缩钢片和摩擦片逐渐压紧，动力经输入轴、离合器外毂、钢片、摩擦片、离合器内毂传到输出轴输出，如图 5-16 所示。

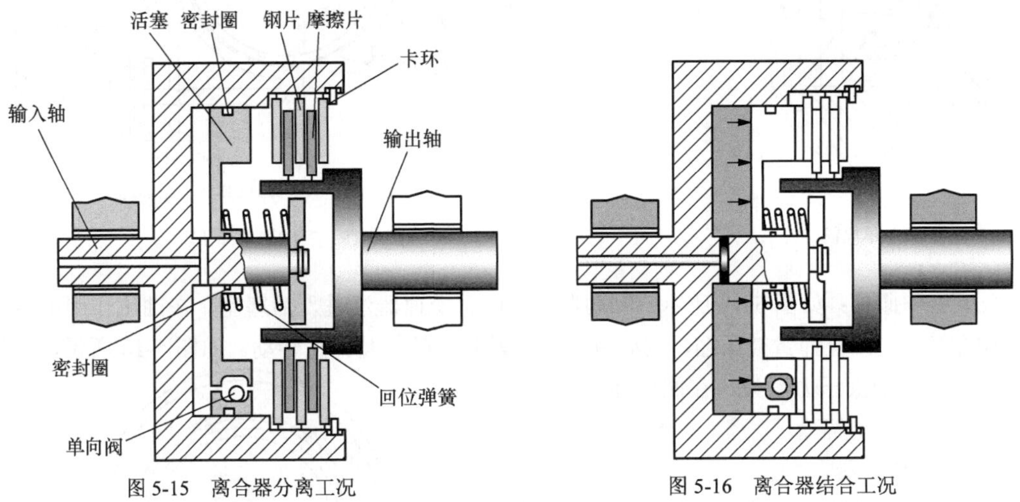

图 5-15　离合器分离工况　　图 5-16　离合器结合工况

想一想

- 离合器结合时，是否传递动力？
  是□ 否□
- 辛普森 4 挡行星齿轮变速器中所有换挡离合器的结构相同。
  对□ 错□
- 活塞主要是靠什么回位的？
  弹簧□ 油压□

单向阀也叫快放阀，其作用是使离合器快速分离。离合器结合时，在油压作用下封闭出油口。分离时，油压消除，钢球自重打开出油口，使活塞室油液快速排出，达到分离迅速的目的。单向阀如图 5-17 所示。

想一想

● 离合器结合时，快放阀工作状态如何？

关闭□　　　　　　打开□

② 换挡制动器。

（a）功用：约束行星排某一构件的运动。辛普森 4 挡行星齿轮变速器有超速挡制动器 B_0、2 挡强制制动器 B_1、2 挡制动器 B_2、低挡及倒挡制动器 B_3 4 个换挡制动器，如图 5-3 所示。其中 2 挡强制制动器 B_1 为带式制动器；超速挡制动器 B_0、2 挡制动器 B_2 和低挡及倒挡制动器 B_3 均为片式制动器。片式制动器的结构原理与换挡离合器基本相同，所不同的是制动器外毂与变速器外壳连接，内毂与行星排某元件连接，其结构原理这里不再赘述。

（b）组成：带式制动器如图 5-18 所示，它主要由制动鼓、制动带、伺服机构和调整螺钉组成。伺服机构由缸体、活塞、推杆、弹簧和密封圈组成；调整螺钉用于调整制动间隙。

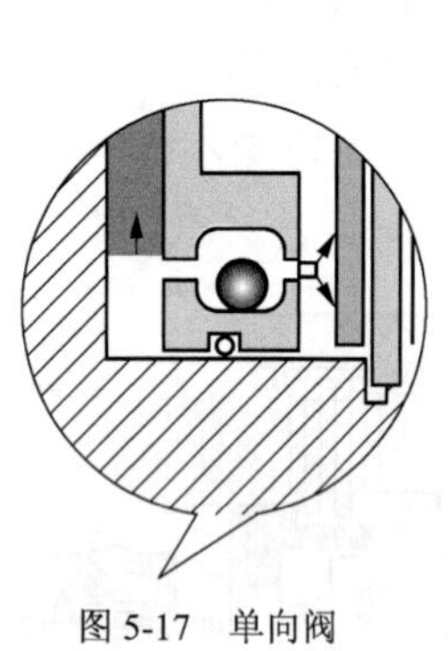
图 5-17　单向阀

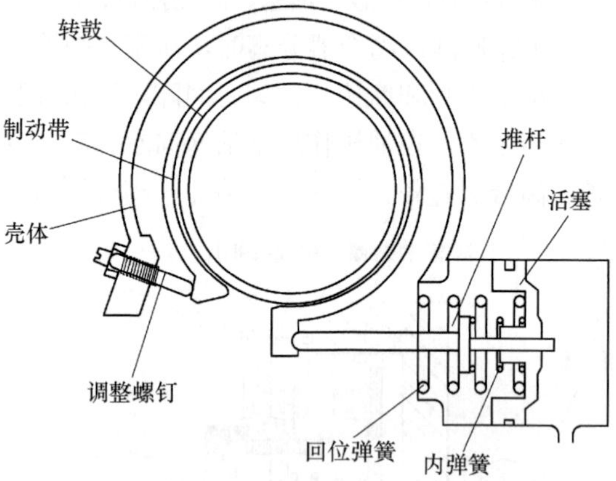

转鼓
制动带
壳体
调整螺钉
推杆
活塞
回位弹簧
内弹簧

图 5-18　制动器分离工况

（c）工作原理：如图 5-19 所示，制动器制动时，变速器油进入活塞室，在油压作用下活塞和推杆向左移动，回位弹簧被压缩，制动带内收抱紧制动鼓使其停止转动。如图 5-18 所示，解除制动时，活塞室油液压力消失，在回位弹簧作用下，制动带外张使其制动解除。

③ 单向离合器。

（a）功用：约束行星排某一构件只能单向转动。辛普森 4 挡行星齿轮变速器有超速挡单向离合器 F_0、2 挡单向离合器 F_1 和低挡单向离合器 F_2 三个单向离合器，如图 5-3 所示。

（b）类型：单向离合器有楔块式和滚柱式两种。滚柱式单向离合器前面进行了介绍，这里不再赘述。

（c）组成：如图 5-20 所示，楔块式单向离合器主

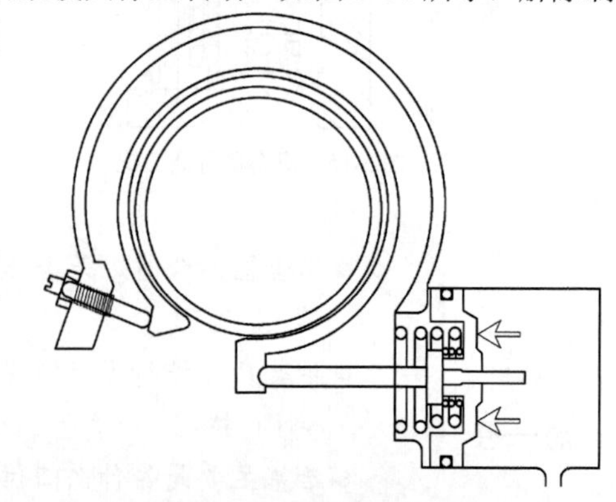
图 5-19　制动器制动工况

要由外圈、楔块、弹性保持架和内圈组成。

（d）工作原理：如图 5-20 所示，按箭头 A 方向旋转外圈时，摩擦力推动楔块逆时针转动而倾斜，外圈可以转动。若按箭头 B 方向旋转外圈时，摩擦力推动楔块顺时针转动而立起，外圈不可转动，导轮被锁止。

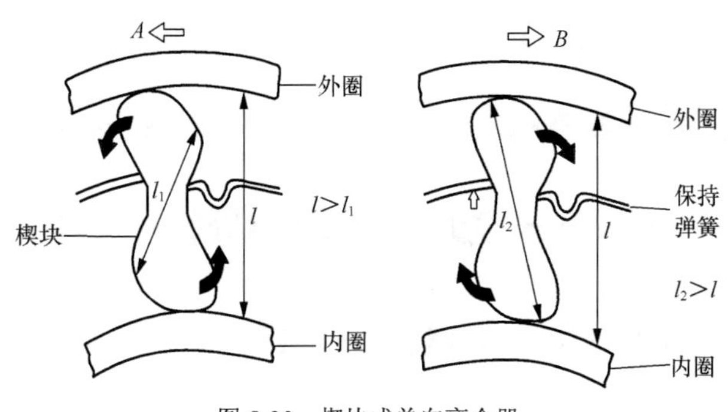

图 5-20 楔块式单向离合器

工作情境链接

一辆丰田轿车最高行车速度只能达到 110km/h，即无高速挡。有些轿车出现无低速挡、无 L 挡、无倒挡等故障。针对这类故障，应从该故障挡位传递线路了解元件运动状态着手。

2．辛普森 4 挡行星齿轮变速器的基本原理

自动变速器挡位有 6 个位置和 7 个位置两种。4 挡辛普森行星齿轮变速器为 6 个位置，即 L 挡、2 挡、D 挡、N 挡、R 挡和 P 挡，各挡位与操作元件的关系表如表 5-1 所示。

表 5-1 4 挡辛普森行星齿轮变速器挡位与操作元件关系表

手柄位置	挡位	换挡执行元件									
		C_0	C_1	C_2	B_0	B_1	B_2	B_3	F_0	F_1	F_2
D	1	结合	结合						●		●
	2	结合	结合				制动		●	●	
	3	结合	结合	结合			制动		●		
	4		结合	结合	制动		制动				
2	1	结合	结合						●		●
	2	结合	结合			制动	制动		●	●	
L	1	结合	结合					制动	●		●
R	倒挡	结合		结合				制动	●		
P	驻车										
N	空挡										

● 表示参与工作。

（1）1 挡

D 位—1 挡或“2”位—1 挡

发动机负荷很小或行车阻力很大，选挡手柄在 D 位—1 挡或“2”位—1 挡时，ECU 会自动接通 1 挡油路，此时直接挡离合器 C_0（结合后，把行星架与太阳轮连接起来，这时超速行星排形成一个整体）、前进挡离合器 C_1 结合，直接挡单向离合器 F_0、低挡单向离合器 F_2 参加工作（只能使连接元件顺时针转动，逆时针不能转动），变速器处于 1 挡行驶。如图 5-21 所示，其动力传递路线是：

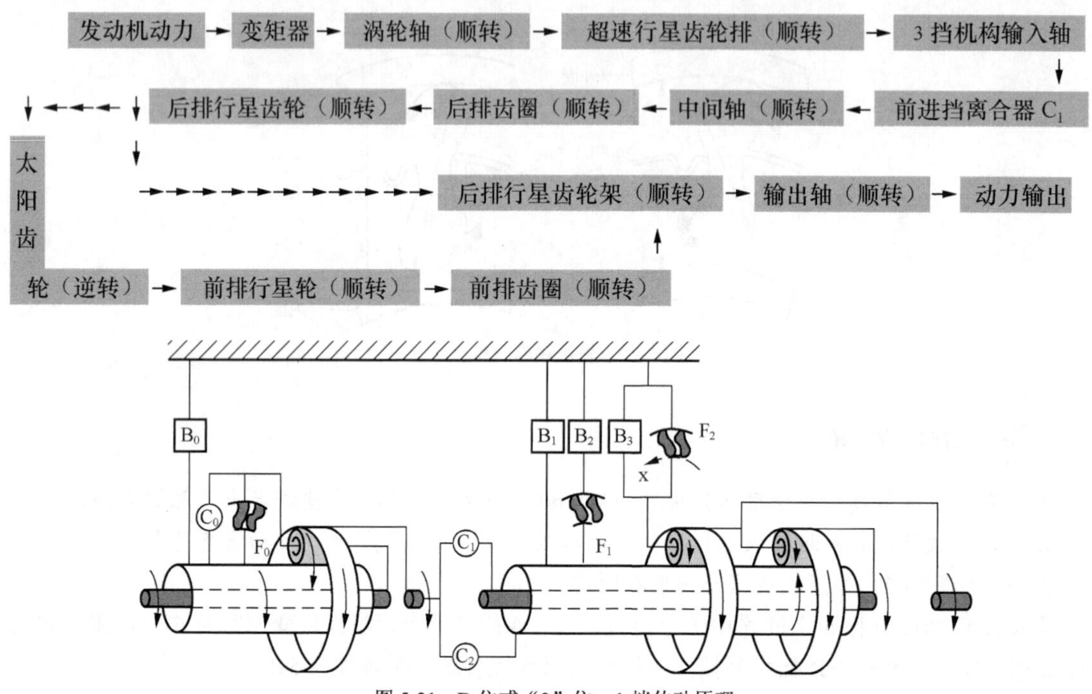

图 5-21　D 位或“2”位—1 挡传动原理

当汽车以 D 位—1 挡或“2”位—1 挡行驶时，若驾驶员突然松开油门踏板，发动机立即进入怠速工况，而汽车在惯性作用下仍以前速度行驶，车速高于发动机转速，此时驱动轮反向带动前后行星排转动。由于前排行星齿轮架未被低挡及倒挡制动器 B_3 制动，行星齿轮机构中的 4 个独立元件中有 2 个元件处于自由状态，故前后排行星齿轮机构失去传递动力的作用，来自变速器输出轴的反向力不能传给输入轴，汽车在下坡时无法利用发动机的怠速阻力来实现汽车的减速，而使汽车车速越来越快。

在 D 位—1 挡或“2”位—1 挡行驶时，没有发动机制动，这是由于 B_3 不工作（即未结合），单向离合器 F_2 仅能防止前行星架逆时针转动，而不能阻止它顺时针转动。

为了利用发动机的怠速阻力来实现汽车的减速，可将选挡手柄从 D 位或“2”位换入 L 挡，这时不同的是除原来在 D 位—1 挡或“2”位—1 挡时 C_0、C_1、F_0、F_2 工作外，其低挡及倒挡制动器 B_3 结合而处于制动状态，来自变速器输出轴的反向力就能传给输入轴。因此，发动机怠速运行阻止限制汽车驱动轮的转速而使汽车减速，实现了发动机的制动作用，如图 5-22 所示。L 挡的动力传递路线与 D 位—1 挡或“2”位—1 挡相同。

（2）2 挡

① D 位－2 挡。当汽车以 D 位－1 挡行驶阻力减小时，电控系统会自动接通 2 挡油路，变速

器进入 D 位－2 挡行驶。此时直挡挡离合器 C_0、前进挡离合器 C_1 结合，超速挡制动器 B_0 分离，2 挡制动器 B_2 结合而制动，直接挡单向离合器 F_0、2 挡单向离合器 F_1 均参加工作（B_2、F_1 使太阳齿轮逆时针不能转动）。如图 5-23 所示，其动力传递路线是：

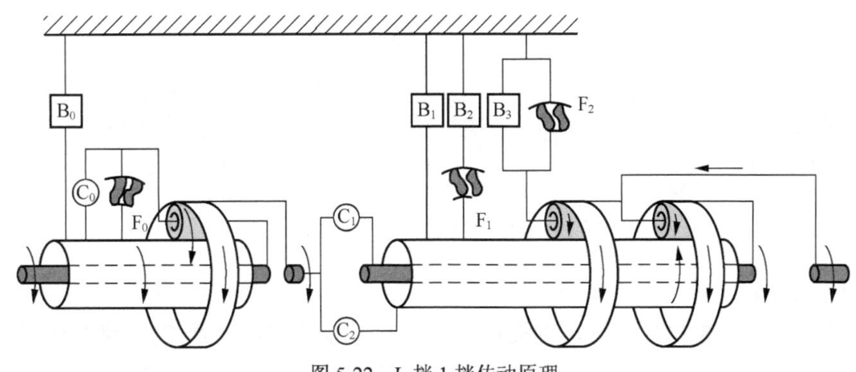

图 5-22　L 挡 1 挡传动原理

发动机动力 → 变矩器 → 涡轮轴（顺转）→ 超速行星排（顺转）→ 3 挡输入轴（顺转）→

「前排被后行星架带动空转

后行星架 ← 后排行星齿轮（顺转）← 后排齿圈（顺转）← 中间轴（顺转）← 前进挡离合器 C_1

↓　　└ 因太阳轮被 B_2 F_1 固定　后行星轮既自转又绕太阳轮公转

→ 输出轴（顺转）→ 动力输出

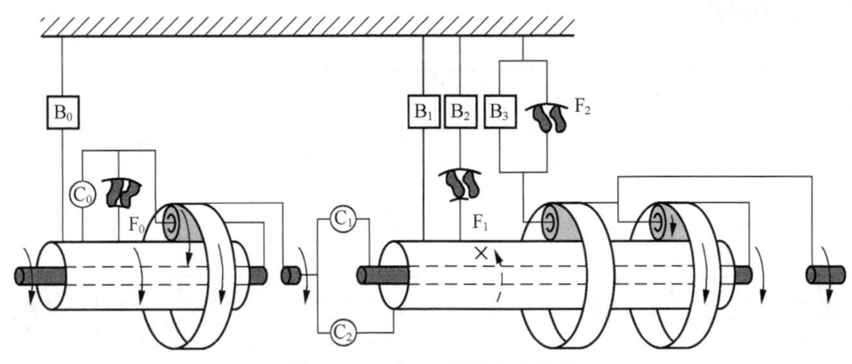

图 5-23　D 位－2 挡的传动原理

当汽车以 D 位－2 挡行驶时，同 D 位－1 挡行驶相似，由于前后行星齿轮机构仍处于自由状态，机构失去传递动力的作用，来自变速器输出轴的反向力不能传给输入轴，所以汽车在 D 位－2 挡行驶时同样没有利用发动机作用。

② “2”位－2 挡。将选挡手柄从 D 位换入 2 位后其车速达到 2 挡车速时，变速器则进入 2 挡行驶。当变速器进入“2”位 2 挡时，除 D 位－2 挡的 C_0、C_1、B_2、F_0、F_1 工作外，2 挡强制制动器 B_1 结合而制动，此时“2”位 2 挡传递路线与 D 位－2 挡相同，但“2”位 2 挡可实现发动机制动作用。2 挡制动作用是通过 2 挡强制制动器 B_1 来实现的，如图 5-24 所示，2 挡强制制动器 B_1 制动将前后排太阳齿轮固定，后排行星轮顺时针反拖带动后排齿圈同向转动，通过后排齿圈把动力传回发动机，依靠发动机怠速运行阻止限制汽车驱动轮的转速而使汽车减速，实现发动机的制动作用。

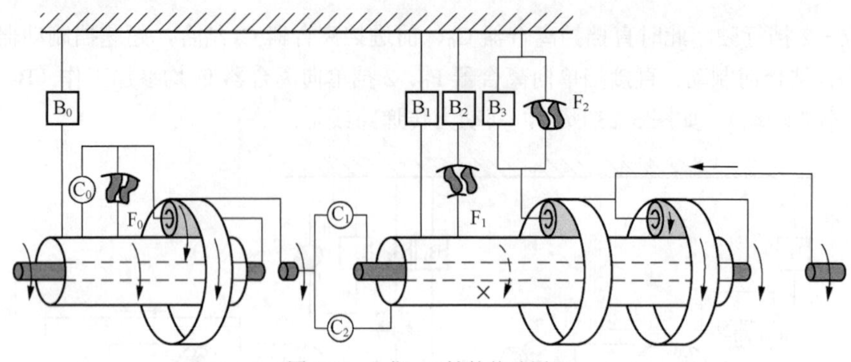

图 5-24 2 位－2 挡的传动原理

（3）D 位－3 挡

当汽车进入 D 位－3 挡行驶时，直接挡离合器 C_0、前进挡离合器 C_1、倒挡及高挡离合器 C_2 结合，超速挡制动器 B_0 分离，2 挡制动器 B_2 制动，直接挡单向离合器 F_0 参与工作。如图 5-25 所示，其动力传递路线是：

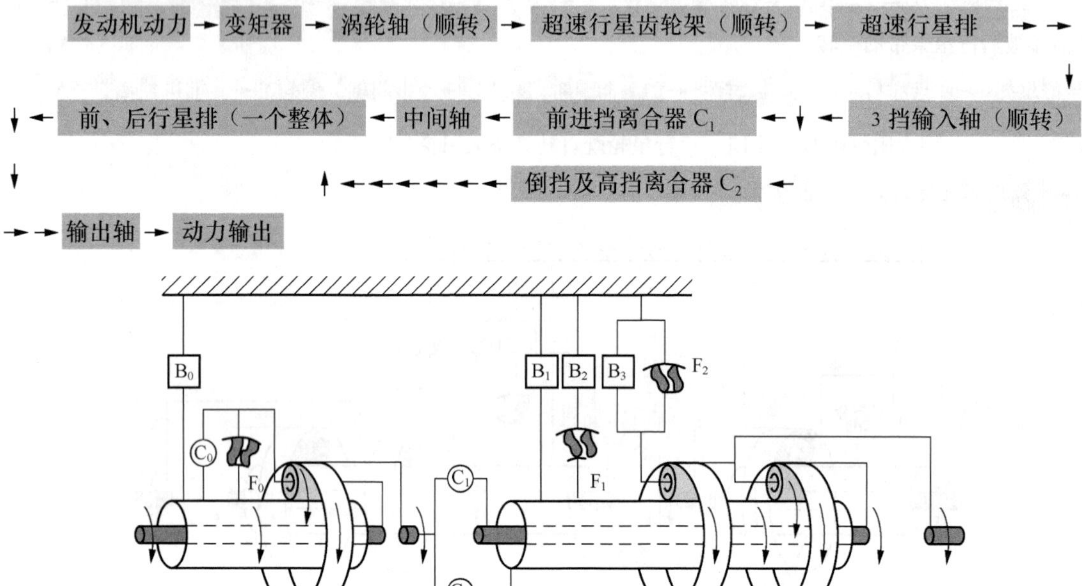

图 5-25 D 位－3 挡的传动原理

D 位－3 挡时，由于前进挡离合器 C_1、倒挡及高挡离合器 C_2 同时结合，将动力分别传到后排齿圈和太阳轮，后排齿圈和太阳轮同向同速（前排同后排一样），后行星排成为一整体同速转动，此时，变速器传动比 $i=1$，故为直接挡，即 3 挡。

（4）D 位－4 挡

当汽车车速达到 4 挡车速时，驾驶员可按下选挡手柄上的超速挡 O/D 开关，汽车则进入 D 位－4 挡行驶。此时，直接挡离合器 C_0 分离，前进挡离合器 C_1、倒挡及高挡离合器 C_2 结合，超速挡制动器 B_0 处于制动工况。

在 D 位－4 挡工作时，前后行星排保持在 3 挡工作状态，其传动比为 1，但由于超速挡制动器 B_0 制动，超速排太阳齿轮被固定，直接挡离合器 C_0 的分离，使超速行星排处于增速状态，其传动比小于 1。如图 5-26 所示，其动力传递路线是：

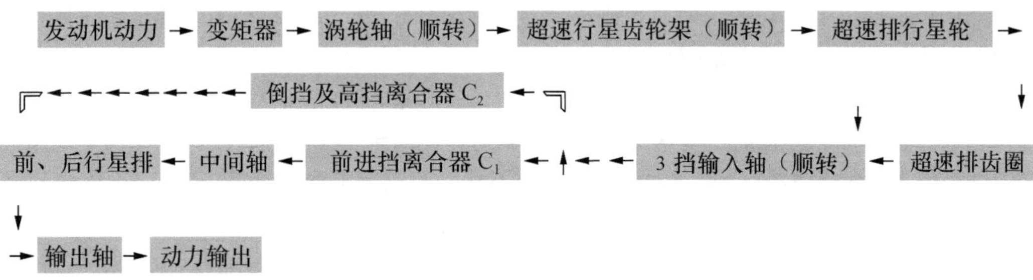

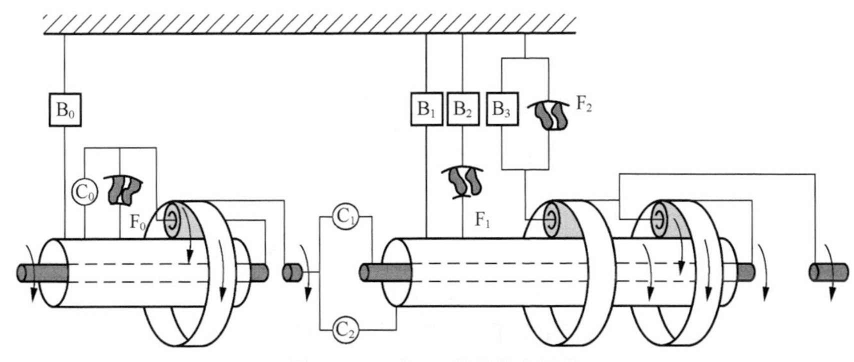

图 5-26 D 位—4 挡的传动原理

提示

单向离合器 F_0 的作用是保证在 3、4 挡互换过程中实现无间隙换挡，即避免在直接挡离合器 C_0 分离（结合）、超速挡制动器 B_0 结合（分离）交替工作过程中可能出现的动力中断现象。

在直接挡离合器 C_0 可靠结合工况时，单向离合器 F_0 不起作用。

（5）R 挡

当选挡手柄位于 R 位时，直接挡离合器 C_0、倒挡及高挡离合器 C_2 均结合，低挡及倒挡制动器 B_3 制动，2 挡单向离合器 F_1 参与工作。如图 5-27 所示，动力传递路线是：

发动机动力 → 变矩器 → 涡轮轴（顺转） → 超速行星齿轮架（顺转） → 超速行星排（顺转） → 3 挡输入轴（顺转） → 倒挡及高挡离合器 C_2 → 太阳齿轮（顺转） → 前排行星齿轮（逆转） → 前排齿圈（逆转） → 后排行星齿轮架（逆转） → 输出轴（逆转） → 动力输出

图 5-27 R 挡的传动原理

（6）N 挡

当选挡手柄位于 N 位时，所有换挡离合器、制动器分离，发动机动力只传至超速排行星齿轮架，而不能传给中间轴，变速器为空挡。

（7）P 挡

当选挡手柄位于 P 位时，变速器为驻车挡状态。此时选挡手柄连杆机构带动停车锁爪固定在变速器外壳上，如图 5-28 所示，输出轴被固定不动，故汽车不能移动。

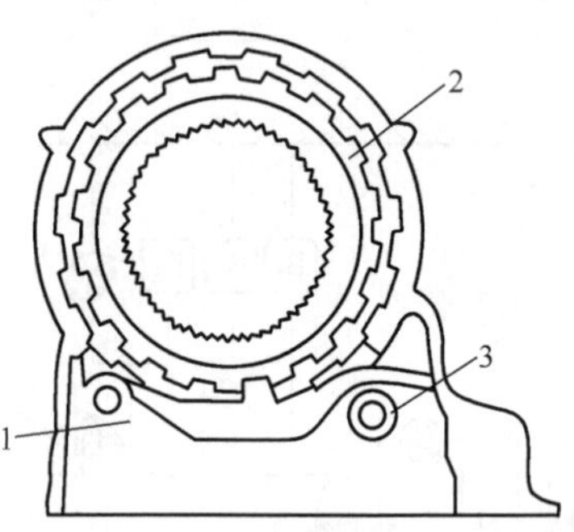

图 5-28 停车挡锁止机构

1—停车闭锁爪；2—输出轴；3—闭锁凸轮

想一想

- D－1 挡时有发动机制动。
  对□ 错□
- D－1 挡时 C_1 为结合状态。
  对□ 错□
- L 挡时具有发动机制动。
  对□ 错□
- 由于 B_2 制动，前行星排。太阳轮是不能转动的。
  对□ 错□
- D-2 挡时有发动机制动。
  对□ 错□
- D-2 挡时 C_0 为结合状态。
  对□ 错□
- D-2 挡时 F_0 为结合状态。
  对□ 错□
- D-3 挡时 C_0 为结合状态。
  对□ 错□
- D-3 挡时 F_0 为分离状态。
  对□ 错□
- D-3 挡时，C_1、C_2 均处于什么工作状态？
  结合□ 分离□

工作情境链接

本田雅阁轿车是未来主导维修车型之一，了解该车普通齿轮变速器结构原理是十分必要的，对将来维修会有很大帮助。

知识三 本田雅阁普通齿轮变速器

本田雅阁轿车采用的是电控三平行轴普通齿轮变速器，具有4个前进挡和1个倒挡。该车为前轮驱动，齿轮变速器与驱动桥合为一体。

1．本田雅阁普通齿轮变速器的基本结构

本田雅阁轿车普通齿轮变速器如图5-29所示。它主要由主轴（输入轴）21、惰轴（输出轴）17、副轴（中间轴）15、3挡主动齿轮28、3挡从动齿轮29、4挡主动齿轮25、4挡从动齿轮10、倒挡主动齿轮24、倒挡从动齿轮12、倒挡中间传动齿轮23、输入轴惰轮22、惰轴惰轮19、副轴惰轮14、1挡主动齿轮6、1挡从动齿轮30、驱动齿轮3、3挡离合器27、4挡离合器26、1挡换合器7、2挡离合器8、锁定离合器4、单向离合器5、驻车齿轮18、驻车锁销16、倒挡齿套11等组成。

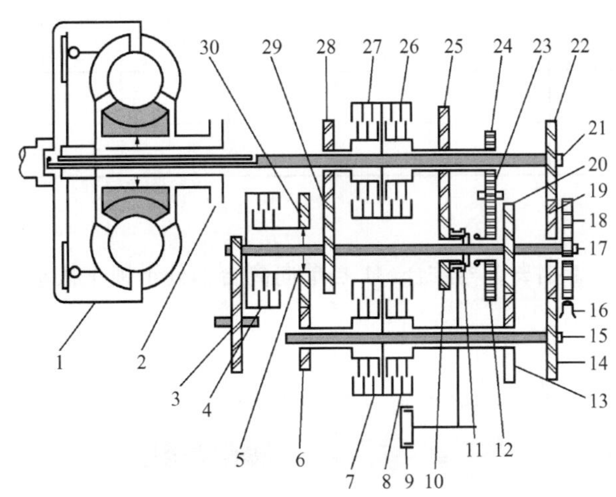

图5-29 本田雅阁普通齿轮式变速器

1—液力变矩器；2—油泵；3—最终驱动程动齿轮；4—锁定离合器；5—单向离合器；6—1挡主动齿轮；7—1挡离合器；8—2挡离合器；9—伺服阀；10—4挡从动齿轮；11—倒挡齿套；12—倒挡从动齿轮；13—2挡从动齿轮；14—副轴惰轮；15—副轴；16—驻车锁销；17—惰轴；18—驻车齿轮；19—惰轴惰轮；20—2挡主动齿轮；21—主轴；22—输入轴惰轮；23—倒挡中间传运齿轮；24—倒挡主动齿轮；25—4挡主动齿轮；26—4挡离合器；27—3挡离合器；28—3挡主动齿轮；29—3挡从动齿轮；30—1挡从动齿轮

换挡离合器均为片式离合器，由电磁阀控制各换挡离合器油路的通断，油路接通时，换挡离合器结合，油路切断时，换挡离合器分离。倒挡齿套11由换挡杆直接操纵。

2．本田雅阁普通齿轮变速器的基本原理

各挡位工作情况如表5-2所示。

表 5-2　　本田雅阁普通齿轮式变速器各换挡元件的工作情况

变速杆位置		变矩器	锁止离合器	单向离合器	1 挡离合器	2 挡离合器	3 挡离合器	4 挡		倒挡齿轮	驻车齿轮
								齿轮	离合器		
D_4	1	工作		锁止	结合						
	2	工作				结合					
	3	工作					结合				
	4	工作						工作	结合		
D_3	1	工作		锁止	结合						
	2	工作				结合					
	3	工作					结合				
2	1	工作	结合	锁止	结合						
	2	工作				结合					
L	1	工作	结合	锁止	结合						
P		工作									工作
R		工作							结合	工作	
N		工作									

1 挡：

换挡手柄在 1 挡时，1 挡离合器结合，1 挡单向离合器处于锁止状态。如图 5-30 所示，其动力传递路线是：

变矩器 → 输入轴 → 输入轴惰轮 → 输出轴惰轮 → 副轴惰轮 → 副轴 → 1 挡离合器 → 1 挡主动齿轮 → 1 挡从动齿轮 → 单向离合器 → 输出轴 → 最终驱动齿轮

↓→ 锁定锁定离合器 →↑

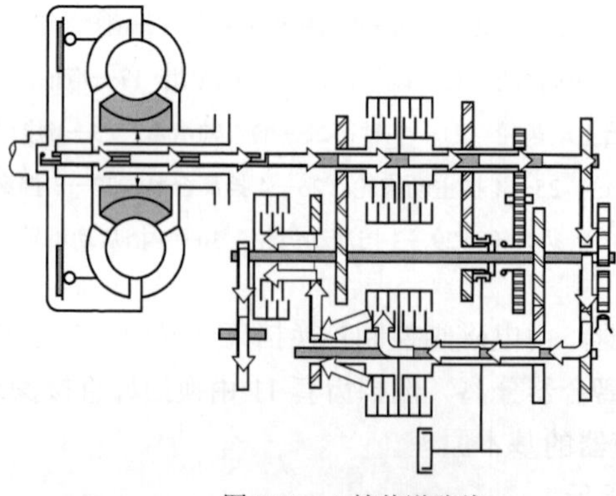

图 5-30　1 挡传递路线

2 挡：

换挡手柄在 2 挡时，2 挡离合器结合，锁定离合器结合（在 D 位 2 挡不结合），1 挡单向离合器处于锁止状态（即逆时针不能转动）。如图 5-31 所示，其动力传递路线是：

变矩器 → 输入轴 → 输入轴惰轮 → 输出轴惰轮 → 副轴惰轮 → 2 挡离合器齿轮 → 2 挡主动齿轮 → 2 挡从动齿轮 → 输出轴 → 最终驱动齿轮

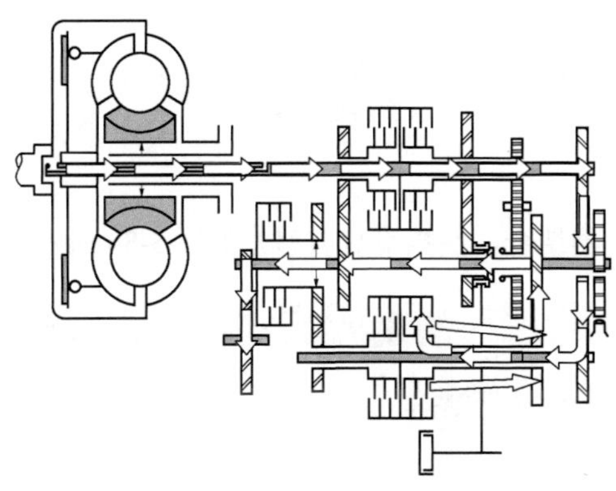

图 5-31 2 挡传递路线

3 挡：

换挡手柄在 3 挡时，3 挡离合器结合。如图 5-32 所示，其动力传递路线是：

变矩器 → 输入轴 → 3 挡离合器 → 3 挡主动齿轮 → 3 挡从动齿轮 → 输出轴 → 最终驱动齿轮

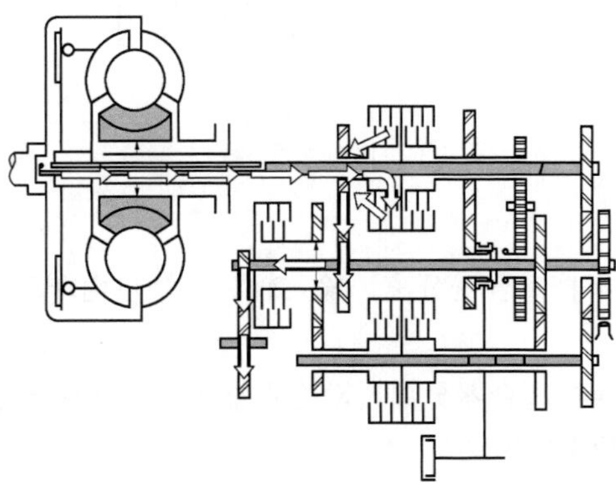

图 5-32 3 挡传递路线

4 挡：

换挡手柄在 4 挡时，4 挡离合器结合。如图 5-33 所示，其动力传递路线是：

变矩器 → 输入轴 → 4 挡离合器 → 4 挡主动齿轮 → 4 挡从动齿轮 → 倒挡滑套 → 输出轴 → 最终驱动齿轮

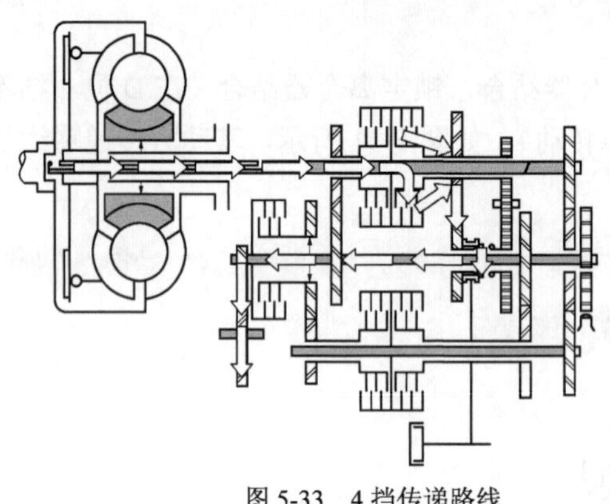

图 5-33 4 挡传递路线

R 挡（倒挡）：

换挡手柄在 R 挡时，4 挡离合器结合，倒挡滑套右移。如图 5-34 所示，其传递路线是：

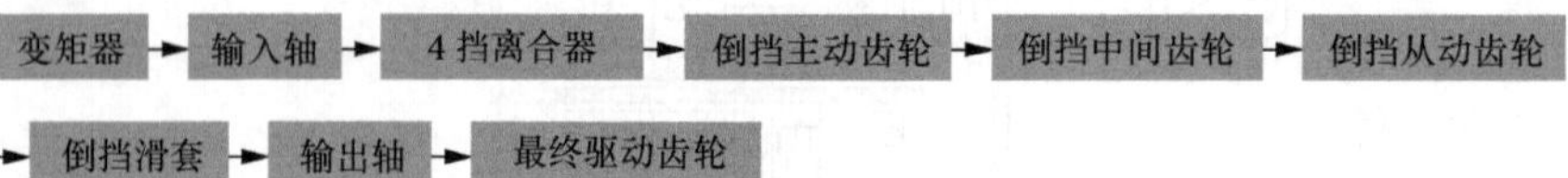

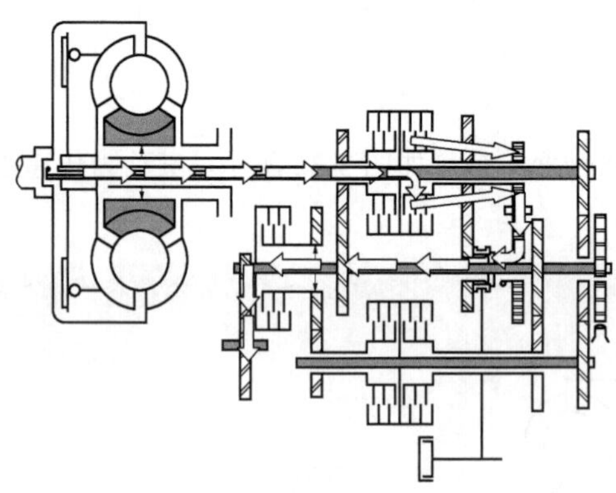

图 5-34 R 挡传递路线

N 挡（空挡）：

换挡手柄在 N 挡时，所有换挡离合器分离，输入轴和副轴自由转动，而输出轴不转动。

P 挡（驻车挡）：

换挡手柄在 P 挡时，所有换挡离合器分离，动力不输出，而变速杆带动驻车锁销将输出轴上驻车齿轮固定，故输出轴及车轮不能转动。

想一想

● 换挡手柄在 R 挡时，几挡离合器处于结合状态？

1□　　2□　　3□　　4□

■ 任务实施——齿轮变速器检修

齿轮变速器各元件润滑条件较好，一般不会损坏，但由于人为操作不当或自然损坏，也会出现故障。一旦出现故障时，应拆分齿轮变速器，运用检查和检测方法确认元件是否损坏，若是损坏应更换新件修理。

操作一 行星齿轮机构检修

序　　号	1	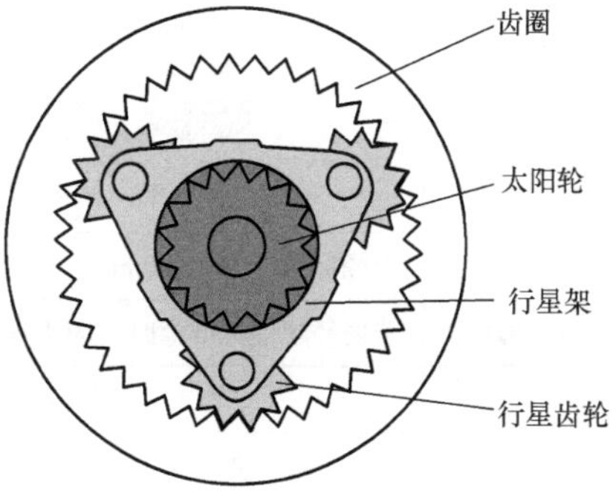
检修项目	太阳齿轮、行星齿轮和齿圈检查	
检修内容	磨损、斑点、疲劳剥落	
检修方法	眼睛查看，如图 5-35 所示	
检修标准	无磨损、斑点、疲劳剥落现象	
处理措施	若有磨损、斑点、疲劳剥落现象，更换整个行星排	图 5-35　行星排检查

序　　号	2
检修项目	行星齿轮检查
检修内容	行星齿轮轴向间隙
检修方法	检查方法如图 5-36 所示。 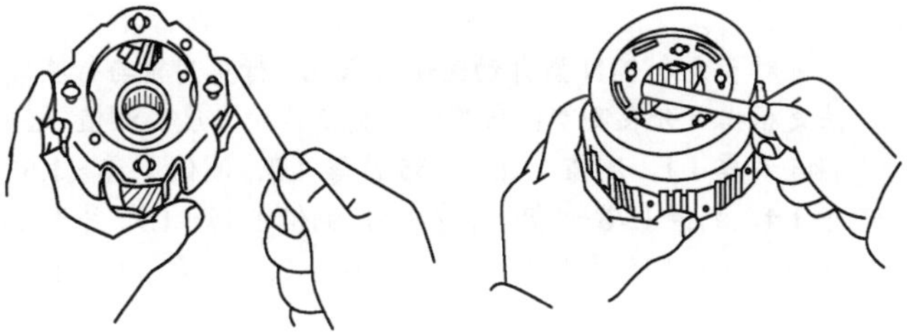 图 5-36　行星齿轮检查
检修标准	标准间隙为 0.20～0.60mm，极限间隙为 1.00mm
处理措施	若超过极限间隙应更换行星排总成

序　　号	3	
检修项目	行星排各元件轴颈、滑动轴承检查	● 丰田 4 挡辛普森变速器 3 个行星排中有多少个行星轮 9□　12□　15□
检修内容	行星排各元件轴颈、滑动轴承磨损	
检修方法	查看或测量	● 丰田 4 挡辛普森变速器中有多少滑动轴承 7□　8□　9□
检修标准	行星排各元件轴颈或滑动轴承不应磨损	
处理措施	若有磨损应更换新件	

序　　号	4
检修项目	太阳齿轮衬套检查
检修内容	太阳齿轮衬套内径

续表

<table>
<tr><td>检修
检查
方法</td><td colspan="2">检查方法如图 5-37 所示。
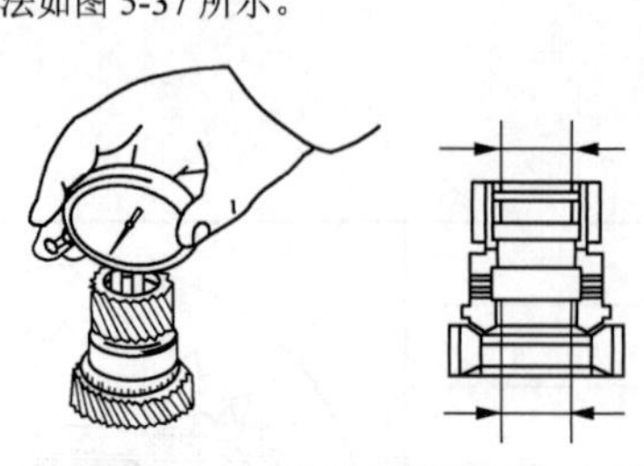
图 5-37 太阳齿轮衬套检查</td><td>● 图 5-37 中是什么表
外径百分表□ 内径百分表□
● 图 5-37 中是哪个行星排的太阳齿轮
超速排□ 前排□
前后排□ 后排□</td></tr>
<tr><td>检修标准</td><td colspan="3">内径标准值为 27.80mm</td></tr>
<tr><td>处理措施</td><td colspan="3">若内径超过标准值时，应更换太阳齿轮</td></tr>
<tr><td>序　号</td><td>5</td><td rowspan="5">检
查
方
法</td><td rowspan="5">检查方法如图 5-38 所示。
图 5-38 齿圈凸缘检查</td></tr>
<tr><td>检修项目</td><td>齿圈凸缘检查</td></tr>
<tr><td>检修内容</td><td>齿圈凸缘内径</td></tr>
<tr><td>检修标准</td><td>内径标准值为 24.08mm</td></tr>
<tr><td>处理措施</td><td>若内径超过标准值时，应更换齿圈</td></tr>
</table>

提示

对于大众 01N 型自动变速器来说，行星齿轮与行星架间隙是可以调整的，其调整方法是根据百分表测量值来确定调整垫片的厚度。测值 1.26～1.35 片厚 1.0，测值 1.36～1.45 片厚 1.1，测值 1.46～1.55 片厚 1.2，测值 1.56～1.65 片厚 1.3，测值 1.66～1.75 片厚 1.4，测值 1.76～1.85 片厚 1.5，测值 1.86～1.95 片厚 1.6，测值 1.96～2.05 片厚 1.7，测值 2.06～2.15 片厚 1.8，测值 2.06～2.25 片厚 1.0。依上述数值规律，依此类推。

操作二 换挡执行机构检修

<table>
<tr><th>序号</th><th>检 修 项 目</th><th>检 修 零 件</th><th>检修内容与处理</th></tr>
<tr><td rowspan="7">1</td><td rowspan="7">换挡离合器和片式制动器检修</td><td>检查摩擦片</td><td>若摩擦片发黑说明烧蚀，应予更换。带油槽摩擦片若被磨平，应予更换。不带油槽带数字的摩擦片，若数字被磨平，应予更换。检查摩擦片是否变形，若有变形，应予更换</td></tr>
<tr><td>检查钢片</td><td>若磨损过度、翘曲变形时，应予更换</td></tr>
<tr><td>检查活塞</td><td>若有损伤时，应予更换</td></tr>
<tr><td>检查活塞回位弹簧</td><td>若歪斜、弹力过小时，应予更换。弹簧自由长度如表 5-3 所示</td></tr>
<tr><td>检查单向球阀</td><td>球阀内的钢球应活动自如，从进油口用压缩空气时，单向阀应密封不漏气。若漏气应更换活塞</td></tr>
<tr><td>检查活塞行程</td><td>如图 5-39 所示，向油孔内吹入压缩空气，活塞应向上移动。活塞正常行程一般为 1.45～1.75mm，若活塞不能移动时，应检查是否漏气或重新安装</td></tr>
<tr><td>检查自由间隙</td><td>用塞尺或百分表测量离合器和片式制动器的自由间隙，若间隙不符合表 5-3 中的要求，可更换不同厚度的挡圈进行调整</td></tr>
</table>

续表

序号	检 修 项 目	检 修 零 件	检修内容与处理
● 行星齿轮径向间隙过大原因一般是什么			装配不当□　磨损□　选用不当□
● 摩擦片磨损的主要原因多为操纵不当所致			对□　错□
● 活塞行程过大的主要原因是什么			装配不当□　磨损□　选用不当□

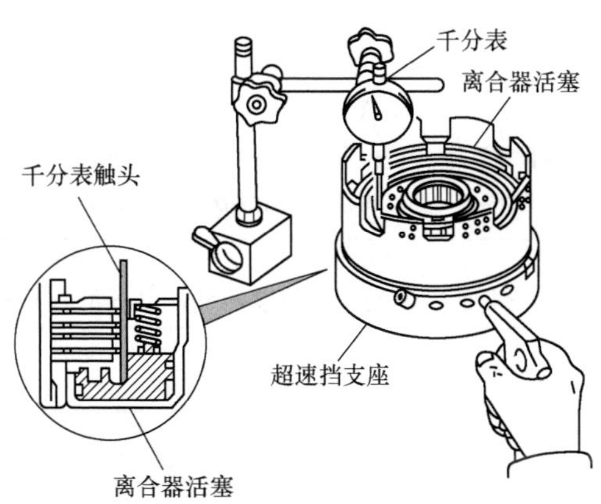

图 5-39　组装后检查活塞行程的检查

2	带式制动器检修	制动带	若发黑、磨损时，应予更换
		伺服器	若弹簧弹力不足时，应予更换
		组装后制动间隙调整	带式制动器与车轮制动器一样，不制动时，制动带与制动鼓之间存在一定的间隙。若制动间隙过大会造成制动器打滑，若制动间隙过小会造成制动器转动发卡，引起摩擦副严重磨损。因此，自动变速器换挡制动器的制动间隙必须保持在规定范围内，确保制动器接合柔和，获得良好的制动效果 自动变速器带式换挡制动器制动间隙的调整方法有内部调整和外部调整两种方法。其调整方法详见第三单元
3	单向离合器检修	单向离合器滚柱、保持架、内外滚道	若有破损、起槽或磨损时，应予更换
		单向离合器锁止情况	直接挡单向离合器逆时针锁止，顺时针转动；前行星排单向离合器逆时针锁止，顺时针转动；后行星排单向离合器逆时针转动，顺时针锁止；3 个单向离合器检查方法如图 5-40 所示，若不是上述情况，说明单向离合器损坏，应更换单向离合器

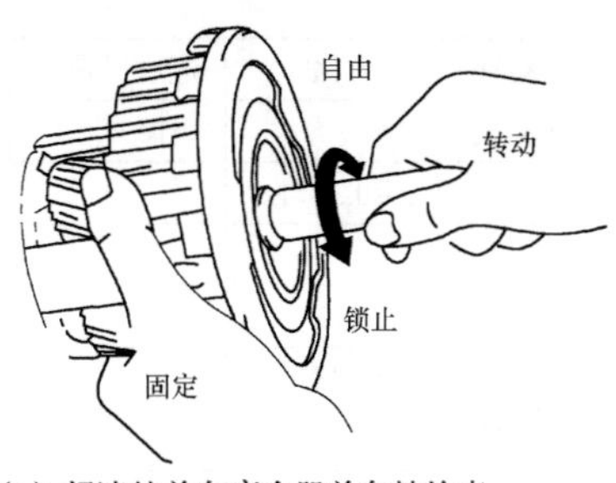

（a）超速挡单向离合器单向性检查

图 5-40　单向离合器锁止情况检查

续表

序号	检修项目	检修零件	检修内容与处理

（b）前行星排单向离合器单向性检查　（c）后行星排单向离合器单向性检查

图 5-40　单向离合器锁止情况检查（续）

表 5-3　A341E、A342E 自动变速器离合器和制动器的检修标准

名　称	代　号	自由间隙/mm	弹簧自由长度/mm
超速挡离合器	C_0	1.45～1.70	15.80
前进挡离合器	C_1	0.70～1.00	———
倒挡及高挡离合器	C_2	1.37～1.60	24.35
超速挡制动器	B_0	1.75～2.05	17.23
2 挡制强制动器	B_1	0.63～1.98	19.64
2 挡制动器	B_2	2.00～3.00	———
低挡及倒挡制动器	B_3	0.70～1.22	12.9

■ 拓展练习

1．什么叫传动比？______

2．变矩器具有变矩（传动比）作用，为什么还要在变矩后面增装齿轮变速机构？______

______

3．为适应各种行驶条件并充分发挥发动机性能，变速机构应具有哪些功能？______

______

4．假设太阳齿轮齿数 $Z_1=24$，齿圈齿数 $Z_2=56$，行星架齿数 $Z_3=Z_1+Z_2=80$ 时，对单排行星齿轮机构工作情况分析，其运动规律归纳为 8 种工作状态。请填满表中空格

序号	固定件	主动件	从动件	传动比	速度升降	旋转方向	扭矩大小	相对挡位
1	齿圈		行星架		下降		增	1 挡
2			太阳轮	$i=0.3<1$		相同		—
3	太阳轮	齿圈						2 挡
4			齿圈		上升		减小	
5		太阳轮	齿圈	$i=2.33>1$		相反		
6		齿圈	太阳轮					—
7	无	任意二	另一		等速			直接挡
8	所有元件不受约束			—	—	—	—	

■ 学习活动评价

活动评价表

项目	评价内容	评价等级（学生自我评价）		
		A	B	C
关键能力评价项目	1．安全意识强			
	2．着装仪容符合实习要求			
	3．积极主动学习			
	4．无消极怠工现象			
	5．爱护公共财物和设备设施			
	6．维护课堂纪律			
	7．服从指挥和管理			
	8．积极维护场地卫生			
专业能力评价项目	1．书、本等学习用品准备充分			
	2．工具、量具选择及运用得当			
	3．理论联系实际			
	4．遵守操作规范			
	5．作业符合技术标准			
	6．独立完成操作训练			
	7．独立完成工作页			
	8．学习和训练质量高			
教师评语		成绩评定		

任务V 液压控制系统

■ **本任务学习目标**

1．熟悉液控系统元件的构造原理。

2．掌握液控系统元件的检修方法。

■ **本任务建议课时** 18课时

■ **本任务教学流程**

1．检查并讲评学生完成导读工作页。

2．导入新课。

3．结合液控元件理论影像资料和实物，讲解相关知识。

4．播放液控元件检修影像资料。

5．对照液控元件进行液控元件检修作业示范。

6．在自动变速器拆装中布置检修实习任务，并组织学生实习。

7．巡回指导学生实习。

8．组织学生“拓展问题”讨论。

9．组织本任务学习测试。测试后组织学生填写活动评价表。

10．小结学生学习情况。

■ **本任务教学准备**

液控系统元件影像资料、液控系统元件若干、常用工量具4～6件套、套筒扳手（32）4～6套、本任务教学课件和学习测试资料。

■ 课前学习导读

序号	导读内容	答案选择		
1	齿轮泵主动齿轮和从动齿轮不断退出啮合，其齿间容积	逐渐增大□	逐渐减小□	不变化□
2	车速升高时，速控阀油压	升高□	降低□	不变□
3	松开油门踏板时，机械式节气门阀输出的油压为多少kPa	0□	0.5□	1□
4	4挡自动变速器，至少需要多少个换挡阀	1□	2□	3□
5	节气阀是液控变速器控制换挡信号之一	对□	错□	
6	汽车倒退行驶所需的油压比前进要低	对□	错□	
7	换挡阀一般有左、中、右3个工作位置	对□	错□	
8	手控阀的实质是对液控系统油路进行切换控制	对□	错□	
9	自动变速器挡位变换是通过换挡阀工作来实现的	对□	错□	
10	油泵从动齿轮与泵体的极限间隙为多少mm	0.1□	0.2□	0.3□
11	油泵从动齿轮与泵体半月形部分之间的极限间隙为多少mm	0.1□	0.2□	0.3□
12	油泵从动齿轮与端面之间间隙若超过标准间隙时，应更换什么	油泵□	泵体□	从动齿轮□
13	泵体衬套最大内径若超过最大间隙时，应更换什么	油泵□	泵体□	主动齿轮□

■ 工作情境描述

一辆丰田子弹头轿车在行驶途中，升挡时出现换挡冲击现象，司机把车开进汽修厂修理。老郝是一位经验丰富的汽修师傅，“三下五除二”他就断定是换挡油路系统出现故障所致。又是熟练地拆分变速器直奔故障部位，更换两个部件后装回变速器试车故障排除。看老郝师傅修车潇潇洒洒，真叫人舒服。我过去“采访”老郝，他说解决油路故障必须掌握进、出油路途径。还未待我开口问他又补充说：就像你每天回家熟悉的路，哪里好走哪里不好走，心中一目了然。

■ 相关知识信息——液压控制元件构造

知识一 液压控制系统的分类

液压控制系统有两种操纵方式，一种是全液压操纵方式，另一种是电子控制液压操纵方式。两种不同操纵方式的液压控制系统框图如图 6-1、图 6-2 所示。

在全液压操纵方式的液压控制系统中，车速和节气门开度信号被转换为液压信号。这个液压信号在液压控制系统中，经过处理后被直接执行。

在电子控制液压操纵方式的液压控制系统中，车速和节气门开度信号被转换为电信号。这个电信号在电子控制系统中经过处理后，再传递给液压控制系统去执行。

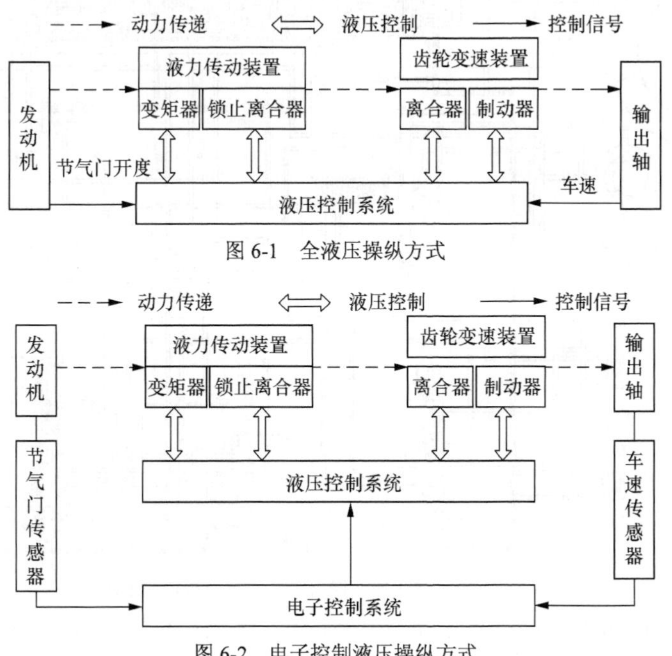

图 6-1　全液压操纵方式

图 6-2　电子控制液压操纵方式

电、液控自动变速器液压控制系统均有液压油泵、调压阀（主、副调压阀）、手控阀、换挡阀、强制降挡阀、蓄压器、缓冲阀、散热器等主要液控元件。液控自动变速器液压控制系统还有节气门阀和速控阀。

液压控制系统的作用是产生并调整油压，换挡油路的切换，控制离合器、制动器，驱动和固定行星齿轮机构中的部件，实现自动换挡。

液控式液控系统基本油路途径如下：

油底壳 → 油泵 → 主调压阀 → 次调压阀 → 变矩器 → 散热器 → 油底壳。

↓ → 手控阀 → 换挡阀 → 离合器、制动器 → 油底壳。

↓ → 节气门油压 → ↑ ↑ ← 速控油压 ←

↓ → → → → → → → → → → → → → → ↑

电控式液控系统基本油路途径如下：

油底壳 → 油泵 → 主调压阀 → 次调压阀 → 变矩器 → 散热器 → 油底壳。

↓ → 手控阀 → 换挡阀 → 离合器、制动器 → 油底壳。

液压控制系统的实际油路比上述基本油路途径复杂，为了解决多元件动作的精确控制问题，如图 6-3 所示增加了蓄能器、排气阀、调压锁止阀、断流阀、挡位调节阀等。

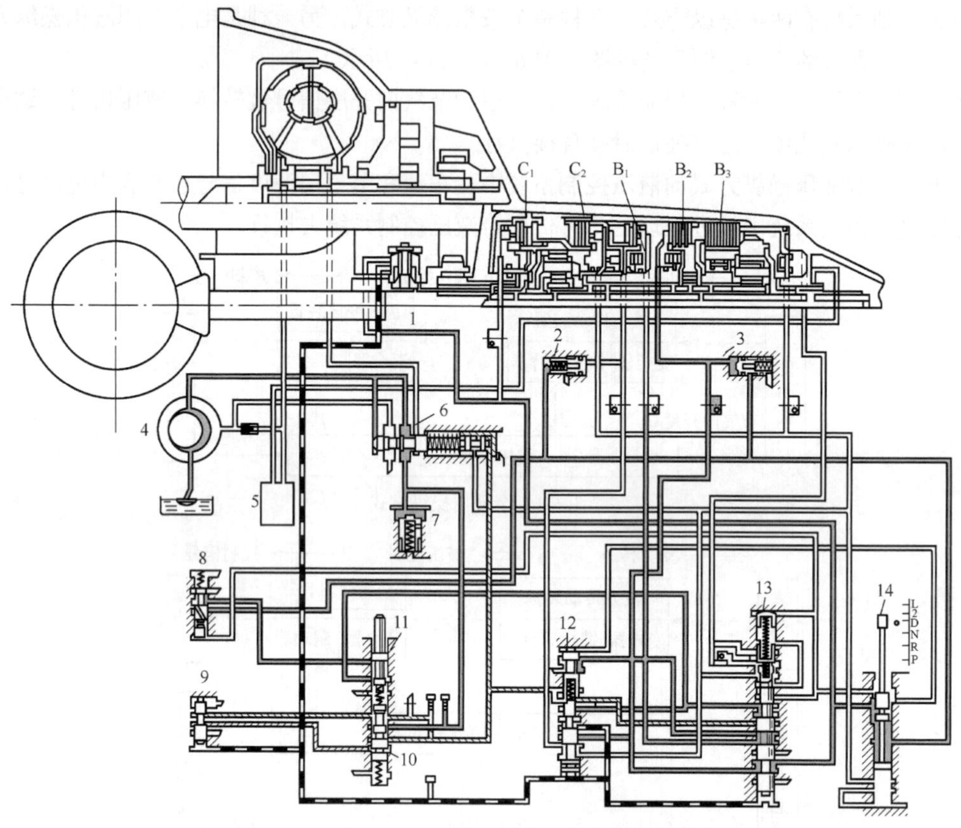

图 6-3 丰田 A55 3 挡液控自动变速器液压控制系统

C_1—前离合器；C_2—后离合器；B_1—制动器；B_2—制动器；B_3—制动器；1—速度阀；2—蓄能器；3—蓄能器；4—液压泵；5—散热器；6—调压阀；7—排气阀；8—调压锁止阀；9—断流阀；10—节气门阀；11—强制降挡阀；12—2～3 挡换挡阀；13—1～2 挡换挡阀；14—手动阀

图 6-3 所示为丰田 A55 3 挡液控自动变速器液压控制系统，主要由液压泵、调压阀、节气门阀、强制降挡阀、速度阀、手动阀、1～2 挡换挡阀、2～3 挡换挡阀及其他辅助阀等组成。发动机动力自变矩器通过链轮和链条传入行星齿轮变速器。

图 6-4 所示为丰田 A340E/A341E 型电控自动变速器液压控制系统，因有前进 4 挡，在系统组

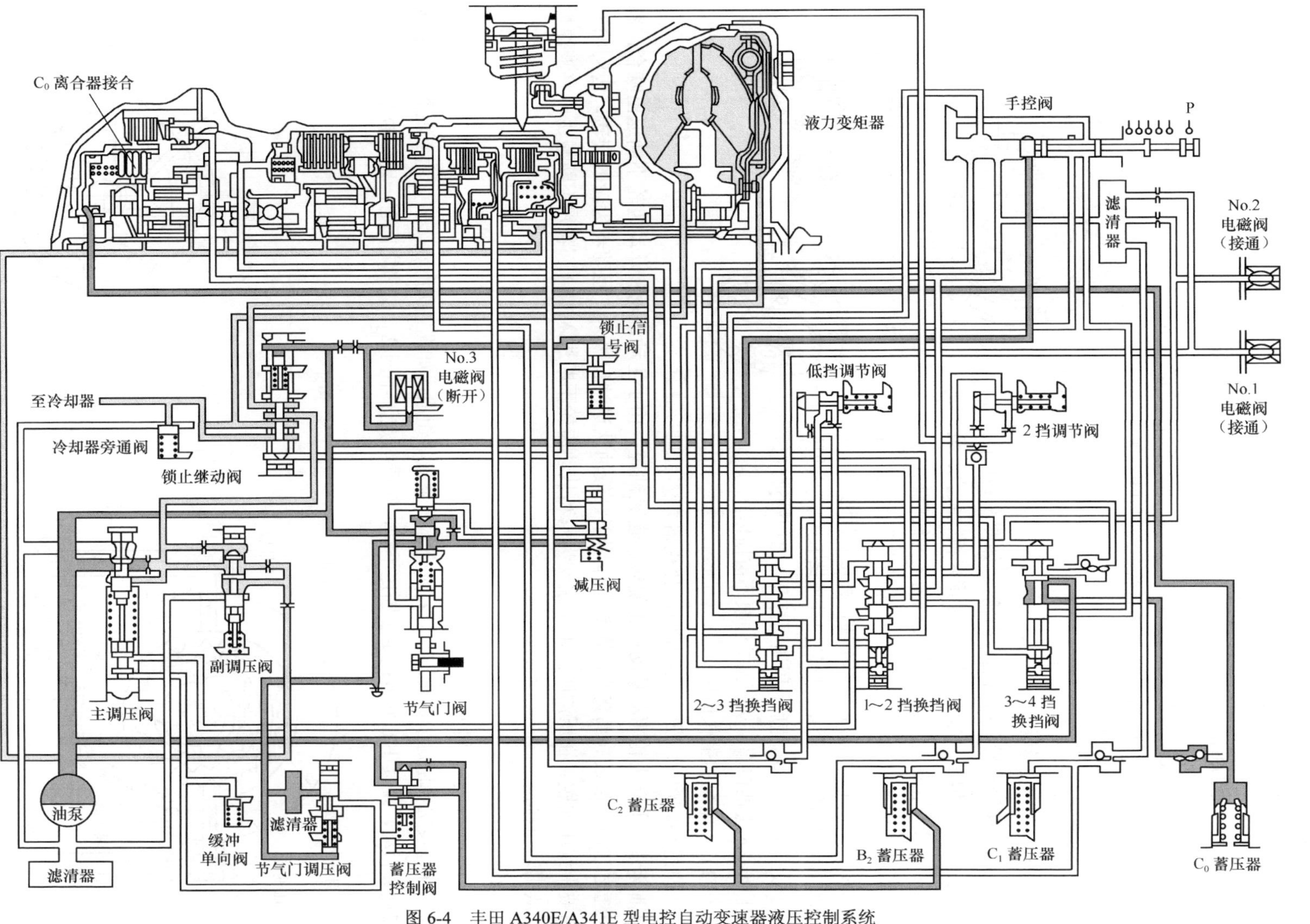

图 6-4　丰田 A340E/A341E 型电控自动变速器液压控制系统

成上比 3 挡液控系统增加了 3～4 挡换挡阀，由于是电子控制，故用节气门位置传感器和车速传感器代替了节气门阀和速度阀。

知识二 液压油泵

液压油泵一般安装在变矩器后面，由变矩器壳后端的轴套驱动，其功用是为液压系统提供油液和油压。轿车上采用的油泵主要有齿轮泵和叶片泵两种。

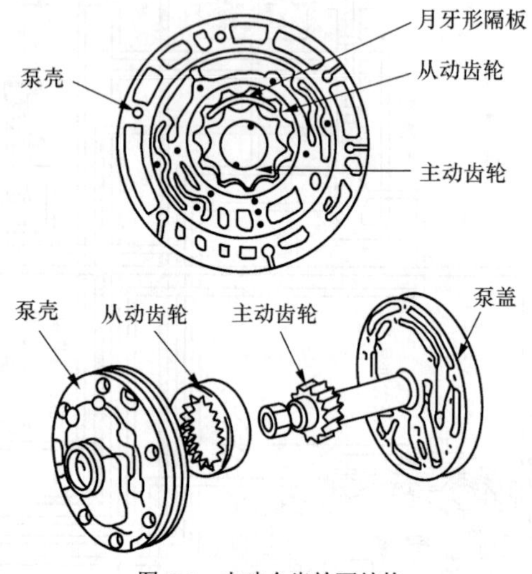

图 6-5 内啮合齿轮泵结构

1．齿轮泵

（1）齿轮泵的结构

自动变速器一般采用内啮合齿轮泵，如图 6-5 所示。它主要由主动齿轮、从动齿轮、月牙形隔板、泵壳、泵盖、限压阀等组成。主、从动齿轮均为渐开线齿轮；月牙形板的作用是将主动齿轮和从动齿轮之间的工作腔分隔为吸油腔和压油腔，彼此不通；泵壳上有进油口和出油口；限压阀的作用是在出油口油道堵塞时，当油压超过限压阀控制油压值后，限压阀打开，出口油液通过限压阀进入进油口端，从而保护油泵不被损坏。

（2）齿轮泵的工作原理

如图 6-6 所示，发动机工作时，变矩器壳体后端的轴套带动主动齿轮驱动从动齿轮旋转。在吸油腔，由于主动齿轮和从动齿轮不断退出啮合，容积随之增加，形或局部真空，在真空作用下，液油从进油口吸入，且随着齿轮的旋转，齿间的液油被带到压油腔。在压油腔，由于主动齿轮和从动齿轮不断进入啮合，容积不断减少，将液油加压从出油口排出。

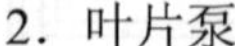

2．叶片泵

（1）叶片泵的结构

叶片泵主要由定子、转子、叶片及壳体、泵盖等组成，如图 6-7 所示。转子由变矩器壳体后端的轴套带动，绕其中心旋转；定子固定不动，转子与定子不同心，二者之间有一定偏心距 e。

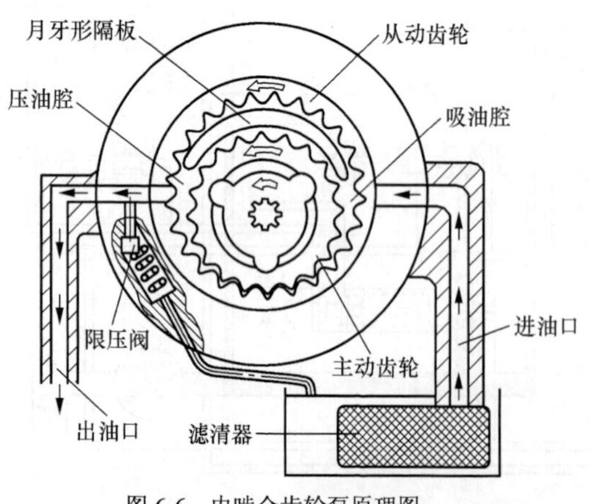

图 6-6 内啮合齿轮泵原理图

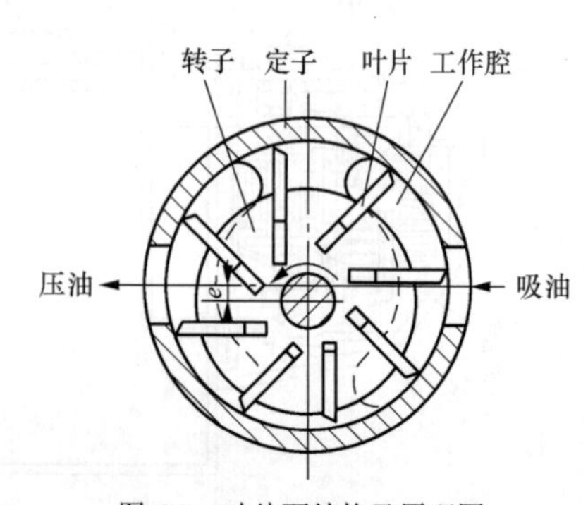

图 6-7 叶片泵结构及原理图

（2）叶片泵的工作原理

当转子旋转时，叶片在离心力和叶片底部的液压油压力作用下向外张开，紧靠在定子内表面上，并随着转子转动，在转子叶片槽内作往复运动。这样在每两个相邻叶片之间便形成密封的工作腔。如果转子朝顺时针方向旋转，在转子与定子中心连线的下半部的工作腔容积逐渐增大，以致产生一定的真空，将液压油从进油口吸入；在中心连线上半部的工作腔容积逐渐减小，将液压油从出油口压出。这就是叶片泵泵油过程，如图 6-7 所示。

变量泵可以随着反馈油压的变化自动改变转子与定子的偏心距，从而改变油泵排量。

知识三 主调压阀

主调压阀的作用是根据节气门开度和变速杆位置的变化，调节油泵输出的油压。油压大小与控制手柄的位置、节气门的开度和车速有关。

1．主调压阀的结构

主调压阀主要由阀体、阀芯、弹簧等组成。来自液压泵的油压进入阀芯上端其作用力使阀芯向下，而来自节气门阀和手控阀的油压及弹簧张力作用在阀芯下端使阀芯上移，上下两个作用力的平衡状况，决定了阀芯的位置。

2．主调压阀的工作原理

当液压泵油压高时，上作用力大于下作用力，阀芯下移，泄油口开度增大，油液被排出，管路油压降至规定值（一般为 0.5～1MPa）。当踩下油门时，节气门开度开大，来自节气门的油压升高，下作用力大于上作用力，阀芯上移，泄油口开度减小，管路油压升高，使管路油压随着发动机节气门开度变化而变化。

当变速杆位于“R”挡时，来自手控阀的油压作用，使阀芯上移，泄油口开度减小，管路油压升高，以满足倒挡时比其他挡油压要高的要求（因为倒挡时传动比较大，换挡执行元件所需传递的转矩较大），如图 6-8 所示。

想一想

● 油泵油压与弹簧弹力之差决定什么零件的位置？

阀体□　阀芯□　弹簧□

知识四 副调压阀

副调压阀主要用于调节液力变矩器的工作油压和自动变速器元件的润滑油压。油压随发动机负荷与车速的升高而增大，经副调压阀调节的油压分别称为变矩器油压和润滑油压，油压值一般为 0.40MPa，副调压阀油压用于液力变矩器工作。

副调压阀与主调压阀的工作原理相似。阀芯的下方有弹簧和加速踏板控制油压（负荷油压），上方的来油油路与液力变矩器油路并联，受到向下的经调节后的液力变矩器油压的作用，向上与向下共同作用，使阀芯平衡在某一位置。

想一想

● 副调压阀调节的油压也可称为换挡油压。

对□　错□

如图 6-9 所示，当驾驶员踩下加速踏板时，加速油路油压（负荷油压）升高，破坏了阀芯的原有平衡向上移动，封闭回油油路。与此同时，主油路油压也增加，使通向液力变矩器的油压也随之增加；当阀芯上方的油压克服阀芯向上的阻力下移，回油油路开启泄油。阀芯上方的油压（即变矩器油压）不再增加并稳定在与此时相适应的加速踏板位置。

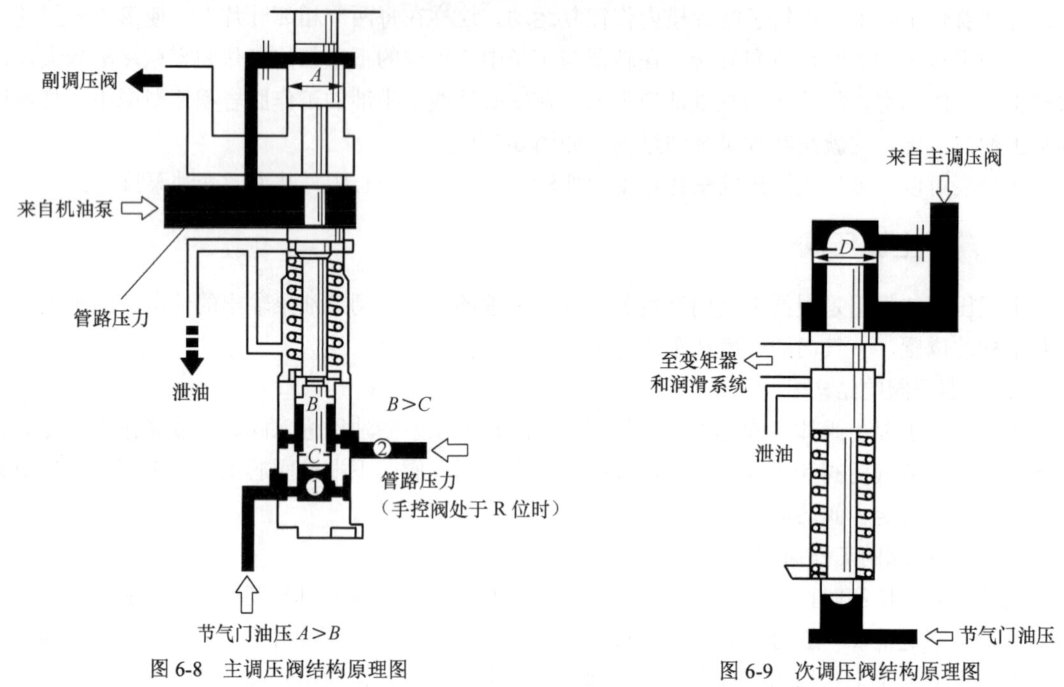

图 6-8 主调压阀结构原理图

图 6-9 次调压阀结构原理图

想一想

- 经次调压阀的油液进入变矩器。
  对□ 错□
- 发动机转速越高，其节气门油压越低。
  对□ 错□

知识五 节气门阀

节气门阀的功用是产生一个随节气门开度变化而变化的油压力。它是液控自动变速器控制换挡的一个重要油压信号。它按操纵方式可分为机械式和真空式两种，自动变速器一般采用机械式节气门阀，受加速踏板控制。

机械式节气门阀结构原理如图 6-10 所示，它主要由阀体、阀芯、弹簧、降挡柱塞、凸轮等组成。当驾驶员完全松开踏板时，阀芯切断进油路，节气门阀出油口的油压为零；当驾驶员轻踩油门踏板时，节气门开度较小，滑阀在拉线和弹簧弹力的共同作用下上移，输入油路与输出油路相通，节气门阀有油压输出。滑阀的开度较小，节气门阀的输出油压也较小。当驾驶员完全踩下油门踏板时，节气门全开，滑阀上移到最顶端，输入油路与输出油路完全接通，节气门阀的输出压力达到最大。

知识六 速控阀

速控阀的功用是输出一个与车速相对应的速控油压。速控阀油压是液控自动变速器中除节气门阀油压以外的另一个重要油压信号。

速控阀有离心式和中间复合式双级两种速控阀。离心式速控阀一般用于后轮驱动的自动变速

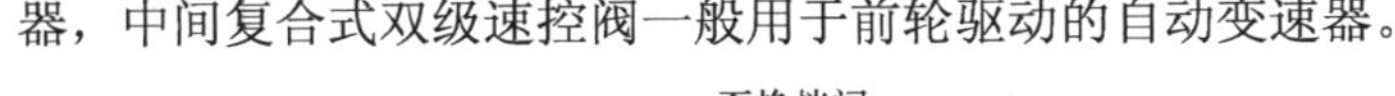

器，中间复合式双级速控阀一般用于前轮驱动的自动变速器。

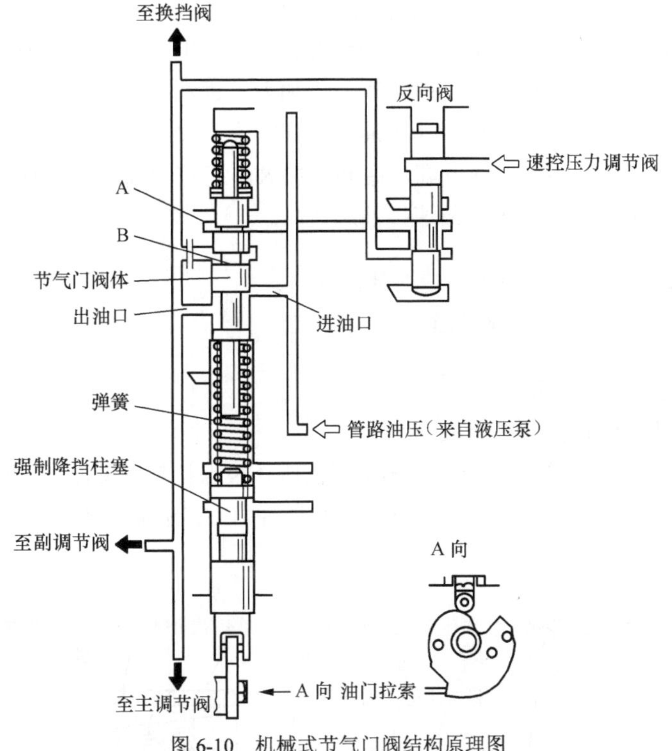

图 6-10 机械式节气门阀结构原理图

1．离心式速控阀

（1）离心式速控阀的组成

如图 6-11（a）所示，离心式速控阀主要由壳体、阀体、调速阀轴、重块、弹簧等组成。离心式速控阀一般安装在变速器输出轴上，与输出轴同步旋转。

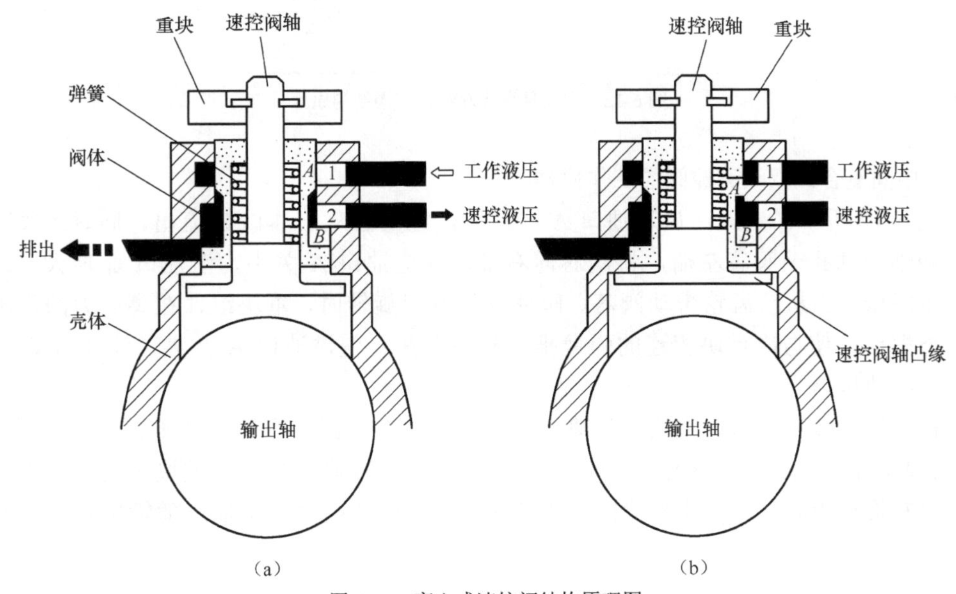

图 6-11 离心式速控阀结构原理图

（2）离心式速控阀的工作原理

如图 6-11（a）所示，在速控阀轴凸缘未顶到壳体时，作用向内的力有油压力，作用向外的力有速控阀轴及重块的离心力、阀体的离心力和弹簧力。当作用向内和向外的两力达到平衡时，速控阀输出一定的速控油压。当转速升高时，离心力加大，进油口开大，排油口减小，速控油压升高。此时离心力包括速控阀轴及重块，速控油压上升较快，改善低速挡性能。

如图 6-11（b）所示，随着转速升高，离心力加大，速控阀轴凸缘顶到壳体，此时排油口开度最小或关闭，而进油口开度最大，故速控油压最高。

想一想

● 输出轴转速越高，速控油压如何？

越高□　越低□　不变□

2．中间复合式双级速控阀

（1）中间复合式双级速控阀的组成

如图 6-12 所示，中间复合式双级速控阀主要由阀体及保持架、阀芯、主重块、次重块、弹簧、从动齿轮等组成。阀体上有进油口 A、出油口 B 和泄油口 C，进油口 A 与阀芯上的径向油孔和轴向油孔相通。

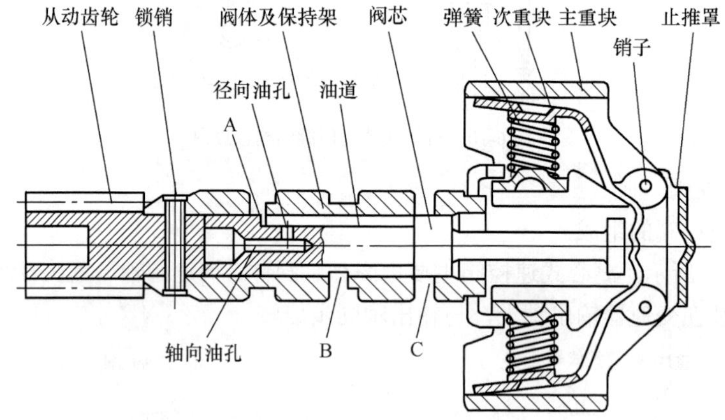

图 6-12　中间复合式双级速控阀结构原理

（2）中间复合式双级速控阀的工作原理

如图 6-12 所示，当液油从进油口 A 进入后，经阀芯从出油口 B 流出，同时经阀芯的径向油孔和轴向油孔至阀芯左端，将阀芯向右推，使进油口 A 关小，泄油口 C 增大，速控阀输出油压降低。当从动齿轮带动阀芯、阀体及保持架旋转时，重块组件在离心力的作用下绕销子向外摆动，使与次重块相连的弹簧推动阀芯向左，使进油口 A 开大，泄油口 C 减小，速控阀输出油压增高。

当输出轴转速降低时，重块所受离心力小，阀芯在油压的作用下处于较右的位置，进油口 A 开度减小，速控阀输出油压随之降低。当输出轴转速升高时，重块所受离心力变大，阀芯被向左推移得越多，速控阀输出油压就越高，从而速控阀输出油压随输出轴转速的增大而增高。

- 车速逐高，阀芯则逐渐向哪方移动？

  左□　　　　右□

- 双级速控阀 A 孔开大，B 孔则怎样？

  开大□　　　　关小□　　　　不变□

知识七　手控阀

手控阀的功用是对液控系统油路进行切换控制，使变速器具有不同的挡位。手控阀主要由操纵手柄、阀体、阀芯等组成，其结构及控制原理如图 6-13 所示。

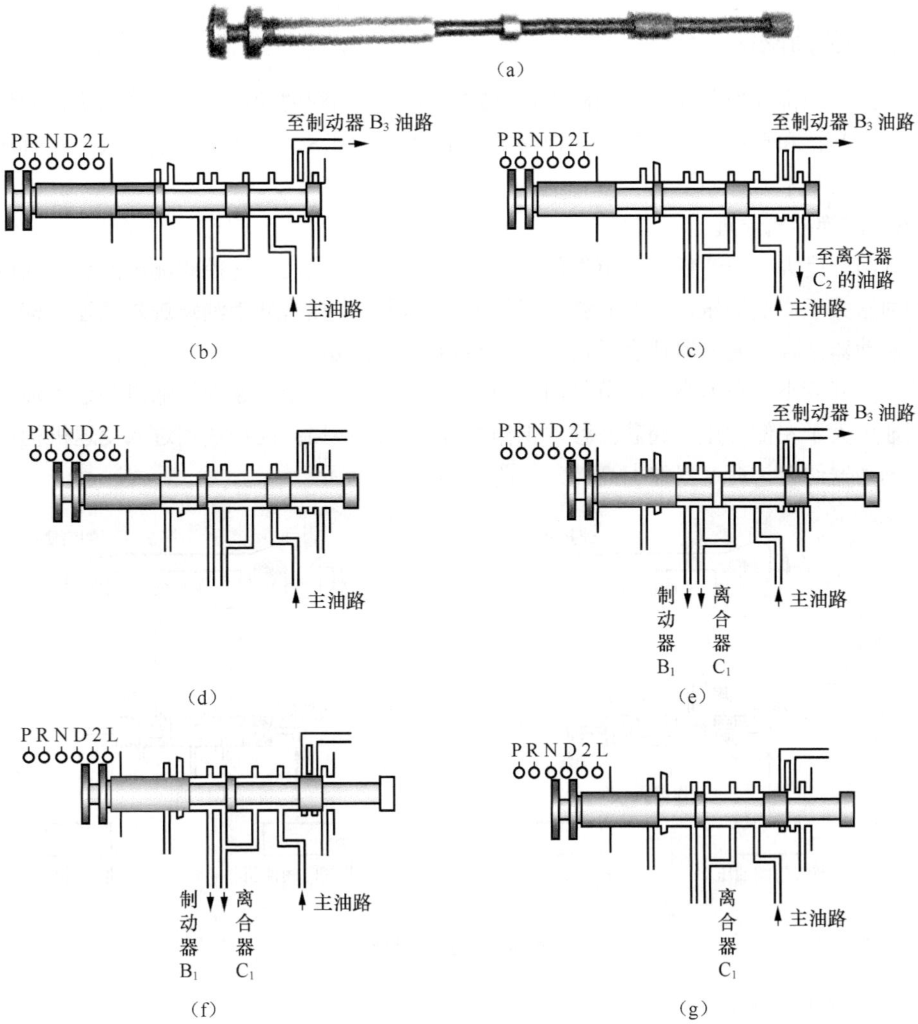

（a）

（b）

（c）

（d）

（e）

（f）

（g）

图 6-13　丰田 A340E 型自动变速器手控阀结构及原理

（1）当变速杆在“P”位时

手控阀阀芯位于最左端，主油路与制动器 B_3 油路接通，如图 6-13（b）所示。

（2）当变速杆在“R”位时

手控阀阀芯右移，主油路与制动器 B_3、离合器 C_2 油路接通，如图 6-13（c）所示。

（3）当变速杆在“N”位时

手控阀阀芯右移，主油路与所有油路都不通，如图 6-13（d）所示。

（4）当变速杆在“L”位时

手控阀阀芯右移，主油路与制动器 B_1、制动器 B_3、离合器 C_1 路接通，如图 6-13（e）所示。

（5）当变速杆在“2”位时

手控阀阀芯右移，主油路与制动器 B_1、离合器 C_1 油路接通，如图 6-13（f）所示。

（6）当变速杆在“D”位时

手控阀阀芯右移，主油路与离合器 C_1 油路接通，如图 6-13（g）所示。

知识八 换挡阀

自动变速器挡位变换是通过换挡阀工作来实现的。换挡阀的功用是控制换挡执行元件油路，从而实现自动升挡和自动降挡控制。换挡阀主要由阀体、阀芯、弹簧等组成。换挡阀有液控式和电控式两种，其基本原理如下。

1．液控式换挡阀原理

当节气门开度大、车速低时，节气门阀输出的节气门油压高，速控阀输出的速控油压低，换挡阀左侧油压大于右侧油压，阀芯右移，工作油压将通过换挡阀低挡油路进入变速机构，使低挡离合器、制动器结合，变速器挂上低挡，如图 6-14（a）所示。

当节气门开度小、车速高时，节气门阀输出的节气门油压低，速控阀输出的速控油压高，换挡阀右侧油压大于左侧油压，阀芯左移，工作油压将通过换挡阀高挡油路进入变速机构，使高挡离合器、制动器结合，变速器挂上高挡，如图 6-14（b）所示。

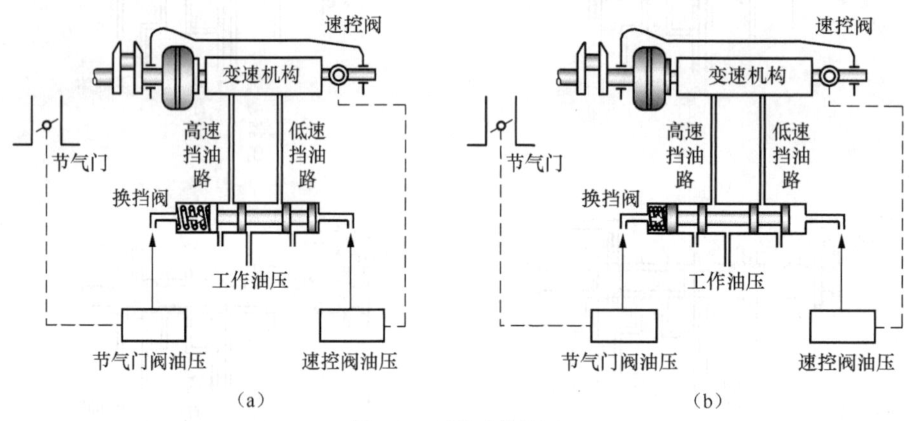

图 6-14 液控式换挡阀

2．电控式换挡阀原理

当节气门开度大、车速低时，ECU 发出指令，电磁阀 B 通电，打开电磁阀右侧通道，换挡电磁阀右侧卸压，电磁阀 A 不通电，工作油压加在换挡电磁阀的左端，换挡电磁阀阀芯在油压和弹簧作用下右移，接通低挡油路，使变速器的低挡离合器、制动器结合，挂上低挡，如图 6-15（a）所示。

当节气门开度小、车速高时，ECU 发出指令，电磁阀 A 通电，打开电磁阀左侧通道，换挡电磁阀左侧卸压，电磁阀 B 不通电，工作油压加在换挡电磁阀的右端，换挡电磁阀阀芯在油压和弹簧作用下左移，接通高挡油路，使变速器的高挡离合器、制动器结合，挂上高挡，如图 6-15（b）所示。

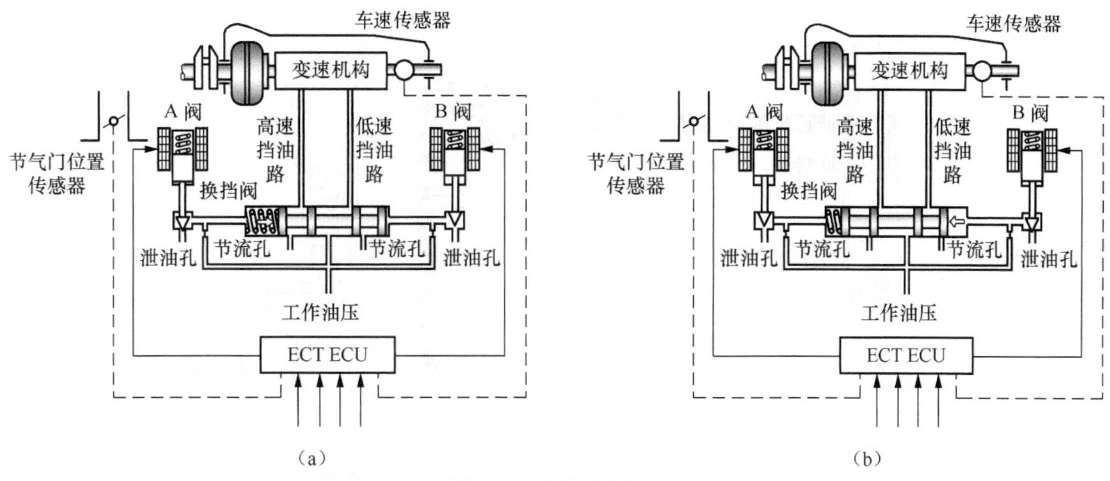

图 6-15　电控式换挡阀

换挡阀是一种由弹簧和液压力作用式的方向控制阀。它一般有两个工作位置，只能在两个挡位之间切换。对于 3 挡自动变速器，需要两个换挡阀；对于 4 挡自动变速器，需要 3 个换挡阀。丰田 A340E 型自动变速器有 1～2 挡换挡阀、2～3 挡换挡阀、3～4 挡换挡阀 3 个换挡阀，各换挡阀的换挡原理相同。

（1）对于 1～2 挡换挡阀而言，低挡系指 1 挡，高挡就是 2 挡。对于 2～3 挡换挡阀而言，低挡系指 2 挡，高挡就是 3 挡。对于 3～4 挡换挡阀而言，低挡系指 3 挡，高挡就是 4 挡。

（2）换挡阀阀芯的移动，是阀芯两端油压差作用的结果。

知识九　强制降挡阀

在较高车速超车或在较低车速需要很大驱动力时，驾驶员往往会将加速踏板踩到底（节气门开度＞85%），变速器会在原来挡位的基础上自动降低一个挡位，这个过程叫做强制降挡。

强制降挡阀有两种安装方式：一种是机械式强制降挡阀和节气门阀安装在一起，如图 6-16 所示；另一种是电磁阀式强制降挡阀，由电磁阀和安装在加速踏板上的强降挡开关控制。

如图 6-16 所示，机械式强制降挡阀是由节气门拉索和凸轮控制。当节气门开度＞85%时，节气门拉索通过节气门阀凸轮推动强制降挡阀阀芯上移一个位置，打开一条通往各个换挡阀的油路，强迫换挡阀移动，使各个换挡阀降低一个挡位。

电磁阀式强制降挡阀在电控变速器上采用，一般安装在加速踏板下方，受加速踏板控制，其控制原理在任务Ⅵ的知识十二中讲述。

知识十　蓄压器

蓄压器又称蓄能器、蓄压减振器或储能减振器，一般用来缓冲换挡冲击。蓄压器主要由减振活塞和弹簧组成，如图 6-17 所示。它与离合器或制动器并联安装，主油路在进入换挡离合器或制动器活塞工作 A 腔的同时也进入蓄压器活塞的上部，将蓄压器活塞压下，以此降低 A 腔的压力，避免离合器或制动器片快速结合时引起的冲击。

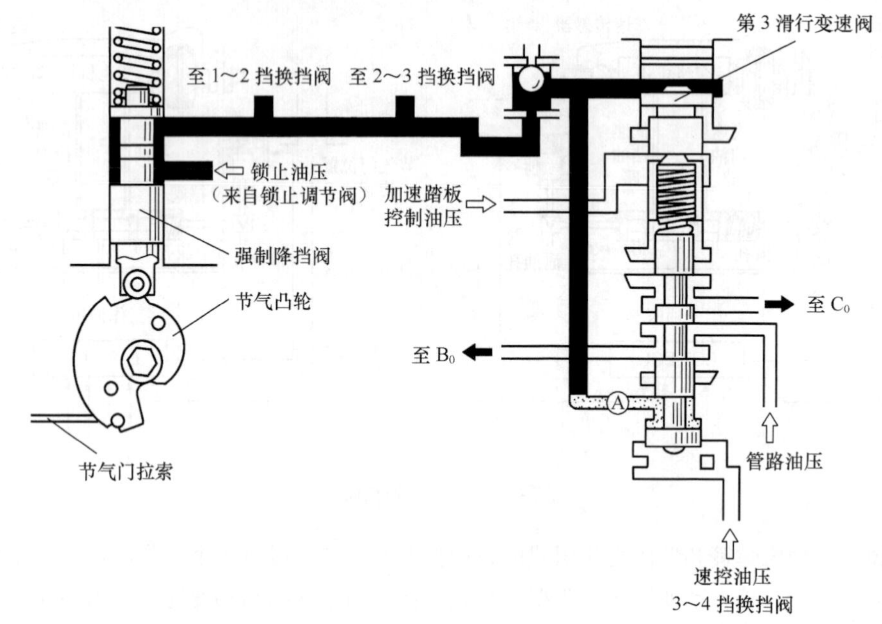

图 6-16 强制降挡阀

图 6-18 所示为自动变速器中的 3 个蓄压器，分别与 3 个前进挡换挡执行元件的油路相通，对应各挡动作时起作用。在压力油进入执行元件初期，油压不高，主要作用是消除离合器、制动器片间的间隙，使其开始接合。此后油压迅速增大，若没有蓄压器，片间将在瞬间接合并加载，造成较大的换挡冲击。

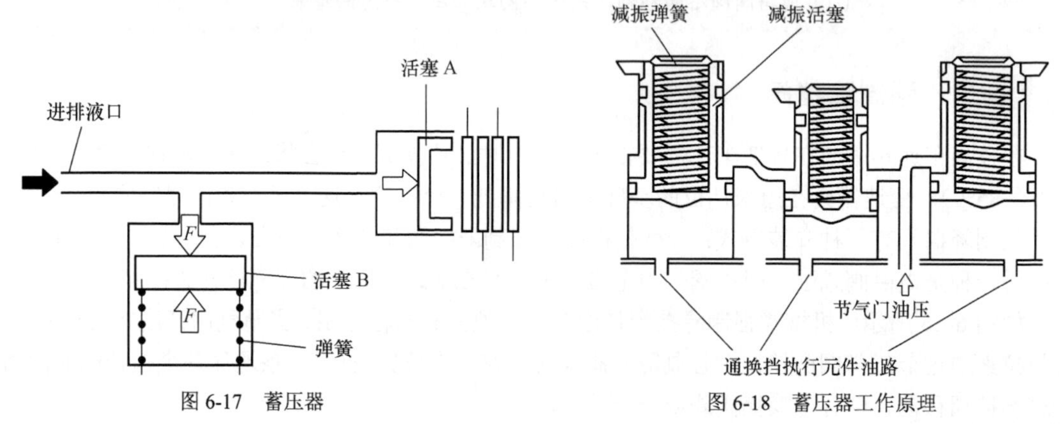

图 6-17 蓄压器

图 6-18 蓄压器工作原理

知识十一 缓冲阀

缓冲阀又称单向节流阀，一般安装在换挡阀至执行元件之间的油路中，其作用也是缓冲换挡冲击。缓冲阀有弹簧式和球阀式两种，如图 6-19 所示。

弹簧式缓冲阀工作原理如图 6-19（a）所示，向执行元件充油时，在弹簧作用下单向节流阀关闭，液油只能从阀芯上的节流孔通过，产生节流作用使换挡结合平顺；在执行元件分离回油时，油压将阀芯推开，节流孔不起节流作用，泄油过程加速使执行元件迅速分离。球阀式缓冲阀工作原理如图 6-19（b）所示，在充油时，球阀关闭，油液只能从球阀旁边的节流孔通过，延缓充油过程；回油时，球阀开启，加速回油过程。

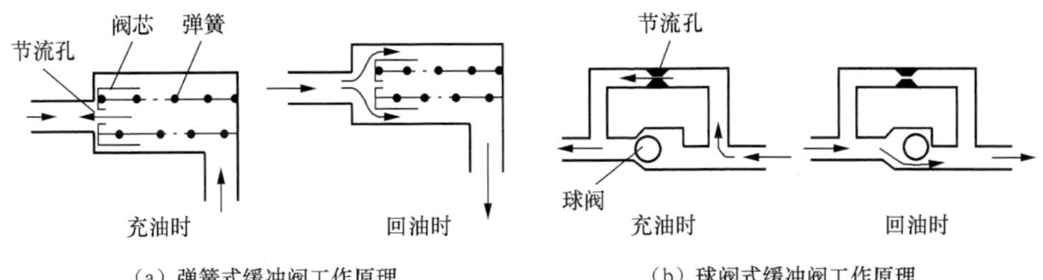

（a）弹簧式缓冲阀工作原理　　（b）球阀式缓冲阀工作原理

图 6-19　缓冲阀工作原理

■ 任务作业实施——液压控制系统元件检修

自动变速器由于润滑条件较好，一般情况下不易出现故障。但是，如果操纵不当或使用时间过长，有可能损坏。若一旦出现故障，在确认系统故障后再动手作业，一般不要轻易拆修。

操作一　液压泵检修

操作序号	1	
检修项目	从动齿轮与泵体	
检修内容	检查从动齿轮与泵体之间间隙	
检查方法	塞尺检查，如图 6-20 所示	
检查标准	从动齿轮与泵体的标准间隙为 0.07～0.15mm，极限间隙为 0.30mm	
处理措施	若超过极限间隙更换油泵	图 6-20　齿轮与泵体间隙检查
操作序号	2	
检修项目	从动齿轮与泵体半月形	
检修内容	从动齿轮与泵体半月形部分之间间隙检查	
检查方法	塞尺检查，如图 6-21 所示	
检查标准	从动齿轮与泵体半月形部分之间的标准间隙为 0.11～0.14mm，极限间隙为 0.30mm	
处理措施	若超过极限间隙应更换油泵	图 6-21　齿轮与半月形隙检查

续表

序号	3	平板尺 塞尺 图 6-22 齿轮端面与泵体检查
检修项目	从动齿轮端面与泵体平面	
检修内容	从动齿轮端面与泵体平面之间间隙检查	
检查方法	塞尺、平板尺检查，如图 6-22 所示	
检查标准	从动齿轮端面与泵体平面之间的标准间隙为 0.02～0.05mm，极限间隙为 0.10mm	
处理措施	若超过极限间隙应更换油泵	
序号	4	图 6-23 泵体衬套内径检查
检修项目	泵体衬套内径	
检修内容	泵体衬套内径检查	
检查方法	内径百分表检查，如图 6-23 所示	
检查标准	泵体衬套最大内径为 38.19mm	
处理措施	若超过最大间隙应更换泵体	
序号	5	● 液控元件很容易出现故障。 对□ 错□ ● 油泵内漏的原因是什么？ 密封圈坏□ 严重磨损□
检修项目	泵盖衬套内径	
检修内容	泵盖衬套内径检查	
检查方法	内径百分表检查	
检查标准	前泵盖衬套最大内径为 21.85mm，后泵盖衬套最大内径为 27.08mm	
处理措施	若超过最大间隙应更换泵盖	

提示

齿轮泵有 3 处泄漏。

（1）主、从动齿轮啮合处。

（2）齿轮齿顶与泵体内壁。

（3）齿轮端面与泵盖。

其中主、从动齿轮啮合处泄漏占总泄漏量的 85%。

操作二 阀体总成检修

自动变速器液控元件几乎都安装在阀体上，阀体分上阀体、下阀体，如图 6-24 所示。阀体是自动变速器最精密的部件之一，在检修自动变速器时，一般不要拆检阀体，只有确认阀体有故障时，方可进行拆检。不论是液控阀体还是电控阀体，其阀体拆检方法是相同的。

阀体拆检主要内容如下。

（1）用清洗油清洗上阀体、下阀体和所有液控元件。

（2）检查阀体表面及隔板是否损伤，若有轻伤或刮痕、缺陷，均应更换阀体。

（3）检查各液控阀阀芯表面，若有轻微伤痕可用金相砂纸抛光，伤痕严重时或出现卡止时，则更换阀芯。

（4）检查各阀弹簧有无损坏，各弹簧应符合技术手册要求，否则应进行更换。

（5）检查滤清器，若有损坏或堵塞时，应进行更换。

（6）更换隔板上的纸质衬垫。

（7）更换所有塑胶密封件。

阀体总成有关元件的技术参数如表 6-1 至表 6-4 所示。

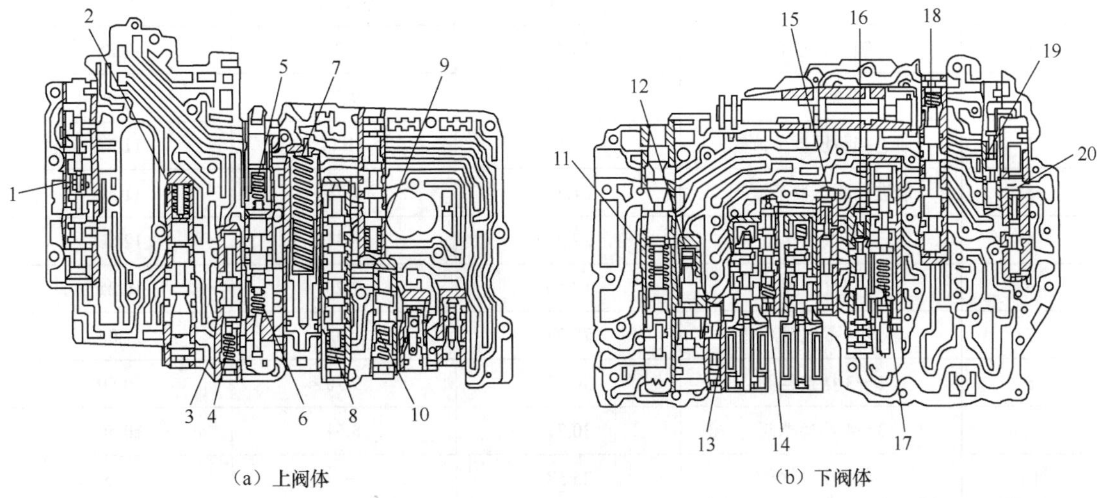

（a）上阀体　　（b）下阀体

图 6-24　阀体

1—锁止继动阀；2—变矩器阀；3—前进挡蓄压器节流阀外弹簧；4—前进挡蓄压器节流阀内弹簧；5—强降挡阀；6—节气门阀；7—前进挡蓄压器；8—2～3 挡换挡阀；9—3～4 挡换挡阀；10—倒挡控制阀；11—主油路调压阀；12—锁止控制阀；13—止回阀；14—电磁转换阀；15—电磁调节阀；16—截止阀；17—蓄压器控制阀；18—1～2 挡换挡阀；19、20—滑行调节阀

表 6-1　　A341E、A342E 型自动变速器上阀体中各锁块的参数

序号	控制阀名称	锁块尺寸/mm		
		长	宽	厚
1	止回阀	10.0	5.0	3.2
2	止回阀	21.2	5.0	3.2
3	倒挡控制阀	16.0	5.0	3.2
4	2～3 挡换挡阀	12.5	5.0	3.2
5	前进挡蓄压器活塞	37.5	5.0	3.2
6	前进挡蓄压器节流阀	12.5	5.0	3.2
7	变矩器阀	10.0	5.0	3.2

续表

序号	控制阀名称	锁块尺寸/mm		
		长	宽	厚
8	锁止控制阀	21.2	5.0	3.2
9	节气门阀	21.2	5.0	3.2
10	3~4 挡换挡阀	11.5	5.0	3.2

表 6-2　A341E、A342E 型自动变速器上阀体中各弹簧的参数

序号	控制阀名称	弹簧参数		
		自由长度/mm	外径/mm	圈数
1	锁止控制阀	23.42	5.86	12.25
2	变矩器阀	36.78	9.22	13.50
3	前进挡蓄压器节流阀	37.13	11.14	11.25
4	前进挡蓄压器节流阀	21.50	7.76	11.50
5	节气门阀	27.25	8.37	12.50
6	节气门阀	17.50	7.20	10.25
7	前进挡蓄压器活塞	75.26	15.02	17.06
8	2~3 挡换挡阀	30.77	9.70	10.50
9	3~4 挡换挡阀	30.77	8.64	10.50
10	倒挡控制阀	25.58	—	8.75

表 6-3　A341E、A342E 型自动变速器下阀体中各锁块的参数

序号	控制阀名称	锁块尺寸/mm		
		长	宽	厚
1	1 挡、2 挡换挡阀	14.5	5.0	3.2
2	滑行调节阀	14.5	5.0	3.2
3	滑行调节阀	14.5	5.0	3.2
4	蓄压器控制阀	29.0	5.0	3.2
5	截止阀	19.0	5.0	3.2
6	电磁调节阀	14.5	5.0	3.2
7	电磁转换阀	12.5	5.0	3.2
8	止回阀	8.5	5.0	3.2
9	锁止控制阀	14.5	5.0	3.2
10	主油路调压阀	13.0	5.0	3.2

表 6-4 A341E、A342E 型自动变速器下阀体中各弹簧的参数

序号	控制阀名称	弹簧参数		
		自由长度/mm	外径/mm	圈数/颜色
1	主油路调压阀	40.62	16.88	9.0/红
2	锁止控制阀	18.52	5.30	12.75/白
3	止回阀	18.80	7.48	7.50
4	电磁转换阀	18.80	7.48	7.50
5	电磁调节阀	30.63	7.99	15.25
6	截止阀	20.30	6.10	12.75
7	蓄压器控制阀	34.50	8.85	12.50
8	1 挡、2 挡换挡阀	30.77	9.70	10.50/紫
9	滑行调节阀	19.73	8.04	9.80
10	滑行调节阀	26.11 26.71 27.41	8.04	10.75/橙 11.50/淡绿 11.75/黄

阀体检修注意事项：

在拿起上阀体时，要将隔板连同阀体一同拿起，待翻转阀体使油道一面朝上后再拿起阀体；不能用铁丝、硬物通疏阀孔；防止重要零件掉落，特别注意钢球的掉落；不能沾有使用的密封胶或黏合剂；阀芯应活动自如，如有卡滞现象，应拆下清洗重新安装；在拆装前要熟悉相关技术资料。

■ 拓展练习

1. 换挡阀中的油压是主调压阀还是次调压阀的油压？	
2. 次调压阀的油压是通往变矩器的，为什么变矩器不需要主调压阀的油压呢？	
3. 叶片油泵的转子中心为什么不能与定子中心重合？	
4. 节气门油压的高低对换挡时机有何影响？	

5. 速控阀油压的高低对换挡点有何影响？	
6. 强制降挡阀为什么能将4挡强制降到3挡？	
7. 强制降挡的目的是什么？	
8. 蓄压器为什么能起到换挡冲击？	

■ 学习活动评价

活动评价表

项　目	评 价 内 容	评价等级（学生自我评价）		
		A	B	C
关键能力评价项目	1. 安全意识强			
	2. 着装仪容符合实习要求			
	3. 积极主动学习			
	4. 无消极怠工现象			
	5. 爱护公共财物和设备设施			
	6. 维护课堂纪律			
	7. 服从指挥和管理			
	8. 积极维护场地卫生			
专业能力评价项目	1. 书、本等学习用品准备充分			
	2. 工具、量具选择及运用得当			
	3. 理论联系实际			
	4. 遵守操作规范			
	5. 作业符合技术标准			
	6. 独立完成操作训练			
	7. 独立完成工作页			
	8. 学习和训练质量高			
教师评语		成绩评定		

任务Ⅵ 电子控制系统

■ **本任务学习目标**

1．熟悉电控系统元件的构造原理。

2．掌握电控系统元件的检修方法。

■ **本任务建议课时** 18 课时

■ **本任务教学流程**

1．检查讲评学生完成导读工作页情况。

2．导入新课。

3．结合电控系统元件理论影像资料实物讲理相关知识。

4．播放电控系统元件检修影像资料。

5．对照电控系统元件实物进行检修操作示范。

6．在自动变速器拆装实习中布置电控系统元件检修任务并组织实习。

7．巡回指导学生实习。

8．组织学生“拓展问题”讨论。

9．组织本任务学习测试。测试后组织学生填写活动评价表。

10．小结学生学习情况。

■ **本任务教学准备**

电控系统元件检修、理论影像资料、电控系统元件实物、常用工量具 4～6 件套、套筒扳手（32）4～6 套、本任务教学课件和学习、测试资料。

■ 课前学习导读

序号	导读内容	答案选择		
1	节气门全闭时，传感器应有什么信号输出	VTA□	IDL□	VCA□
2	在哪个挡位置时，空挡起动开关输出电压值为零	P□	R□	D□
3	丰田变速器内各种电磁阀正常电阻值为多少Ω	1～8□	11～15□	20～25□
4	发动机在什么挡位上不能起动	P□	N□	R□
5	什么阀主要用于检测节气门的开度，反映发动机的负荷大小	速控阀□	车速传感器□	节气门位置传感器□
6	IDL 信号输出，发动机工况是什么	怠速□	高速□	加速□
7	车速传感器一般安装在自动变速器的哪根轴上	输入轴□	中间轴□	输出轴□

续表

序号	导读内容	答案选择		
8	按下超速挡开关，汽车可升入几挡行驶	2□	3□	4□
9	什么阀是电控自动变速器中的执行元件	换挡阀□	调压阀□	电磁阀□
10	车速传感器输出的是什么信号	模拟□	数字□	直流□
11	踩下加速踏板达到多少时，能使汽车从4挡强制降到3挡	65%□	75%□	85%□
12	自动变速器电控系统的控制中枢是什么	继电器□	电控单元□	电磁阀□
13	中央处理器的英文缩写是什么	CPV□	CPU□	GPT□
14	I/O 的含义是什么	输入接口□	输出接口□	输入/输出接口□
15	巡航行驶其车速低于设定车速 8km/h，巡航控制单元发出什么指令	保持巡航命令□	退出巡航命令□	高挡行驶命令□
16	油液温度传感器失效时，ECU 会按多少度油温进行控制	60□	80□	120□
17	丰田车系电控元件出现故障时，什么挡指示灯会点亮闪烁	P 挡□	N 挡□	O/D 挡□
18	节气门位置传感器电阻测量时，连接传感器的插头应怎样	拔下□	不拔下□	

■ 工作情境描述

这天周老师开着自己心爱的丰田皇冠轿车上班，出门后不久上一小坡时汽车显得加速无力，且 O/D 指示灯闪亮。周老师知道自己的汽车出现了故障，下班后将车开到汽修厂修理。当他向修理师傅讲明故障特征后，修理师傅试车验证,情况与周老师描述的一致。修理师傅获权进行检修，首先读取故障代码，对故障代码元件进行了检测，更换氧传感器并对节气门位置传感器进行调整后，故障排除，交付质检人员验收后完工。

自动变速器传感器和执行器都是产生故障的主要元件，判断其是否有故障，首先要从了解结构原理入手，在代码优先原则下，查明故障部位排除故障。

■ 相关知识信息——电子控制系统元件构造

自动变速器电子控制系统由传感器、电控单元（ECU）和执行器 3 大部分组成，如图 7-1 所示。自动变速器传感器主要有节气门位置传感器、车速传感器、输入轴转速传感器、发动机转速传感器、油温传感器及各种信号开关等；电控单元（ECU）是电子控制系统的控制中心；执行器由各种功能的电磁阀组成。

电子控制系统的作用是根据节气门位置传感器和车速传感器的信号及换挡杆的位置，按照一定规律自动控制换挡元件的工作，实现自动换挡。典型自动变速器电控系统组成如图 7-2 所示。

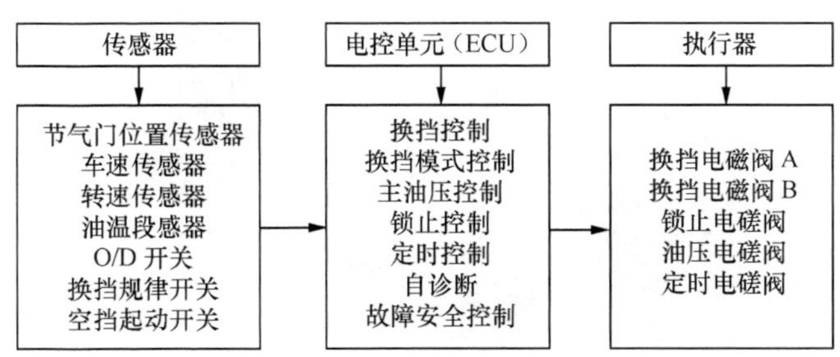

图 7-1　典型自动变速器电控系统组成

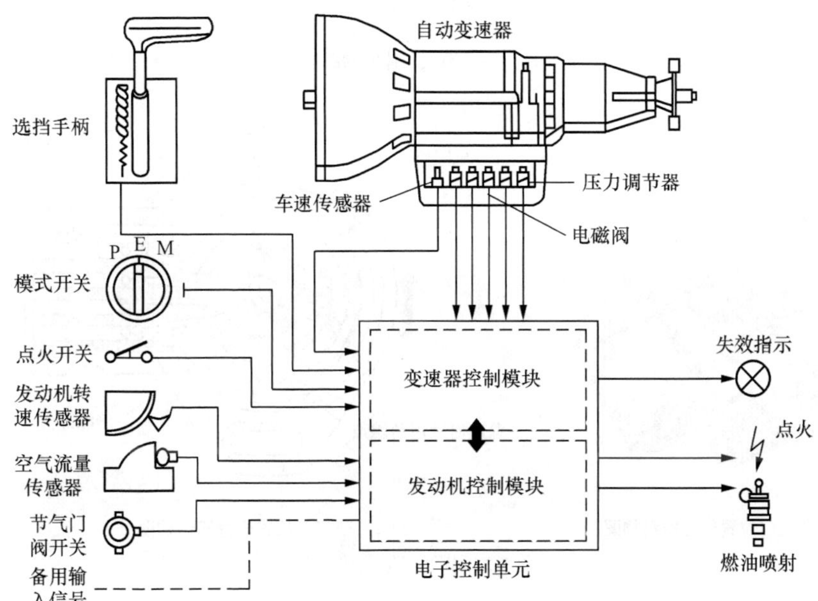

图 7-2　典型自动变速器电控系统组成

想一想

● 电控单元（ECU）接收的是什么信号？

摸拟□　　数字□　　交、直流□

● 电控单元（ECU）发出命令的是什么信号？

摸拟□　　数字□　　交、直流□

知识一　节气门位置传感器

1．节气门位置传感器的功用

节气门位置传感器主要是用于检测节气门的开度，反映发动机的负荷大小。它是换挡时刻控制的一个重要信号。

2．节气门位置传感器的结构

节气门位置传感器按输出信号的不同，可分为开关型和线性型两种。自动变速器电控系统中一般采用的是线性可变电阻式节气门位置传感器，如图 7-3 所示。

（a）节气门体实物图

（b）节气门位置传感器实物图

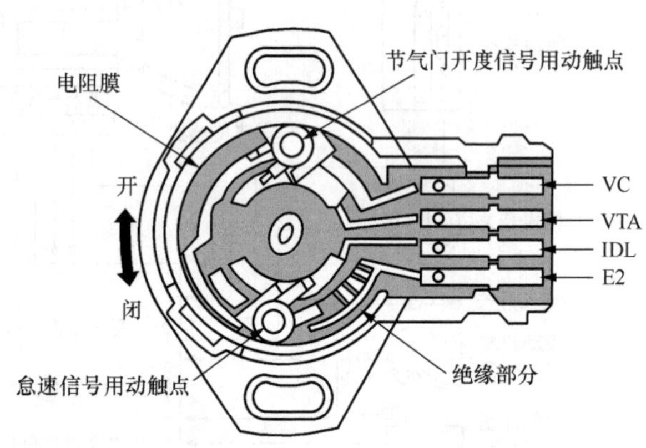

（c）节气门位置传感器结构图

图 7-3　节气门位置传感器

节气门位置传感器一般安装在节气门体上，随着节气门开度的变化带动电位器内的电刷滑动或导向凸轮转动，将节气门角度信号转换成电压信号送给 ECU。它主要由一个可变电阻式电位计和两对触点构成，其中一个触点可在电阻体上滑动，随着触点的滑动电阻会发生变化，输出电压也就会发生改变，输出电压的高低反映的是节气门开度的大小。另一个电刷触点在节气门全关闭时与怠速触点（IDL）接触。IDL 触点信号主要用于判断发动机是否在怠速工况以及在行车过程中用于断油控制的点火提火提前角修正。

想一想

- 节气门位置传感器信号反映的是发动机不同工况。

对□　　　错□

- 节气门开度越大，输出电压越高。

对□　　　错□

3．节气门位置传感器的工作原理

节气门位置传感器电路原理图如图 7-4 所示。当节气门完全关闭时，滑动触点使怠速触点（IDL）闭合，由此输出怠速电压信号，以判定发动机为怠速工况。当节气门打开后，滑动触点在电阻体上滑动，产生一个节气门由全闭到全开的所有开启角度的、连续变化的功率电压（VTA）信号以及节气门开度的变化速率，以地判定发动机的运行工况。

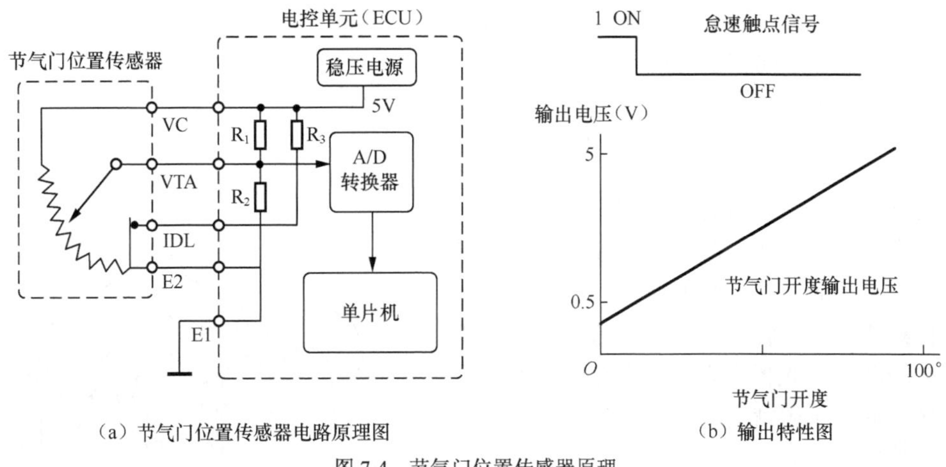

（a）节气门位置传感器电路原理图　　（b）输出特性图

图 7-4　节气门位置传感器原理

知识二　车速传感器

1．车速传感器的功用

车速传感器用于检测自动变速器输出轴的转速，产生与车速成正比的电压信号。它作为换挡时刻控制的另一个重要电压信号。

车速传感器安装在自动变速器输出轴上。常见车速传感器类型主要有：磁电脉冲式、光电式、磁阻元件式和笛簧开关式 4 种。这里仅介绍常见的磁电脉冲式和光电式两种。

2．磁电脉冲式车速传感器结构原理

磁电脉冲式车速传感器如图 7-5 所示，它主要由外壳、转子、永久磁铁和线圈组成。转子上带有凸齿，装在变速器的输出轴上，随输出轴旋转，磁头与凸齿相对，彼此之间有一定的间隙。

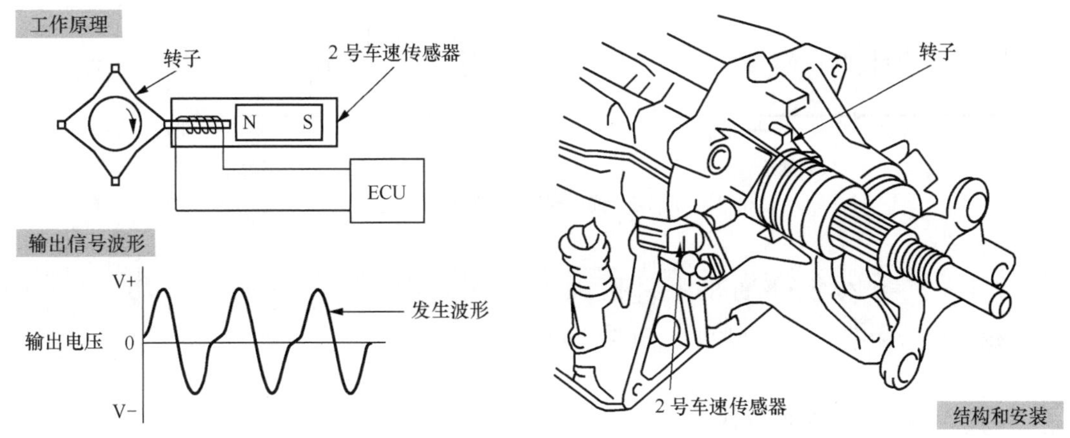

图 7-5　磁电脉冲式车速传感器

如图 7-5 左侧图所示，当信号转子随输出轴旋转时，信号转子与线圈铁心之间的气隙周期性变化。因此信号线圈的磁通也发生变化，磁通的变化可使信号线圈产生感应电压向外输出，通过计算感应电压的变化周期即可计算车辆的转速。

想一想

● 丰田类传感器磁头与凸齿间隙是多少 mm？

0.2 ~ 0.4□　　0.3 ~ 0.5□　　0.5 ~ 1.2□

● ECU 会接收上面的交变信号吗？

接收□　　不接收□

3．光电式车速传感器结构原理

光电式车速传感器一般安装在仪表盘内，其结构如图 7-6 所示，它主要由外壳、底光板和光耦合组件组成。底光板上带有凸齿随转速表齿轮软轴一起转动，遮光板上有 20 个切槽，因此遮光板每转一周传感器就会向外输出 20 个脉冲。光耦合组件固定在外壳内，包括发光二极管、光敏晶体管及线路。

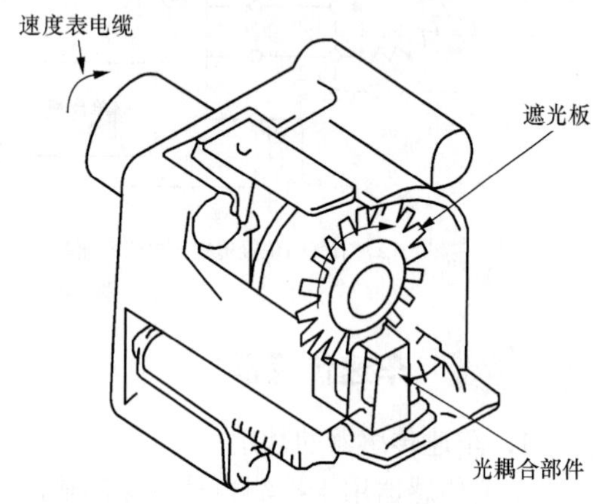

图 7-6　光电式车速传感器结构

如图 7-7（a）所示，当遮光板遮住发光二极管发出的光时，光不能照射到光敏晶体管上，光敏晶体管处于截止状态，这时晶体管（VT）也是截止，传感器输出（U_o）为 5V 电压（高电平）。如图 7-7（b）所示，当遮光板没有遮住发光二极管发出的光时，光照到光敏晶体管上，此时晶体管（VT）基极有电流经过，VT 导通，传感器输出（U_o）为 0V 电压（低电平）。

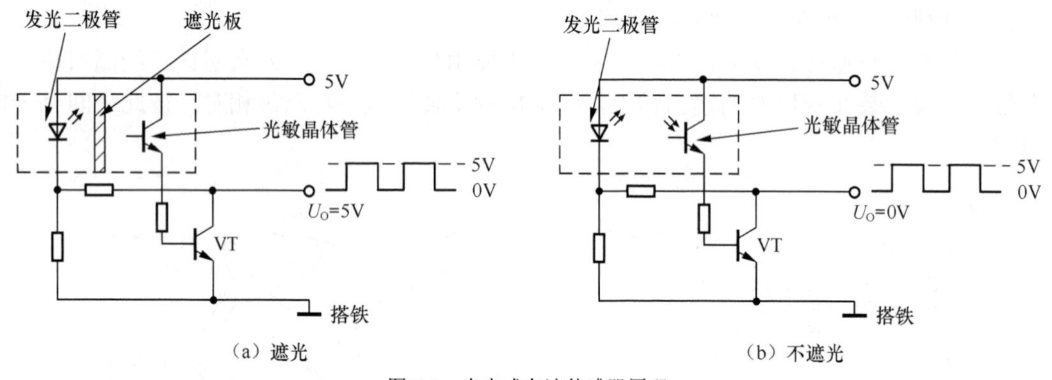

图 7-7　光电式车速传感器原理

想一想

● 传感器输出 80 个脉冲，遮光板旋转几圈？

3□　　4□　　5□

知识三　输入轴转速传感器

输入轴转速传感器与车速传感器类似，常见的有电磁感应式和霍尔式两种。输入轴传感器安装在齿轮变速器输入轴（液力变矩器涡轮输出轴）附近的壳体上，如图 7-8 所示。它主要用于检测输入轴转速，并将信号送入自动变速器 ECU，便于更精确地控制换挡过程。它还作为变矩器涡轮的转速信号，与发动机转速即变矩器泵轮转速信号进行比较，计算出变矩器的传动比，以优化锁止离合器的控制过程，减小换挡冲击，改善汽车的行驶平顺性。

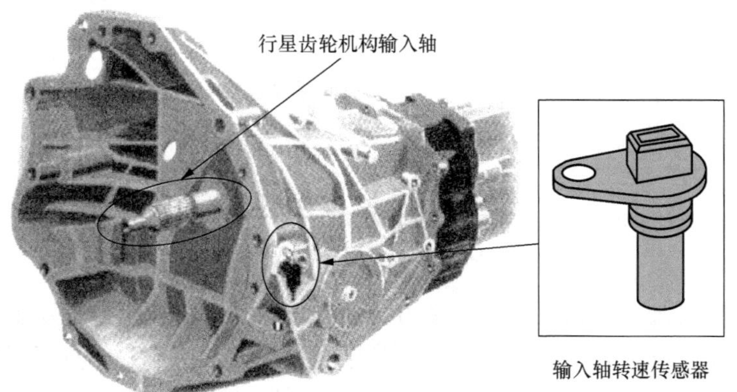

图 7-8　传感器安装位置

知识四　发动机转速传感器

自动变速器 ECU 将发动机转速信号与变速器输入轴转速信号进行比较，以判定锁止离合器的打滑状态，从而调整合适的变矩器锁止离合器控制电磁阀的脉冲。发动机转速信号由发动机 ECU 通过专线或数据总线传送给自动变速器 ECU。

想一想

- 发动机转速传感器反映的是曲轴转速信号。

对□　　　错□

- 发动机转速传感器信号也就是什么信号？

G1□　　　G2□　　　Ne□

常见发动机转速传感器（见图 7-9）有电磁式和霍尔式两种，其结构原理与“发动机电控系统原理与检测”课程中的曲轴位置传感器相同，这里不再阐述。

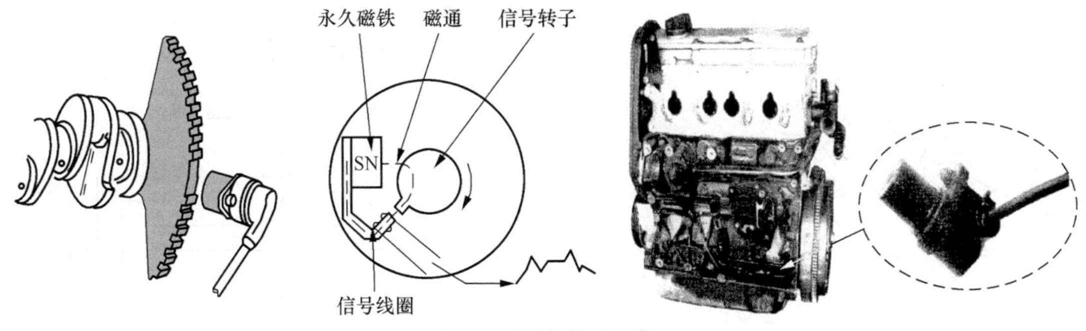

图 7-9　发动机转速传感器

知识五　油温传感器

自动变速器油温传感器安装在自动变速器油底壳内的液压阀阀体上，如图 7-10 所示。它主要用于连续监控自动变速器油的温度，是自动变速器 ECU 进行换挡控制、油压控制、锁止离合器控制的依据。

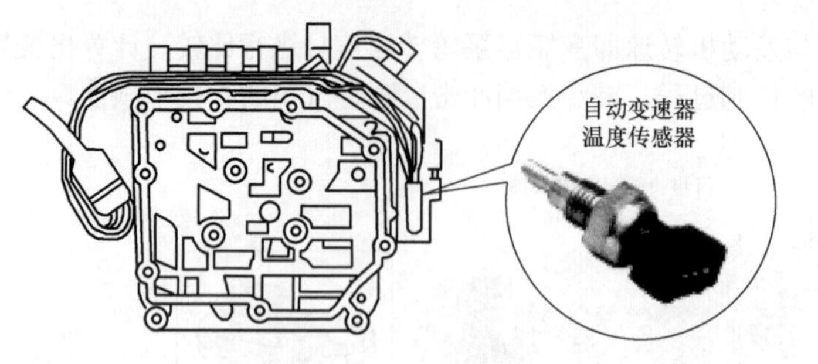

热敏电阻

（a）自动变速器油温传感器安装位置　　（b）自动变速器油温传感器结构

图 7-10　自动变速器油温传感器

在汽车起步或低速大负荷行驶时，液力变矩器转速比小，效率低，发热严重，造成油温高，当油温超过某一温度界限时，ECU 控制变速器降低一个挡位，随着汽车车速的提高，变矩器的转速比增大，发热减小，油温下降，自动变速器又重新开始正常的换挡行驶程序。

想一想

- 油温低于多少度锁止离合器不能结合？

60□　　70□　　80□

- 油温传感器一般安装在什么位置？

油道中□　　油泵上□　　油底壳□

- 油温信号与换挡时机无关。

对□　　错□

- 油温超过多少度以上时，会降低一个挡位？

80□　　100□　　120□

知识六　空挡起动开关

空挡起动开关用于检测选挡手柄位置，向 ECU 提供空挡起动信号和选挡手柄挡位信号，即只有在 P 挡或 N 挡才能起动发动机，并根据不同挡位信号控制换挡和换挡范围。空挡起动开关及其电路如图 7-11 所示。

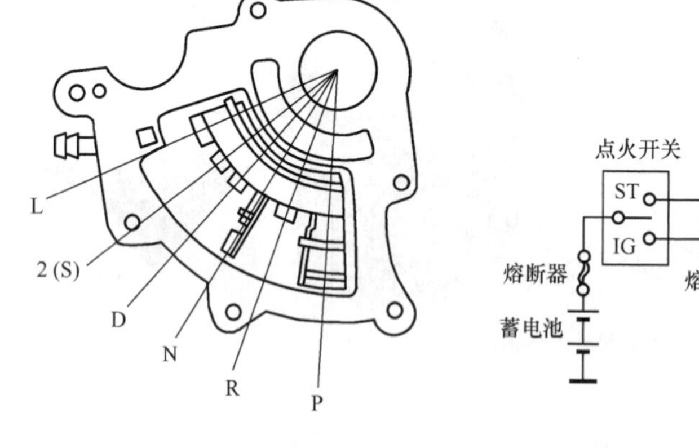

（a）空挡起动开关

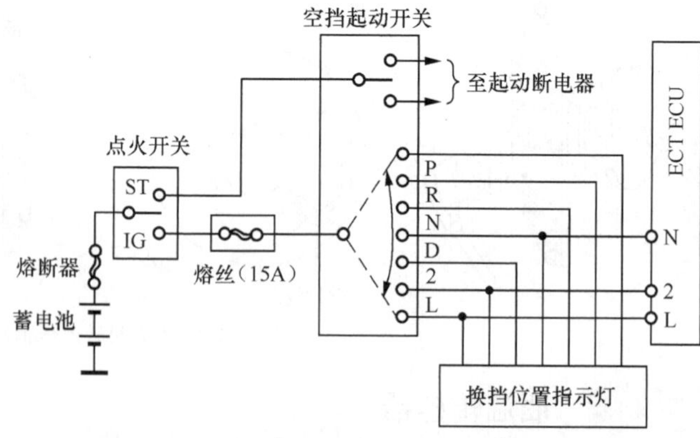

（b）空挡起动开关电路

图 7-11　丰田轿车空挡起动开关及其电路

选挡杆处于 N 挡或 P 挡位置时，空挡起动开关接通，向电控单元输送起动信号，使发动机能够起动。如果选挡杆位于除N挡和P挡以外的其他挡位，则空挡起动开关断开，此时的发动机不能起动，这样可以保证使用安全。其次，当选挡杆在不同位置时，空挡起动开关便接通相关电路，电控单元根据相关电路的信号，控制变速器进行自动换挡。

丰田类轿车空挡起动开关选挡手柄有 N、2、L 3 个位置信号送到电控单元（ECU），若输入的分别是N、2、L信号，ECU会判断变速器处于相应N、2、L挡位；若这些变速位置信号都不输入时，ECU会判断变速器处于D挡位。

想一想

● 在P挡上能起动发动机而在N挡上不能起动发动机，说明什么问题？
P挡电路不正常□ N挡电路不正常□ 所有挡电路不正常□

知识七 超速挡开关

超速挡开关也称O/D开关，如图7-12所示，主要是在超速挡时使用。当该开关按下触点断开后，超速挡控制电路接通，这时如果选挡手柄位于D挡位，自动变速器的挡位随着车速的上升而升高，挡位可升入最高的4挡（即超速挡）。如果超速挡开关闭合，断开超速挡控制电路，仪表板上的“O/D OFF”指示灯亮起（说明超速挡的使用被限制），如图7-12（b）所示，这时的挡位最高只能进入3挡，不能进入超速挡。

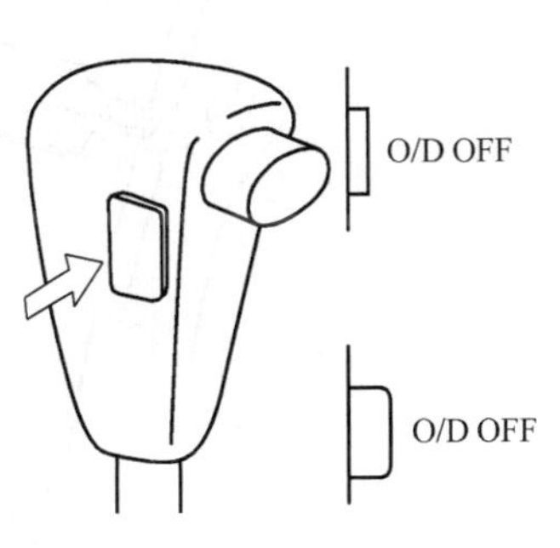

（a）超速挡开关

（b）仪表上的O/D OFF指示灯

图7-12 超速挡开关及指示灯

超速挡开关电路如图7-13所示。当超速挡开关按下接通时，触点断开，此时从蓄电池来的12V电压信号经超速挡切断指示灯送入电控单元，电控单元收到该12V电压信号时，才允许变速器升入超速挡，如图7-13（a）所示。当超速挡开关按起时，触点闭合，此时从蓄电池来的12V电压信号经超速挡切断指示灯和闭合的触点构成回路，超速挡切断指示灯点亮，并将0V电压信号送入电控单元，电控单元收到该0V电压信号时，不允许变速器升入超速挡，在D挡位时最高挡为3挡，图7-13（b）所示。

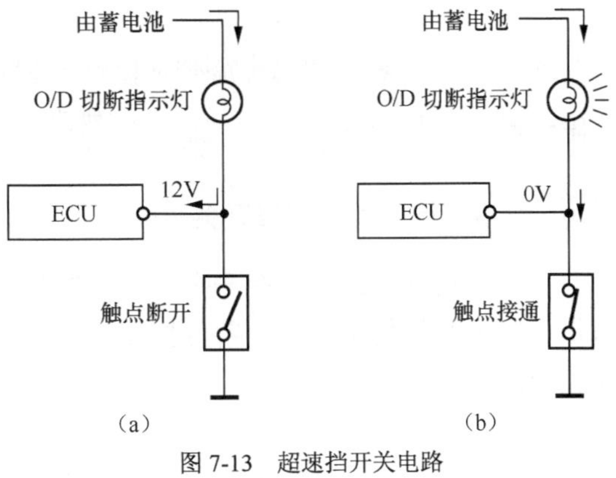

图7-13 超速挡开关电路

想一想

● “O/D OFF”指示灯亮起时最高挡为几挡？

2挡□ 3挡□ 4挡□

知识八 强制降挡开关

如图7-14所示，强制降挡开关的主要作用是控制4挡强制降到3挡，一般在超车时使用。超车时，前车让位但不减速。若想超车时，要迅速踩下加速踏板达到85%时，强制降挡开关接通，并向电控单元输送信号，电控单元接收到信号即使汽车从4挡强制降到3挡，原有的惯性力还在，降挡增加了转矩，牵引力大于行驶阻力，使汽车加速前进。当放松加速踏板时，强制降挡开关断开，电控单元则按选挡杆位置控制换挡。

知识九 制动灯开关

如图7-15所示，制动灯开关除了控制制动灯外，它还向自动变速器电控单元提供制动信号控制锁止离合器。当制动踏板被踩下时，制动灯开关闭合，该制动信号输送到电控单元，此时锁止离合器分离，这样可以防止突然制动时发动机熄火。

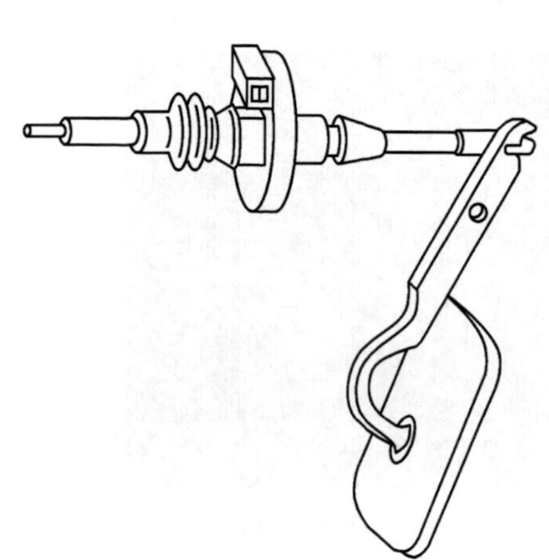

图7-14 强制降挡开关

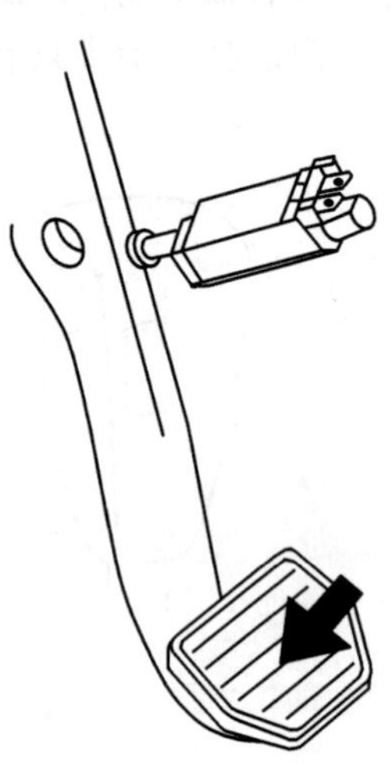

图7-15 制动灯开关

想一想

● 制动信号除锁止控制外还有其他控制有关。

对□ 错□

知识十 行驶模式选择开关

大多数自动变速器都有一个行驶模式选择开关，用来选择自动变速器的换挡控制模式，满足不同道路的使用要求。常见控制模式有经济模式、动力模式、标准模式、冬季（雪地）驾驶模式等。

（1）经济模式

经济模式（Economic）是以汽车获得最佳燃油经济性为目标来设计换挡规律的。当变速器在此种模式状态下工作时，其换挡规律能使发动机经常处于经济（节油）转速范围内，改变换挡时刻，电控单元将换挡点提前。这样在相同的车速下，发动机转速降低，节省燃油，以比较低的发动机负荷来控制汽车行驶换挡，提高了燃油经济性。

（2）动力模式

动力模式（Power）是以汽车获得较大动力性为目标来设计换挡规律的。当变速器在此种模式状态下工作时，其换挡规律能使发动机经常处于大功率范围内运转，即以较高的发动机负荷来控制汽车行驶换挡，电控单元将换挡点推迟，更接近最佳换挡点换挡，提高了汽车的动力性和爬坡能力。

（3）标准模式

标准模式（Standard）是指换挡规律介于经济模式和动力模式之间的一种换挡模式。它兼顾了发动机的经济性和动力性，使汽车既有一定的动力性，又有较好的燃油经济性。

（4）冬季（雪地）驾驶模式

冬季（雪地）驾驶模式（Winter）适用于在雪地上行驶的一种模式。变速器在此种模式状态下工作时，若初始位置为 2 挡，那么当车速降至 1 挡后，不再升挡。当选挡杆在 D 挡时，变速器只有 3 挡，以防止车轮打滑。

想一想

● 汽车在高速公路上行驶应使用什么模式最好？

经济□　　动力□　　标准□

● 汽车在一般公路上行驶应使用什么模式最好？

经济□　　动力□　　标准□

知识十一　电控单元

电控单元（ECU）的核心部分是微电脑，即微型计算机（或叫单片机）。ECU 是自动变速器电子控制系统的控制中枢，如图 7-16 所示。

1．电子控制单元的基本组成

微电脑内部的基本组成如图 7-17 所示，主要由中央处理器（CPU）、存储器（只读存储器（ROM）、随机存储器（RAM））、输入/输出（I/O）接口以及总线（BUS）等组成。

（1）中央处理器

中央处理器（CPU）是整个控制系统的核心。它通过接口向各个部分发出指令，并对系统所需要的各个参数进行检测、数据处理、控制运算和逻辑判断。

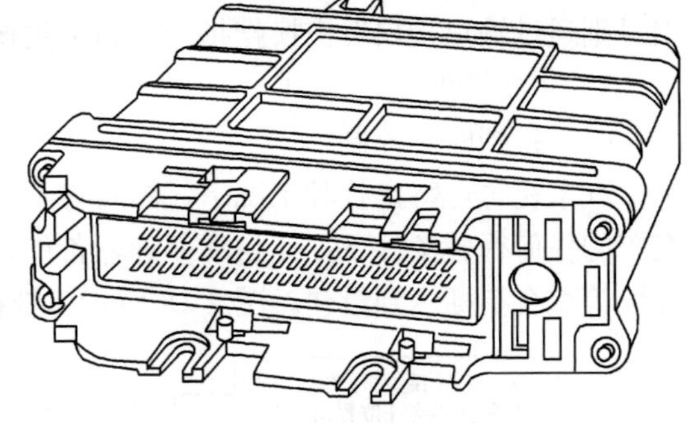

图 7-16　电控单元

（2）存储器

存储器具有记忆程序和数据功能。一般由只读存储器（ROM）和随机存储器（RAM）组成。只读存储器（ROM）主要用于储存制造厂家编制的控制程序、运用程序和一些原始实验数据，在切断电源情况下，内部的信息也不会丢失。随机存储器（RAM）主要用于临时存放一些数据（如故障码等），与 ROM 不同是这种储存器在切断电源后，内部的信息将会丢失。

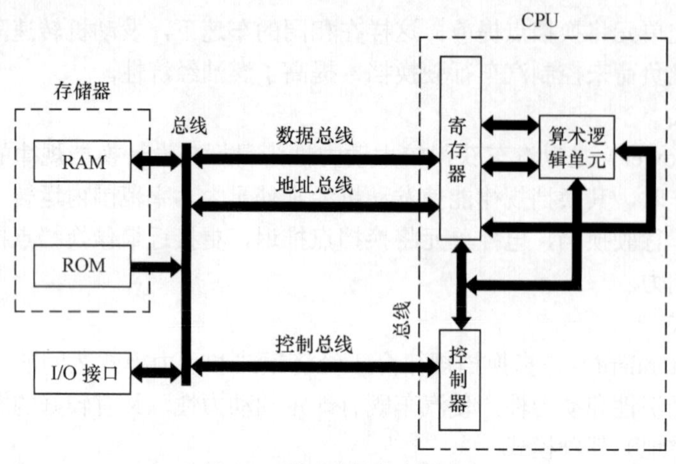

图 7-17 微电脑基本结构框图

（3）输入/输出接口

输入/输出（I/O）接口是根据 CPU 的命令，在传感器和执行器之间执行数据传送任务。

（4）总线

按照分工的不同，总线（BUS）可分为地址总线、数据中心和控制总线。它用于 CPL、ROM、RAM 及 I/O 接口之间的信息交换。

自动变速器电子控制单元有单独使用的，也有与发动机电子控制单元一起使用的，因车型而异。

2．电控单元的基本原理

中央处理器（CPU）每隔一定时间取一次输入信号（节气门开度、车速等）进行处理，并将处理后的换挡点车速与存储器中预置的换挡点车速进行比较，判断是否换挡。当需要换挡时则通过输出接口发出换挡指令，再通过电磁阀实现换挡。

3．主要功能

（1）换挡时刻控制

汽车在每一特定行驶工况下，都应有一个与之相对应的最佳换挡时刻。ECU 可以做到在汽车的任何行驶条件下，让自动变速器都能按最佳换挡时刻进行换挡，使汽车的动力性和经济性等综合指标达到最佳。图 7-18 所示为换挡时机控制过程框图。

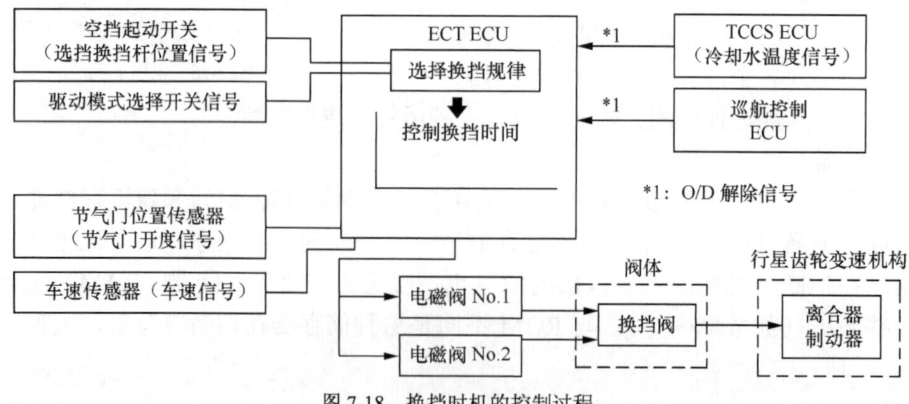

图 7-18 换挡时机的控制过程

（2）超速行驶控制

具有超速挡 O/D 开关的轿车，只有在变速杆位于 D 挡位且打开超速挡 O/D 开关时，汽车才能升入超速挡。当以巡航方式在超速挡行驶时，若实际行驶车速低于车速 4km/h 以上，巡航控制单元发出指令，退出超速挡。

（3）锁止离合器控制

自动变速器 ECU 内储存有不同行驶模式下控制锁止离合器工作的程序，根据车速传感器和节气门位置传感器发出的信号，自动变速器 ECU 可以控制锁止电磁阀的通断，从而控制锁止离合器的接合或分离。

自动变速器 ECU 在几种情况下可强制解除锁止：当汽车采取制动或节气门全闭时，为防止发动机熄火，自动变速器 ECU 切断通向锁止电磁阀的电路，强行解除锁止；在自动变速器升降挡过程中，自动变速器 ECU 暂时解除锁止，以减小换挡冲击；如果发动机冷却液的温度低于 60℃，锁止离合器应处于分离状态，加速变速器预热，提高总体驾驶性能。

（4）自动模式控制

在有模式开关的电子控制自动变速器上，驾驶员可以通过该开关来改变自动变速器的控制模式。目前，一些新型的电子控制自动变速器由于采用了新型的电脑，具有很强的运算和控制功能，并具有一定的智能控制能力。因此，这种自动变速器可以取消模式开关，由电脑进行自动模式选择控制。电脑通过各个传感器测得汽车行驶状况和驾驶员的操作方式，经过运算分析，自动选择采用经济模式、动力模式或普通模式进行换挡控制，以满足不同的行驶要求。

① 当选挡手柄位于前进低挡（“S”位或“2”位，“L”位或“1”位）时，电脑只选择动力模式。

② 在前进挡（“D”位），当油门踏板被踩下的速率较低时，电脑选择经济模式；当油门踏板被踩下的速率超过控制程序中所设定的速率时，电脑由经济模式转变为动力模式。

③ 在前进挡（“D”位），电脑选择动力模式时，一旦节气门开度低于 12.5%，换挡规律即由动力模式准换为经济模式。

（5）换挡品质控制

自动变速器可采用多种方法控制换挡过程，以改善换挡品质，提高汽车的舒适性。其主要方法如下。

① 换挡油压控制：在换挡的瞬间，电脑通过油压电磁阀适当降低主油路油压，以减小换挡冲击，达到改善换挡品质的目的。

② 发动机扭矩控制：在升挡或降挡的瞬间，通过延迟发动机的点火时间或减少喷油量，暂时减少发动机的输出扭矩，以减小换挡冲击和汽车加速出现的波动。

③ 换挡控制：在选挡手柄由 P 挡或 N 挡换至 D 挡或 R 挡，或由 D 挡或 R 挡换至 P 挡或 N 挡时，通过调整发动机喷油量，将发动机转速的变化减小至最小程度，以改善换挡品质。

④ 输入轴转速控制：一些新型自动变速器装有输入轴转速传感器，电脑通过输入轴转速传感器可以检测自动变速器输入轴转速，并由此计算出变矩器的传动比以及自动变速器的传动比，从而使电脑更精确地控制自动变速器的工作。

（6）发动机制动控制

现在一些新型电控自动变速器的强制离合器或强制制动器（为利用发动机的制动作用而设置的执行元件）的工作也是由电脑通过电磁阀来控制的，电脑按照设定的控制程序，在操纵手柄位置、车速、节气门开度等满足一定条件时，向强制离合器电磁阀或强制制动器电磁阀发出电信号，打开强制离合器或强制制动器的控制油路，使之接合或制动，让自动变速器具有更大传递动力的能力，从而在汽车滑行时可以实现发动机制动。

（7）自诊断控制

自动变速器电子控制系统中如果电子控制系统中的某传感器出现故障，不向控制电脑传送信号，或某个执行器损坏，无法完成自动变速器 ECU 的控制命令，这样便会直接影响变速器 ECU 对自动变速器的控制，变速器不能正常工作。为了能够及时发现系统故障，所以在系统内设有专门的故障自诊断系统。在汽车行驶过程中，故障自诊断系统会不停地监测自动变速器电子控制系统中传感器和执行器的工作情况。一般情况下，故障自诊断系统一旦发现某个传感器或执行器有故障或工作异常时，仪表盘上的自动变速器故障警告灯会亮起，以提醒驾驶员及时将汽车送至修理厂维修。

故障自诊断系统将检测到的故障内容以故障代码的形式储存在自动变速器电控单元 RAM 中，RAM 中的故障代码不会消失，即使汽车行驶中偶尔出现一次故障，故障自诊断系统也会及时地检测到，并保存下来。在修理时，维修人员可以读取储存在自动变速器 ECU 内的故障码，方便故障的快速诊断与排除。

（8）失效保护控制

自动变速器 ECU 一般会设有失效保护程序，该程序主要是为了防止自动变速器电子控制系统出现故障后，能够保持汽车的基本行驶能力。当然，在这种状态下，自动变速器的工作性能会受到一些影响。

① 当传感器出现故障后，常见的失效保护功能有以下几种。

（a）节气门位置传感器。当节气门位置传感器出现故障时，自动变速器 ECU 以怠速开关的状态为依据来进行控制：当怠速开关断开时（即油门踏板被踩下），按节气门开度的 50% 进行控制，同时节气门油压按最大输出；当怠速开关闭合时（即油门踏板完全放松），按节气门全闭状态进行控制，同时节气门油压按最小输出。

（b）车速传感器。车速传感器出现故障时，自动变速器 ECU 不能进行自动换挡控制，这时的自动变速器挡位由选挡杆所处的位置决定。如果选挡杆在 D 挡或 S 挡（或 2），则自动变速器挡位为超速挡或 3 挡；若选挡杆在 L（或 1）挡，则为 1 挡；或不管换挡杆在前进挡的任何位置，均为 1 挡，以保持汽车最基本的行驶能力。在有两个车速传感器的车上，当其中一个出现故障时可用另一个的信号来代替。例如，大众 01M 型自动变速器的车速传感器出现故障时就用输入轴转速传感器的信号来代替。

（c）输入轴速度传感器。输入轴速度传感器出现故障时，自动变速器 ECU 将停止减扭控制，减少换挡冲击增大。

（d）自动变速器油温传感器。自动变速器油温传感器出现故障，自动变速器 ECU 会按自动变速器油液在温度为 80℃时进行控制。

② 当执行器出现故障后，自动变速器 ECU 常采取的失效保护功能是：当换挡电磁阀出现故障时，不同的控制方式会有不同的失效保护功能，一种是换挡电磁阀（一个或几个）一

旦出现故障，自动变速器 ECU 停止所有换挡电磁阀的工作，这时的自动变速器挡位将完全决定于选挡杆的位置，即选挡杆在 D 挡或 S（或 2）挡时，则自动变速器的挡位是 3 挡，选挡杆在 L（或 1）挡时则为 2 挡。第二种是全部换挡电磁阀中有若干个出现故障时，自动变速器 ECU 控制其他无故障的换挡电磁阀工作，可以保证自动变速器的某些挡位仍能自动升挡或降挡，升挡或降挡规律有所变化。

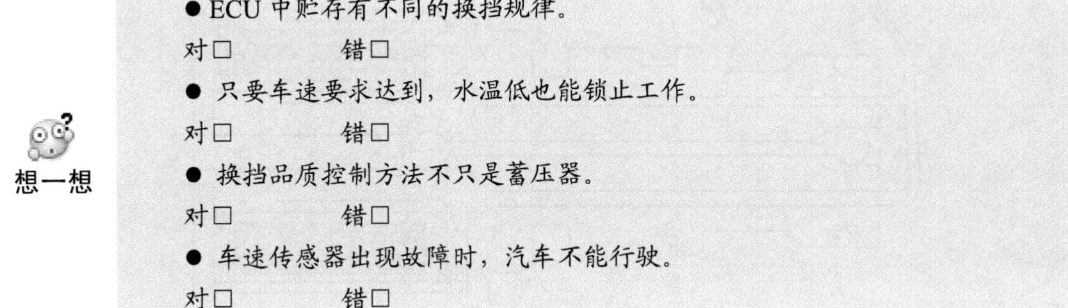

想一想

● ECU 中贮存有不同的换挡规律。

对□　　　错□

● 只要车速要求达到，水温低也能锁止工作。

对□　　　错□

● 换挡品质控制方法不只是蓄压器。

对□　　　错□

● 车速传感器出现故障时，汽车不能行驶。

对□　　　错□

知识十二　电磁阀

1．电磁阀的功用

电磁阀是电控自动变速器中的执行元件，其功用是根据 ECU 的命令接通或切断液压回路，实现换挡。同时，对锁止离合器结合与分离、主油压和发动机制动等进行控制。

2．电磁阀的类型

（1）按电磁阀控制方式可分为间接和直接两种控制方式。

间接控制方式的电磁阀装在控制阀上，由电磁阀控制机械滑阀的动作，再由机械滑阀控制执行元件的油路。目前，大部分自动变速器采用这种控制方式。

直接控制方式的电磁阀位于行星齿轮变速系统执行机构的油路中，直接控制通向执行元件的油路。目前，只是少数自动变速器采用这种控制方式，如后轮驱动的日产轿车。

（2）按电磁阀作用可分为换挡、锁止和调压 3 种电磁阀。

（3）按电磁阀的工作方式可分为脉冲式和开关式两种电磁阀。

3．脉冲式电磁阀

脉冲式电磁阀的作用是控制油路中油压的大小，主要用于油压调节和离合器、制动器油路控制。脉冲式电磁阀主要由电磁线圈、衔铁、阀芯等构成，如图 7-19 所示。

脉冲式电磁阀的工作原理如图 7-20 所示，电磁阀在脉冲电压信号的作用下，以一定的频率（一般为 50Hz）不断反复地开启和关闭泄油孔，以达到控制油路压力的目的。电磁阀线圈通过改变每个循环的准时率（0～100%），来调节电流接通和断开的时间比例（或称为占空比），将油路的压力保持在所需要的范围内。

在一个脉冲周期内，通电的时长为 T 通，断电的时长为 T 断，则占空比＝T 通/（T 通+T 断）×100%，因此占空比在 0～100%变化。占空比越大，其油路压力就越低；反之，占空比越小，油路压力就越高。

脉冲式电磁阀由自动变速器电子控制单元控制，一般应用在主油路或蓄压器背压油路中。在自动变速器自动升挡及降挡瞬间，或在锁止离合器接合及分离动作开始时，脉冲式电磁阀消除油压的波动，减少换挡接合与分离冲击，使车辆行驶更平稳。

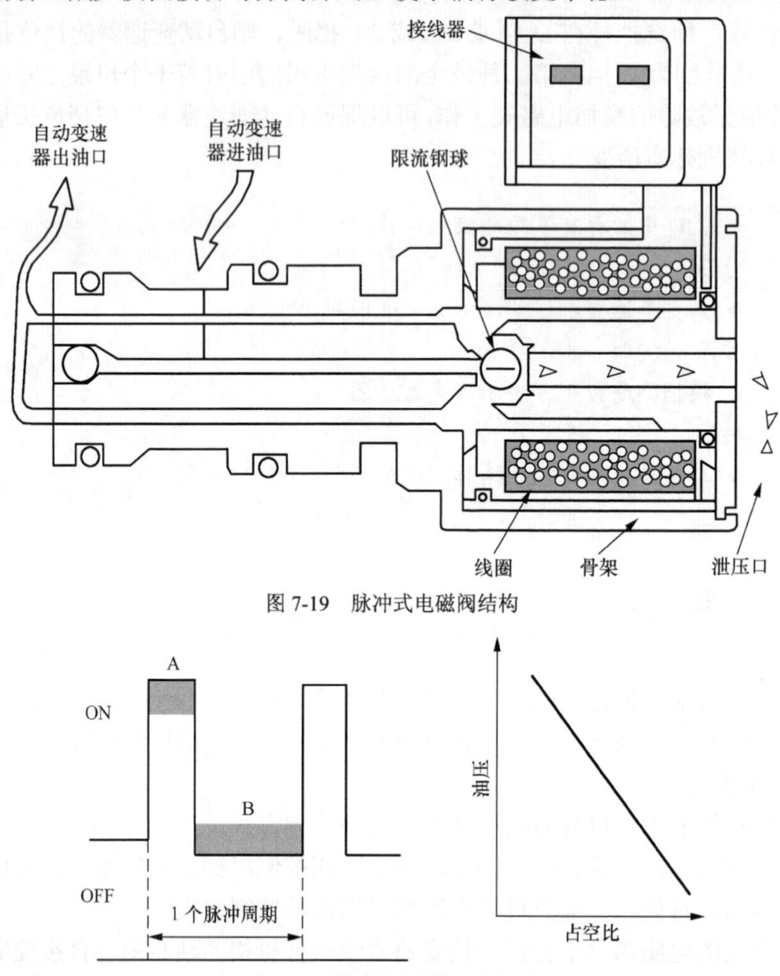

图 7-19 脉冲式电磁阀结构

图 7-20 脉冲式电磁阀工作原理

4．开关式电磁阀

开关式电磁阀的作用是开启和关闭自动变速器油路，可用于控制换挡阀和液力变矩器的锁止离合器锁止阀。开关式电磁阀由电磁线圈、衔铁、阀芯、回位弹簧等组成。

开关式电磁阀的工作原理如图 7-21 所示，当线圈不通电时，阀芯被油压推开，球阀在油压作用下关闭泄油孔，打开进油孔，使主油路压力油进入控制阀；当线圈通电时，电磁力使阀芯右移，推动球阀关闭主油路，打开泄油孔，输出油路与排放油路相通，输出油路的压力油由排放油路泄出。

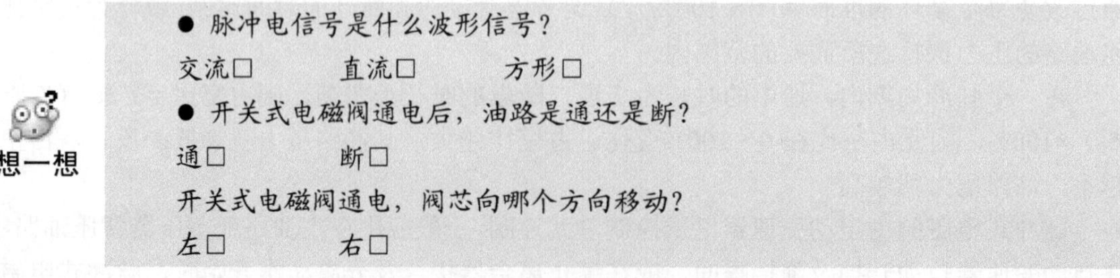

想一想

● 脉冲电信号是什么波形信号？

交流□ 直流□ 方形□

● 开关式电磁阀通电后，油路是通还是断？

通□ 断□

开关式电磁阀通电，阀芯向哪个方向移动？

左□ 右□

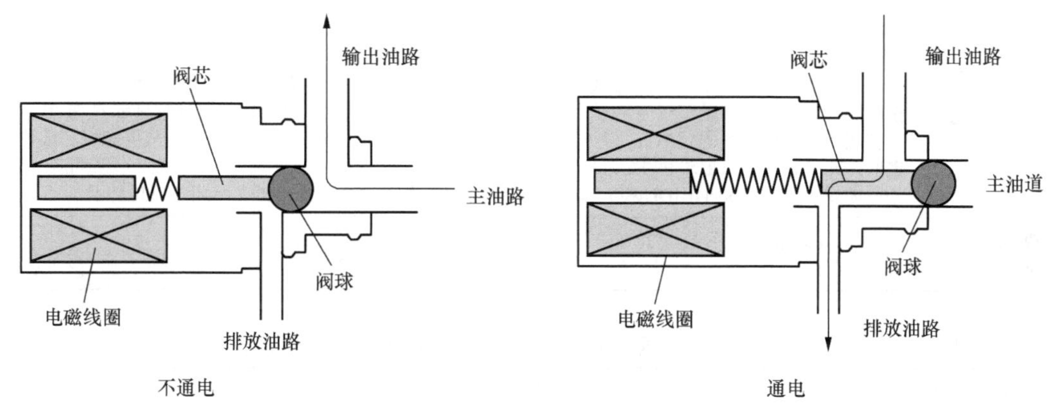

图 7-21 开关电磁阀的工作原理

■ 任务实施——电子控制系统元件检修

电控系统中的传感器、执行器、开关等元件产生故障，都会对自动变速器的工作产生影响。当元件出现故障后，ECU 自诊断系统会以故障代码的形式储存在电脑中，只要读取故障代码，就知道故障部位，然后运用万用表等检测仪器对故障元件进行检测，就能诊断出故障点。

操作一 节气门位置传感器检修

1	目视	检查传感器及导线有无锈蚀、松动
2	电阻检测	将点火开关置于 OFF 位置，拔下节气门位置传感器的导线连接器，在节气门限位螺钉和限位杆之间插入适当厚度的厚薄规（见表 7-1），用万用表Ω挡测量此传感器导线连接器上各端子间的电阻 （节气门位置传感器：VC、VTA、IDL、E2；ECU：VC、VTA、IDL、E2、E1、5V、VTA 信号、+B、IDL 信号） 图 7-22 气门位置传感器与 ECU 的连接线路 检查后的电阻值应符合表中要求，若不符合，应调整或更换传感器
3	电压检测	插好节气门位置传感器的导线连接器，点火开关在“ON”位置，发动机 ECU 连接器上 IDL、VC、VTA 3 个端子处应有电压；用万用表电压挡分别测量 IDL-E2、VC-E2、VTA-E2 间的电压值（见表 7-2） 检查后的电压值应符合表中要求，若不符合，应调整或更换传感器

续表

4	调整	拧松节气门位置传感器的两个固定螺钉，在节气门限位螺钉和限位杆之间插入 0.50mm 厚薄规，同时用万用表Ω档测量 IDL 和 E2 的导通情况，逆时针转动节气门位置传感器，使怠速触点断开，然后按顺时针方向慢慢转动节气门位置传感器，直至怠速触点闭合为止（万用表有读数显示），拧紧节气门位置传感器的两个固定螺钉。再先后用 0.45mm 和 0.55mm 的厚薄规插入节气门限位螺钉和限位杆之间，测量怠速触点 IDL 和 E2 之间的导通情况。当厚薄规为 0.45mm 时，IDL 和 E2 端子间应导通；当厚薄规为 0.55mm 时，IDL 和 E2 端子间应不导通。否则，应重新调整节气门位置传感器
● 节气门全关时，无 IDL 信号，而打开节气门却有 VTA 信号，说明故障在哪里		怠速触点□　　线束□　　ECU□

表 7-1　　线性可变电阻型节气门位置传感器各端子间的电阻（皇冠车）

限位螺钉与限位杆间隙（或节气门开度）	端子名称	电阻值
0mm	VTA-E2	0.34～6.30kΩ
0.45mm	IDL-E2	0.50kΩ或更小
0.55mm	IDL-E2	∞
节气门全开	VTA-E2	2.40～11.20kΩ
	VC-E2	3.10～7.20kΩ

表 7-2　　节气门位置传感器各端子电压

端子	条件	标准电压
IDL-E2	节气门全开	9～14V
VC-E2	—	4.0～5.5V
VTA-E2	节气门全闭	0.3～0.8V
	节气门全开	3.2～4.9V

操作二　车速传感器（输入轴转速传感器）检修

车速传感器与输入轴转速传感器的结构和工作原理相同，其检修方法也一样，即通过各种测量方法判断其工作性能是否正常。

1	传感器的感应线圈电阻测量	拔下车速传感器或输入轴转速传感器线束插头，用万用表测量车速传感器或输入轴转速传感器感应线圈两接线端之间的电阻。不同车型自动变速器传感器感应线圈的电阻不完全相同，通常为 800～1 200Ω。如果感应线圈断路、短路或电阻不符合标准，应更换传感器
●所测感应线圈阻值为 0 是何故障		断路□　　短路□　　搭铁□
2	传感器输出脉冲的测量	测量车速传感器输出脉冲时，可用千斤顶将汽车一侧的驱动轮顶起，让选挡手柄位于空挡位置，用手转动悬空的驱动轮，同时用万用表测量车速传感器两接线柱之间有无脉冲感应电压。测量时，应将万用表选择开关转至 1V 以下的直流电压挡位置或电阻挡位置。若在转动车轮时，万用表指针有摆动，说明传感器有输出脉冲，其工作正常；否则，应更换传感器 测量输入轴转速传感器输出脉冲时，应将传感器拆下，用一根铁棒或一块磁铁迅速靠近或离开传感器，同时用万用表测量传感器两接线柱之间有无脉冲感应电压。如没有感应电压或感应电压很微弱，说明传感器有故障，应更换传感器
● 车速传感器短路时，其阻值比标准值		大□　　小□

操作三　油温度传感器的检修

（1）检查油温度传感器及导线有无锈蚀、松动。

（2）传感器电阻的测量。其测量方法如下：

① 将传感器置于盛水的烧杯中，加热杯中的水，同时测量在不同温度下传感器两接线端之间的电阻。

② 将测量的电阻值与标准相比较，如表 7-3 所示。如不符合标准，则更换传感器。

表 7-3 自动变速器油温传感器温度电阻对应关系

传感器温度/℃	电阻值/kΩ	传感器温度/℃	电阻值/kΩ
−20	124.8～142.0	60	5.60～6.30
0	52.00～57.40	80	3.00～3.40
20	23.40～25.00	100	1.70～2.00
40	11.10～12.10	130	0.86～0.92

操作四 空挡起动开关检修

电控单元如没有收到空挡起动开关信号时，将进入失效保护，发动机无法起动。变速器位于 P 挡或 N 挡时，发动机应能起动，在其他挡位发动机不能起动。空挡起动开关检修如下。

1	检查开关及导线	开关外部有无损坏，连线连接是否可靠，线束是否短、断路
2	检查各端子之间的导通及电阻值	丰田佳美：选挡手柄在 N 挡时，NL 端与 C 端电阻值应为 0Ω；选挡手柄在 S 挡时，2L 端与 C 端应导通；选挡手柄在 L 挡时，LL 端与 C 端应导通 丰田其他车型：选挡手柄在 N 挡时，N 端与 C 端应导通；选挡手柄在 S 挡时，2 端与 C 端应导通；选挡手柄在 L 挡时，L 端与 C 端应导通 与上述要求不符时，则更换空挡起动开关
3	检查各输出端子电压值	用万用表分别检查开关各挡位输出端电压值，在 P 挡、N 挡位置时，电压值为零，在其他挡位时，电压值在 5V 以上，具体的电压值因车而异，很多车型为 8～9V，有的车型为 12V。当电压值不符时，必须更换空挡起动开关

操作五 一般控制开关检查

一般控制开关电路比较简单，将开关接头两端分别用万用表两表笔相连（单终端开关用其壳体代替另一终端），常开式开关相当于断路，测出电阻值很高；常闭式开关电阻值接近为零。合上开关再测量一次，电阻值应与上述的测量结果相反。

一般控制开关也可用万用表进行电压就车测量。将万用表负表笔接地或壳体，正表笔接开关端子 B＋相连，测出参考电压。合上开关时，电压值应从零增至参考电压值。断开开关时，电压值应为零。

操作六 电控单元检测

电控单元（ECU）一般不会出现故障，所以在未诊断有故障前，不要盲目拆修电脑；在检修技术不具备条件下，要送专修处进行检修。

ECU 有许多元件控制回路，确定这些回路是否有故障，可以采用适合该车型的检测仪进行诊断。在检测诊断前要熟悉车型维修手册中所提供的有关被测车型的技术检测范围和步骤，以获取正确的检测结果。

除采用检测仪诊断电脑故障外，还可以用万用表测量ECU连接器各接线端子的工作电压来判断ECU及其控制电路是否正常。用这种方法检测ECU及其控制电路时，应以该车型ECU连接器各接线端子的工作电压技术资料为依据。若所测的实际工作电压与标准电压不符，则表明ECU及其控制电路有故障；若与执行器连接器各接线端子的工作电压不符，则表明ECU有故障；若与传感器连接器各接线端子的工作电压不符，则表明传感器损坏或电路有故障；通过进一步检测，诊断出故障的准确部位。

上述检测方法还不能诊断出故障时，可以采用总成更换或电脑更换的方法来判断ECU是否有故障。在检测或检修ECU时，应注意遵循以下有关事项。

（1）在检测或检修前，应先检查自动变速器控制系统及其他电气系统各熔断丝及有关线束是否正常。点火开关处于ON状态时，蓄电池电压不低于11V，蓄电池电压过低会影响测量结果。

（2）必须使用高阻抗的数字万用表，否则会损坏电脑。

（3）必须在ECU和线束接线器处于连接状态下测量各端子工作电压。

（4）应从线束接线器的电线一侧插入测笔来测量接线端子的电压。ECU接线器拔下时，不可以直接测量ECU发线端子的电压，否则会损坏电脑。

（5）应可靠地连接ECU接线器，否则会损坏电脑内集成电路等电子元件。

（6）若要拔下ECU接线器测量各控制线路，应先拔下蓄电池的接地线。不可在蓄电池连接完好的状态下，拔下ECU接线器，否则会损坏电脑。

操作七 电磁阀的检测

1	密封性检查	在电磁阀关闭状态下，用0.5MPa压缩空气检查时，应能完全密封。否则更换电磁阀
2	图7-23 电阻值测量	用万用表测量电磁线圈电阻（见图7-23），不同车型的电磁阀电阻值各不相同。例如，丰田变速器内各种电磁阀正常电阻值为11～15Ω，大众变速器上主油压和锁止电磁阀正常电阻值为4.5～6.5Ω，蓄压器和换挡电磁阀正常电阻值为55～65Ω。美国三大公司变速器电磁阀，除主油压电磁阀电阻值为5Ω外，其他在常温时电阻值为20～63Ω。如不符合应更换电磁阀
3	图7-24 性能检测	将蓄电池电源串联一个8～10W的灯泡，然后与电磁阀线圈连接（脉冲电磁阀线圈阻值较小，不能直接与12V电源连接，否则将电磁阀烧坏）。在通电时，电磁阀阀芯应向外伸出；断电时，电磁阀阀芯应内缩入。如有异常，应更换电磁阀

●我们所讲的常温是指多少度	0□	20□	40□	60□

（1）随车检查电控系统元件时，必须使用高阻抗的万用表。

（2）使用欧姆表时，点火开关应在 OFF 位置；使用电压表时，点火开关应在 ON 位置；在连接检测仪前，必须将点火开关转至 OFF 位置。

■ 拓展练习

1. 电控单元依据节气门位置传感器信号做什么？	
2. 电控单元依据车速传感器信号做什么？	
3. 电控单元依据油温传感器信号是怎样控制换挡的？	
4. 发动机起动不着为什么要检查空挡起动开关？	
5. 超速挡开关未按下时，为什么没有 4 挡？	
6. 车速传感器无信号时，电控单元是怎样保护使汽车具有行驶能力？	
7. 如果节气门关闭时，IDL－E 之间的电阻值很大说明什么问题？	
8. 如果节气门开度变化时，VTA－E 之间的电阻值忽大忽小说明什么问题？	
9. 丰田皇冠轿车自动变速器 ECU 失效后，汽车仍能用几挡行驶？为什么？	
10. 本田雅阁轿车自动变速器 ECU 失效后，汽车仍能几挡行驶？	

■ 学习活动评价

活动评价表

<table>
<tr><td rowspan="2">项　目</td><td rowspan="2">评 价 内 容</td><td colspan="3">评价等级（学生自我评价）</td></tr>
<tr><td>A</td><td>B</td><td>C</td></tr>
<tr><td rowspan="8">关键能力评价项目</td><td>1．安全意识强</td><td></td><td></td><td></td></tr>
<tr><td>2．着装仪容符合实习要求</td><td></td><td></td><td></td></tr>
<tr><td>3．积极主动学际</td><td></td><td></td><td></td></tr>
<tr><td>4．无消极怠工现象</td><td></td><td></td><td></td></tr>
<tr><td>5．爱护公共财物和设备设施</td><td></td><td></td><td></td></tr>
<tr><td>6．维护课堂纪律</td><td></td><td></td><td></td></tr>
<tr><td>7．服从指挥和管理</td><td></td><td></td><td></td></tr>
<tr><td>8．积极维护场地卫生</td><td></td><td></td><td></td></tr>
<tr><td rowspan="8">专业能力评价项目</td><td>1．书、本等学习用品准备充分</td><td></td><td></td><td></td></tr>
<tr><td>2．工具、量具选择及运用得当</td><td></td><td></td><td></td></tr>
<tr><td>3．理论联系实际</td><td></td><td></td><td></td></tr>
<tr><td>4．遵守操作规范</td><td></td><td></td><td></td></tr>
<tr><td>5．作业符合技术标准</td><td></td><td></td><td></td></tr>
<tr><td>6．独立完成操作训练</td><td></td><td></td><td></td></tr>
<tr><td>7．独立完成工作页</td><td></td><td></td><td></td></tr>
<tr><td>8．学习和训练质量高</td><td></td><td></td><td></td></tr>
<tr><td>教师评语</td><td></td><td colspan="2">成绩评定</td><td></td></tr>
</table>

第三单元 自动变速器故障诊断

所谓故障，是指汽车或总成完全或部分丧失工作能力的现象。汽车故障可分为完全和局部两类故障。完全故障是指完全丧失工作能力的现象；局部故障是指部分丧失工作能力的现象。完全故障可导致汽车不能行驶或总成工作能力完全丧失；局部故障只能导致汽车或总成不能正常工作。

所谓故障诊断，是指根据故障现象，查明故障原因，判断故障部位的一种检查。现代汽车故障诊断一般包括“诊”和“断”两个环节：通过各种检查、试验和自诊断系统进行检查和检测，这是故障诊断过程中第一环节，即“诊”；对“诊”的结果进行综合分析，并得出结论性的断定，这是故障诊断过程中第二环节，即“断”。“诊”是方法，“断”是结果。

任务 自动变速器故障诊断

■ **本任务学习目标**

1. 了解自动变速器故障诊断的方法、原则、诊断程序和故障自诊断系统理论。
2. 掌握自动变速器基本检查、试验和故障代码读取的操作方法。
3. 学会对自动变速器常见故障分析，掌握故障诊断及排除方法。

■ **本任务建议课时　24 课时**

■ **本任务工作流程**

1. 检查讲评学生完成导读工作页情况。
2. 导入新课。
3. 结合实际故障案例，讲解自动变速器故障诊断理论。
4. 播放自动变速器基本检查、试验和故障代码读取方法影像资料。
5. 对照自动变速器总成和汽车实物，进行自动变速器基本操作作业示范。
6. 分组组织学生自动变速器基本操作实习。
7. 巡回指导学生实习。
8. 组织学生“拓展问题”讨论。
9. 组织本任务学习测试。测试后组织学生填写活动评价表。
10. 小结学生学习情况。

■ **本任务教学准备**

自动变速器基本操作影像资料及课件、搭载自动变速器轿车 2 台、自动变速器总成 4～6 台、本任务学习测试资料。

■ 课前学习导读

序号	导读内容	选择答案		
1	丰田车系变速器电控系统出现故障时，什么指示灯点亮	O/D□	D 挡□	R 挡□
2	用检测仪读取故障代码时，应在什么情况下进行	静态□	动态□	
3	人工读取方法一般是在什么情况下进行	静态□	动态□	
4	自动变速器油是什么颜色	蓝色□	黑色□	红色□
5	自动变速器试验操作前其自动变速器油温达到多少度以上	40□	50□	60□
6	节气门拉线橡胶皮套与拉线止动器间的距离应在多少 mm 为合适	1□	1．5□	2□
7	空挡起动开关检查时，选挡手柄应放在什么挡位上进行	D 或 R□	N 或 P□	R 或 L□
8	如果是拉索式节气门，在什么挡位进行选挡手柄位置调整	L□	N□	P□
9	车速为 50～55km/h 时所对应的挡位是几挡	2□	3□	4□
10	带式制动器内部调整时，将调整螺钉拧紧，再将调整螺钉拧出多少圈即可	1.5□	2.5□	3.5□
11	将控制轴杠杆向后推到底，然后向前推两个挡位，其挡位是哪个	R□	N□	D□
12	什么试验要将变速器所有换挡电磁阀的线束插头全部拔开	手动挡□	失速□	时滞□
13	油泵油压过高时，时滞时间会怎样	过长□	过短□	符合标准□
14	变速器滤清器堵塞可使汽车怎样	行驶无力□	高速行驶□	不能行驶□
15	什么故障是指完全丧失工作能力的现象	一般□	局部□	完全□
16	故障指示灯点亮时，说明什么系统出现故障	液控系统□	电控系统□	变矩器□
17	故障码读取后，拔掉通往发动机控制系统的熔丝多少秒即可	10□	20□	30□
18	丰田自动变速器故障代码之间间隔时间为多少秒	1.5□	2.5□	4.0□
19	什么系统故障才会出现故障代码	液控□	电控□	手控□

■ 工作情境描述

深圳某丰田专修汽修厂一年一度的中级工考试现场，一字排开 5 人的自动变速器故障诊断排除作业考核开始了：被考人员起动发动机入挡操作，根据现象判断故障名称；确认故障后在纸上写出该故障原因和故障诊断计划；根据故障诊断计划实施诊断作业，确定故障部位；拟定并写出故障排除作业方案；根据故障排除作业方案，实施故障排除作业；限定作业时间，到时停止作业，报告作业完成；当场亮分，宣布考核成绩。整场考核严肃严谨，“诸雄逐鹿”，“八仙过海，各显神通”，胜似一场交想乐曲，一幅动感画卷，一道美的风景。

■ 相关知识信息——自动变速器故障诊断知识

自动变速器故障排除难度大，过程复杂。但是，只要熟悉自动变速器故障相关诊断知识，遵循自动变速器诊断原则，按照自动变速器技术规范和标准，借助各种检查、试验和变速器自诊断系统进行诊断，故障问题就会迎刃而解。

知识一 故障诊断方法

自动变速器出现故障后，要运用故障诊断方法进行故障部位的确认，然后再进行检修排除。自动变速器常用的故障诊断方法如下。

1．经验法

经验法是维修人员在长期维修实践中形成的故障诊断经验。经验法主要是利用看、听、摸、嗅、试等手段来确认故障或诊断故障部位。

2．故障指示灯诊断法

故障指示灯诊断法是利用故障警告信号进行判定故障部位的一种方法。当仪表板上故障指示灯点亮时，利用故障指示灯闪烁规律读取故障代码，然后对照故障码表查明故障部位。这种方法也叫做人工读取故障码诊断方法。

3．仪器检测法

仪器检测法是指利用通用或专用检测仪器判定故障部位的一种方法。这种方法是现在汽车检修中最常用的诊断方法。检测仪器一般有随车配备的专用检测仪器和部分汽车都能运用的通用检测仪器。专用检测仪器只能用于自车的诊断，其它车型不能使用；通用检测仪器适用多款车型使用。

运用检测仪器不仅可以读取故障代码，还能进行动态数据提取和分析，根据故障码的识别和数据流的分析，准确而快速地确认故障部位。

4．电路测试法

电路测试法是利用汽车万用表或示波器等电路测试仪器，对系统电路组件和线路的电阻、电压、电流、数字信号等进行检测的一种方法。在实际工作中，可根据实际情况进行动态和静态检测，通过数据或波形分析，找出故障部位。

想一想

- 测量传感器电阻时使用什么仪器最好？

检测仪□　　示波器□　　万用表□

知识二 故障诊断原则

自动变速器是一个由机械、液压和电子控制系统组成的封闭装置，一旦出现故障，检修难度较大。在没有确定故障部位时，不能随便进行解体检修。因为自动变速器从发动机上分离后并解体，此时由于缺少 ATE 的压力和电流的控制，解体后的自动变速器只能检查机械系统故障，所以其它部分的故障没有办法进行检查。因此，必须按照检查步骤进行，不要轻易解体。

1．首先检查常见故障部位

电控自动变速器的机械部件和液压部件的制造加工精度都比较高，所以正常使用时 1～2 年内通常不会发生故障。比较常见的故障是：ATF 液面高度不够或油质老化变质；液压系统漏油；节气门拉索(杆)或换挡杆等联动装置松动或调节不当；发动机怠速不稳；电控系统线路连接松动或接触不良。通过外观检查，以上的故障可以迅速排除。

2．充分利用自诊断系统和检测仪器

电控自动变速器系统出现故障时，电脑的自诊断系统会记录下故障代码，因此在检修前首先进行故障自诊断操作，即利用检测仪器或特定的方法将故障代码从 ECU 中读出，为迅速地诊断故障的范围提供依据。

3．未确定故障大致范围时不要轻易分解

自动变速器的分解应该是故障诊断的最后步骤。因为在未分解前，可通过相关的试验方法判断故障在液压系统还是机械系统或者是电子系统，通过具体的试验还可以判断出是液压系统的哪一部分故障。这样可以避免不必要的拆卸，对判断故障部位非常有利。

知识三 故障诊断（检修）一般程序

（1）根据故障现象分析，进行故障确认。

（2）读取故障代码，对照故障码表查明故障原因。

（3）进行常规检查，包括如下内容。

① 油面高度和油质的检查。

② 手动挡试验。

③ 节气门拉索及节气门位置传感器的检查。

④ 选挡手柄位置的检查。

⑤ 空挡起动开关的检查。

⑥ 发动机怠速的检查。

（4）进行失速试验，检查发动机和变速器内部机械技术状况。

（5）进行手动试验，确认是电控系统故障，还是变速器机械故障。

（6）进行时滞试验，检查换挡执行组件的工况。

（7）进行油压试验，检查主油路压力是否正常。

（8）根据故障码表故障部位进行检测和检修。

（9）进行道路试验，验证故障是否完全排除。

想一想

● 用什么试验能快速分清故障引起的系统？

手动挡□　　油压□　　道路□

● “进行故障确认”确认故障什么？

名称□　　原因□　　部位□

● 轿车故障代码一般为几位数？

1位□　　2位□　　3位□

● 主油路压力是否正常与变矩器工作无关。

对□　　错□

知识四 自诊断系统

电子控制自动变速器具有故障自诊断功能，微机系统能在自动变速器工作中不断监测电子控制系统各部分的工作情况，并能检测出电控系统中的故障。当电控系统出现故障时，故障警告指示灯点亮，同时将故障信息以故障代码的形式存入存储器中，以便于读取故障代码快速诊断排除故障。

1．故障代码的读取方法

不同车型的自诊断系统，其读取故障代码方法不尽相同，但大多采用是人工读取和诊断仪读取两种方法。

（1）人工读取方法

人工读取方法一般是在静态模式下采用。所谓静态模式是指在点火开关接通、变速器不工作状态下的测试方法。人工读取方法是利用仪表板上发动机故障警告指示灯的闪亮规律来读取故障代码的一种方法，这种方法不需要专用的仪器设备，但要求技术人员熟悉各车型不同的故障代码读取方法和故障代码的内容。

人工读取故障代码是在发动机有条件下进行的，否则，就会出现盲码或乱码现象。在读取故障代号之前，应使发动机满足下列条件。

①蓄电池电压高于 11V。

②节气门完全关闭。

③变速器位于驻车挡或空挡。

④关闭所有附属用电设备。

（2）仪器读取方法

仪器读取方法一般是在动态模式下采用。所谓动态模式是指在点火开关接通、变速器工作状态下的测试方法。

仪器读取方法需要配备通用（解码器）或专用仪器，只要知道检测诊断接口与仪器的操作方法就能读取故障代码。图 8-1 所示为一种应用于发动机和自动变速器故障诊断的专用检测仪，它是以点烟器为电源，将检测仪诊断插头插入自动变速器插座上连接，打开点火开关，不起动发动机， 开启检测仪，根据说明书操作程序，输入相应指令信息，按程序进行操作，直到故障代码显示为止。若需要打印，单击“打印”按钮，故障代码资料被打印出来。根据故障代码提示的故障部位进行排除故障。故障排除后，利用检测仪自身清除故障代码的功能，清除故障代码。

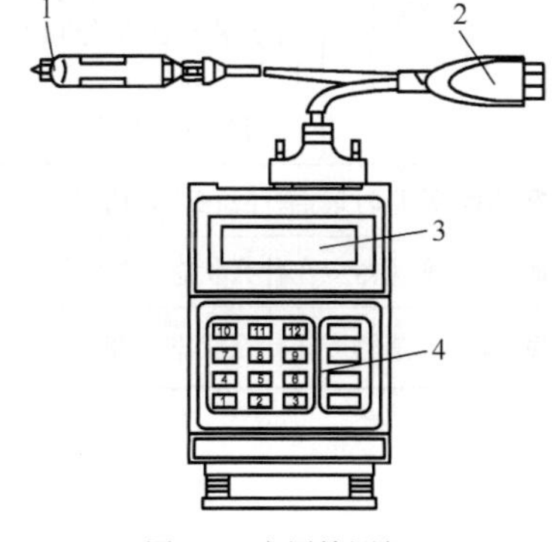

图 8-1 专用检测仪

1—电源接头；2—诊断接头；3—显示屏；4—数字键

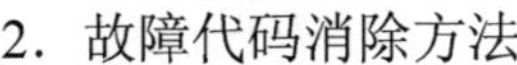

2．故障代码消除方法

在故障代码读取后，应消除故障代码，其方法通常有以下几种。

（1）断开通往发动机控制系统的电源线或熔丝，拔掉熔丝 30s 即可。

（2）拆除蓄电池负极即可，但会使时钟和音响受到不良影响。

（3）利用解码器消码。

（4）按维修手册规定消码。

■ 任务实施——自动变速器故障诊断基本操作

自动变速器故障诊断基本操作主要包括基本检查、基本试验、故障代码读取与消码、故障排除等作业内容，它们是汽车自动变速器故障诊断和维修必备的基本技能。

一、自动变速器基本检查

自动变速器基本检查项目主要有：自动变速器油油面高度检查，自动变速器油油质检查与更换；自动变速器油泄漏部位检查；节气门连杆机构检查与调整；空挡起动开关检查与调整；选挡手柄位置的检查与调整；自动变速器制动器调整；发动机怠速检查与调整等。

操作一 自动变速器油油面高度检查

序号	方法	检查步骤	检查标准
1	油尺检查	用于检查自动变速器油油面高度的油尺有双刻线、三刻线和四刻线3种，其检查方法如下 （1）起动发动机，使自动变速器油温达到60℃～80℃ （2）将汽车停放在平坦道路上，拉紧驻车制动，保持发动机怠速运转，将选挡手柄分别置于各个挡位停留片刻，以便各控制阀油腔、油道充满自动变速器油，最后将选挡手柄置于P挡位置 （3）打开油尺锁定杆，拉出油尺，用干净布擦净油尺后完全插入，再拉出油尺检查油面高度 （4）插回油尺，并将其锁定	如图8-2（a）所示，双刻线油尺正常油面应在“max”和“min” 之间 三刻线油尺正常油面：“COOL”区域表示自动变速器油处于冷态（50℃以下）时油位应所处的范围，“HOT”区域表示自动变速器油处于热态（90℃左右）时油位应所处的范围 四刻线油尺正常油面：“COOL”区域表示自动变速器油处于冷态（50℃以下）时油位应所处的范围，中间区域为正常油温区域“HOT”区域表示自动变速器油处于热态（90℃以上）时油位所处范围
2	溢流孔检查	部分轿车没有设计油尺，而在自动变速器油底壳上设一溢流孔，用于检查油面高度，平时用螺钉拧紧。如图8-2（b）所示，其检查步骤如下 （1）起动发动机，使自动变速器油温达到60℃～80℃ （2）将汽车停放在平坦的道路上，拉紧驻车制动，保持发动机怠速运转，将选挡手柄分别置于各个挡位停留片刻，以便各控制阀油腔、油道充满自动变速器油，最后将选挡手柄置于P挡位置 （3）拧开螺钉，观察油溢出情况。若有少量油溢出为合格	

● 油量检查时选挡杆应在什么挡位上	P□ D□ R□
● 丰田变速器应在什么状态检查油面	动态□ 静态□
● 本田变速器应在什么状态检查油面	动态□ 静态□

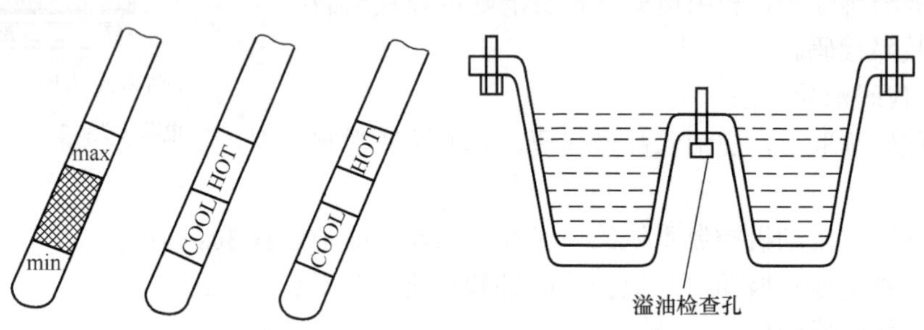

（a）3种自动变速度器油尺 （b）用溢流孔检查自动变速器油油面高度

图8-2 自动变速器油数量检查

提示

（1）自动变速器油的油面高低，与自动变速器能否正常工作关系密切。若油面过高，引起油压过高，造成换挡冲击和油温过高；若油面过低，引起油压过低，造成换挡迟缓和执行组件早期磨损

（2）对于行星齿轮类变速器来说，要在动态下检查油面；对于普通齿轮类变速器来说，要在静态下检查油面。所谓动态是指发动机怠速变速器空挡状态；所谓静态是指发动机熄火变速器空挡状态

操作二 自动变速器油油质检查与更换

序号	方法	检查步骤
1	油质检查与判断	（1）起动发动机，使自动变速器油温达到60℃～80℃ （2）将汽车停放在平坦道路上，拉紧驻车制动，保持发动机怠速运转，将选挡手柄分别置于各个挡位停留片刻，以便各控制阀油腔、油道充满自动变速器油，最后将选挡手柄置于P挡位置 （3）拉出油尺，将第二、三滴油滴在白纸上，观察油液颜色：如果是红色，油质良好，若是其他颜色，则属油质不合格 （4）闻油液气味：有微烧焦气味或其他异味，说明油质不合格 （5）用手指磋捻油液：若有明显胶质感觉或油液内有杂质感觉，说明油质不合格 （6）油液中有泡沫或呈泡沫奶状，说明油质不合格 （7）油液中有纤维块状，说明油质不合格 （8）油底壳磁性螺钉集有大量金属碎物，说明油质不合格 油质不合格时，应及时更换
2	油液更换	（1）将汽车行驶一段时间，使自动变速器油温达到正常工作温度（60℃～80℃） （2）拆下自动变速器油底壳放油螺塞，将油放净。有些车辆没有放油螺塞，需拆下油底壳放油 （3）拆下油底壳，将油底壳和放油螺塞清洗干净，并清洗或更换滤清器 （4）安装好滤清器、油底壳和放油螺塞 （5）加入规定牌号和容量的自动变速器油 （6）将汽车行驶一段，再检查油面高度，直到符合要求为止
3	变质分析	（1）油液变为深褐色或深红色的原因：没有及时更换油液；长期重载荷运转，某些部件打滑或损坏引起变速器过热 （2）油液中有金属屑的原因：说明离合器盘、制动器盘或单向离合器严重磨损 （3）油尺上黏附胶质油膏的原因：油温过高 （4）油液有烧焦气味的原因：油温过高、油面过低；冷却器或管路堵塞 （5）油液从加油管溢出的原因：油面过高或通气孔堵塞

● 国产自动变速器油主要有哪两种牌号	6#7#□	7#8#□	6#8#□
● 正常情况下变速器油比机油稀		对□	错□
● 磁性螺钉集有大量金属碎物是什么原因		换挡组件磨损□	油温过高□

提示

（1）自动变速器油是由基础油和添加剂混合而成的液力传动油。自动变速器油油质的好坏与自动变速器是否正常工作关系同样密切。若油质较差，引起油液性能下降，会造成组件润滑不良和严重磨损。

（2）汽车每行驶约10万km时，要更换自动变速器油；在恶劣条件下，每行驶约4000km时，要更换一次。在日常维护和等级维护中，必须进行自动变速器油油质的检查，一旦发现油质不符合技术要求立即更换。

（3）为了与发动机润滑油及其它车用油液相区别，自动变速器油一般染成红色。自动变速器油的油质可以从颜色、气味、杂质含量等方面加以判断。

操作三 自动变速器油泄漏部位检查

序号	方法	检查步骤
1	泄漏检查	（1）将车辆停在较大的硬纸板或清洁地面上，等待1～2min后，根据滴在硬纸板或地面上油滴位置确定泄漏部位 （2）仔细检查可疑泄漏组件和它周围的区域 （3）如果还不能发现泄漏，可用清洗剂或溶剂将可疑部位清洗干净，然后让汽车以不同车速行驶一段时间，再检查可疑部位 （4）对于难以发现的外部泄漏，还可以向可疑泄漏部位喷显像粉，再用紫外线灯照射，可将泄漏处显示出来

续表

序号	方法	检 查 步 骤
2	泄漏原因分析	（1）油底壳与自动变速器壳体接合面泄漏主要原因：油底壳螺钉拧得过紧或过松；油底壳密封凸缘变形；自动变速器壳体密封表面损坏；自动变速器壳体等铸件有裂纹或气孔；密封衬垫损坏；密封胶老化 （2）油封泄漏主要原因：油面或油压过高，通风孔堵塞；密封件损坏；油封安装不当或损坏；油封的轴表面损伤；轴承松动 （3）油液从通风管或加油管流出的主要原因：油面过高，冷却液进入油中；油尺未插到底；通风管堵塞；回油孔堵塞

自动变速器油一般不会泄漏，但由于使用、装配不当或密封件密封功能下降，会造成油液泄漏问题。变速器油泄漏后，引起油量不足，造成油压降低，影响换挡质量。因此，在日常、等级维护或自动变速器组装后，都要对变速器油是否泄漏进行检查。

操作四 节气门连杆机构检查与调整

1	检查方法	发动机熄火后，节气门应完全关闭，节气门拉线的线芯不应松驰，橡胶皮套与拉线制动器间的距离应在 0～1mm，否则应调整
2	调整方法	（1）通过调整螺母进行调整 ① 检查节气门是否全开，若不能全开，应调整油门连杆 1 ② 将油门踩到底，拧松调整螺母 2，调整节气门拉线 ③ 拧动调整螺母 2，使皮套 3 与制动器 4 间的距离应在 0～1mm ④ 拧紧调整螺母 0～1mm 3 1 4 2 图 8-3 节气门连杆机构检查与调整
		（2）通过簧锁进行调整 关闭发动机，将簧锁下端向上推，打开簧锁，在节气门全开位置时重新按下簧锁即可
		（3）通过连杆机构进行自调 发动机熄火后，按下锁止舌片，解除锁止，向节气门体反方向拉可调滑杆，直到它被拉板顶住不能拉动为止，放开锁止舌片，先使节气门处于全开位置，然后让它复位。在节气门复位过程中，自调装置对节气门连杆机构进行自行调整

节气门拉线调整不当，对于液控自动变速器来说，会导致换挡时刻不正常，造成换挡过早或过迟，使汽车加速性能变差或产生换挡冲击；对于电控自动变速器来说，会导致主油路压力异常，造成油压过低或过高，使换挡执行组件打滑或产生换挡冲击。

操作五 空挡起动开关检查与调整

1	检查方法	将选挡手柄置于 P 挡或 N 挡位置，打开点火开关，起动发动机，看发动机是否能起动。正常情况下发动机只能在 P 挡或 N 挡位置起动，其他挡位不能起动。若有异常，应进行调整
2	调整方法	（1）松开空挡起动开关固定螺钉，将选挡手柄置于 N 挡位置 （2）将空挡基准线与槽口对准,如图 8-4（a）所示 （3）拧紧空挡起动开关固定螺钉 有一些自动变速器挡位开关上有一个定位孔，调整时应将摇臂轴上的定位孔和挡位开关上的定位孔对准，如图 8-4（b）所示 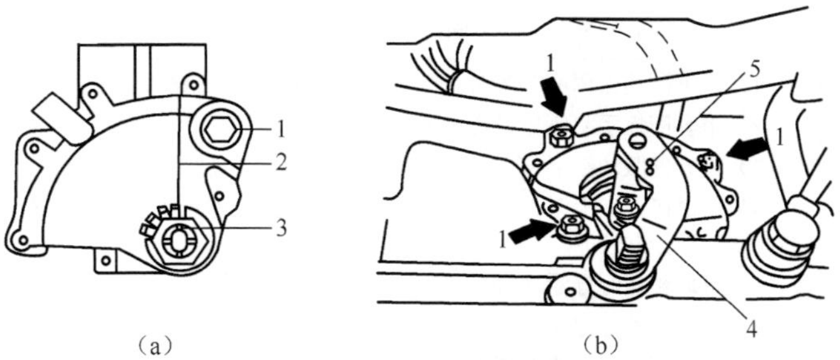 （a） （b） 图 8-4 空挡起动开关的调整 1—固定螺钉；2—基准线；3—槽口；4—摇臂；5—定位销

操作六 选挡手柄位置检查与调整

1	检查方法	（1）打开点火开关 （2）将选挡手柄自 P 挡依次从 R—N—D—2—L 挡移动 （3）检查选挡手柄移动是否平顺，在挡位上是否有定位感觉 （4）检查仪表盘上指示灯是否能对应指示 R—N—D—2—L 挡位，如果指示不正确，则应对选挡手柄进行调整 换挡手柄位置检查与调整如图 8-5 所示 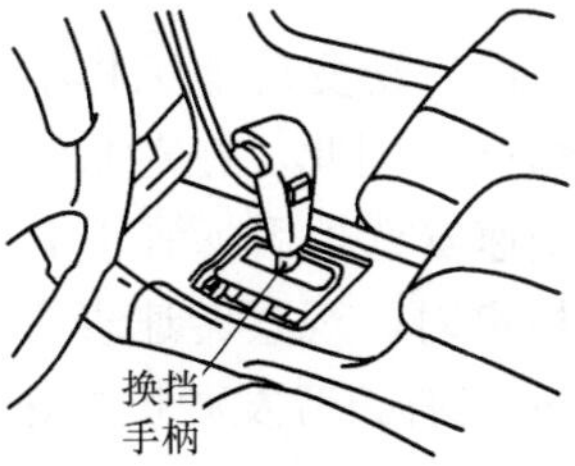 换挡手柄 图 8-5 换挡手柄位置检查与调整
2	调整方法	（1）松开选挡手柄与连接杆之间的连接螺母 （2）先将控制轴杠杆向后推到底，然后向前推两个挡位 （3）将选挡手柄置于 N 挡位置，拧紧选挡手柄与连接杆之间的连接螺母 （4）起动发动机，重新检查选挡手柄位置是否正确

● 将控制轴杠杆向后推到底是什么挡位	P□ R□ N□

（1）选挡手柄调整不当，会使选挡手柄位置与自动变速器阀板中手动阀的实际位置不符，造成挂不上挡，或选挡手柄位置与仪表盘上挡位指示灯显示不符，甚至造成在P挡或N挡无法起动发动机。

（2）有些自动变速器采用拉索式的，应在P挡位置进行调整。

操作七 自动变速器制动器的调整

1	内部调整方法	（1）拆下油底壳 （2）用定扭力矩扳手将调整螺钉拧到底（通常为3圈） （3）再将调整螺钉拧出2.5圈即可
2	外部调整方法	（1）拆下制动器伺服装置外盖，露出锁紧螺母 （2）用套筒扳手将锁紧螺母松开 （3）夹紧伺服油缸活塞，使其不能转动 （4）用定扭力矩扳手拧紧调整螺钉（10N·m），然后将其拧出（该步骤应反复进行两次，使制动带与制动鼓充分贴合） （5）将调整螺钉拧紧（5N·m），然后拧出3.5圈 （6）将锁紧螺母拧紧（15～20N·m） （7）安装制动器伺服装置外盖

● 片式制动器中钢片与摩擦片间隙不可调	对□　　错□

自动变速器换挡制动器有带式和片式两种，前者应用较少。片式制动器自由间隙在组装后用塞尺检查，若间隙不符合技术要求，可更换不同厚度的挡圈进行调整。带式制动器自由间隙若不符合技术要求，则通过调整螺钉调整。

换挡制动器若制动间隙过大，会造成制动器打滑；若制动间隙过小，会造成制动器转动发卡，引起摩擦副严重磨损。因此，自动变速器换挡制动器的制动间隙必须保持在规定范围内，确保制动器接合柔和，获得良好的制动效果。

带式换挡制动器制动间隙调整方法有内部调整和外部调整两种方法。

操作八 发动机怠速的检查

发动机怠速不正常，会使自动变速器工作不正常。怠速过高，出现换挡冲击；怠速过低，车身振动，发动机易熄火。因此，在对自动变速器作进一步检查之前应先检查怠速是否正常。检查时应将自动变速器选挡手柄置于P挡或N挡位置，起动发动机，放松油门，待发动机声音正常、转速稳定时，观察转速表指示的转速值。通常装有自动变速器的发动机怠速转速一般为800r/min左右。若发动机怠速过高或过低，按发动机怠速调整方法进行调整。

● 发动机怠速调整在哪个系统讲到	燃油喷射□　电子点火□　怠速控制□

二、自动变速器基本试验

自动变速器出现故障时，往往需要借助一些试验方法来判断故障部位。这些试验内容主要包括手动挡试验、失速试验、时滞试验、油压试验、道路试验等。

操作一 手动挡试验

1	概念	手动挡试验是指将电控自动变速器换挡电磁阀线束插头全部拔出，此时电控单元（ECU）不能通过换挡电磁阀来控制换挡，其挡位主要取决于选挡手柄位置的一种试验方法
2	试验目的	判断自动变速器故障部位是电控系统还是其为他系统（液力变矩器、齿轮变速器、液控系统）故障
3	试验步骤	（1）将电控自动变速器换挡电磁阀插头全部拔下 （2）起动发动机，使油温达到 60℃～80℃ （3）进行道路试验或将驱动轮悬空进行试验，将选挡手柄拨至不同挡位，观察发动机转速与车速表的对应关系，以判断自动变速器所处的挡位。不同挡位时的发动机转速与车速表对应关系可以参考表 8-1 （4）若试验结果与表 8-1 中相同，说明电控自动变速器手动换挡组件工作正常，故障则在电控系统。若试验情形相反时，说明手动换挡组件工作有故障，而电控系统无故障 （5）试验结束后，插上换挡电磁阀线束插头 （6）清除电控单元中的故障代码 不同车型电控自动变速器，在拔下换挡电磁阀线束插头后的挡位与选挡手柄的关系不完全相同。不同车型挡位与选挡手柄的关系如表 8-2 所示

表 8-1　不同挡位时的发动机转速与车速表的对应关系

挡　位	发动机转速/（$r \cdot min^{-1}$）	车速/（$km \cdot h^{-1}$）
1 挡	2 000	18～22
2 挡	2 000	34～38
3 挡	2 000	50～55
4 挡（超速挡）	2 000	70～75

表 8-2　不同车型挡位与选挡手柄的关系

选挡手柄位置		D	3	S（2）	L（1）	R	P
自动变速器实际挡位	丰田 A340E	4 挡		3 挡	1 挡	倒挡	驻车挡
	丰田 A341E						
	通用 4L60E	4 挡		2 挡	1 挡	倒挡	驻车挡
	大众 01M	3 挡	3 挡	3 挡	1 挡	倒挡	驻车挡

想一想

- 手动试验发动机转速应控制在多少（r/min）？

1 000□　　2 000□　　3 000□

- 手动挡试验时只需拔下换挡电磁阀就可以。

对□　　错□

操作二 失速试验

<table>
<tr><td>1</td><td>试验目的</td><td>通过测量自动变速器在 D 挡和 R 挡时发动机的最高转速，来分析判断发动机和自动变速器的性能及工作状况。</td></tr>
<tr><td>2</td><td>准备工作</td><td>（1）让汽车行驶至发动机和自动变速器均达到正常工作温度。
（2）检查汽车的脚制动和手制动，确认其性能良好。
（3）检查自动变速器液压油高度，应正常。</td></tr>
<tr><td>3</td><td>试验步骤</td><td>自动变速器失速试验方法如图 8-6 所示。 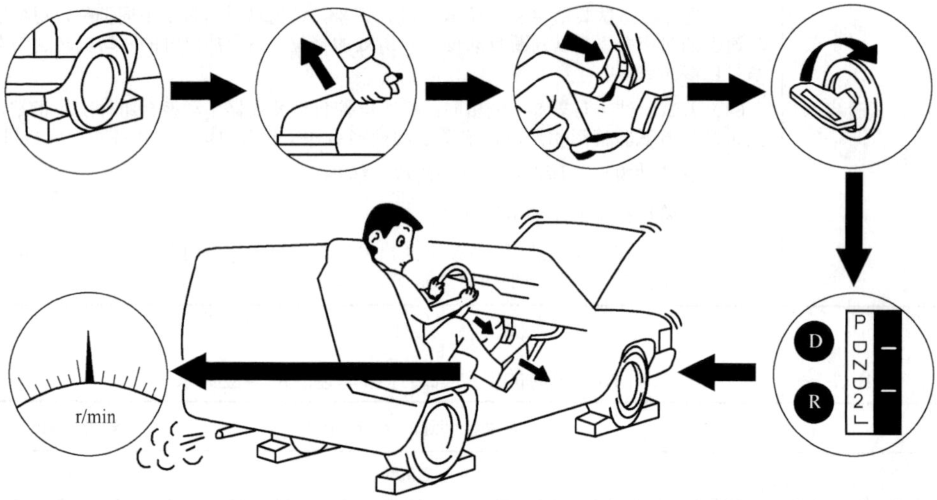
图 8-6　自动变速器失速试验方法
（1）将汽车停放在宽阔的水平地面上，前后车轮用三角木块塞住。
（2）拉紧手制动，左脚用力踩住制动踏板。
（3）起动发动机。
（4）将操纵手柄拨入 D 位置。
（5）在左脚踩紧制动踏板的同时，用右脚将油门踏板踩到底，在发动机转速不再升高时，迅速读取此时的发动机转速。
（6）读取发动机转速后，立即松开油门踏板。
（7）将操纵手柄拨入 P 或 N 位置，让发动机怠速运转 1min，以防止液压油因温度过高而变质。
（8）将操纵手柄拨入其他挡位 （R、S、L 或 2、1），做同样的试验。</td></tr>
<tr><td>4</td><td>性能分析</td><td>（1）将所测失速转速与《维修手册》数据对比，看是否符合规定，常见自动变速器失速转速如表 8-3 所示。大部分自动变速器的失速转速标准为 2300r/min 左右。若失速转速与标准值相符，说明自动变速器的油泵、主油路油压及各个换挡执行组件的工作基本正常。
（2）如果 D 挡和 R 挡的失速转速相同，且都低于规定值，说明发动机功率不足。如果失速转速比规定值低于 600r/min 时，说明变矩器导轮单向离合器打滑。
（3）如果 D 挡和 R 挡的失速转速都超过规定值，说明油量不足、油压过低、油质过差等原因，造成离合器和制动器打滑。如果转速过高，高于规定值 500r/min 时，可能是变矩器叶片损坏。
（4）如果 D 挡转速高于规定值，而 R 挡的转速正常，说明前离合器或制动器打滑，可能是离合器摩擦片磨损或控制油压过低、油泵或调压阀故障所致。
（5）如果 R 挡转速高于规定值，而 D 挡的转速正常，说明倒挡离合器或制动器打滑，可能是离合器摩擦片磨损或控制油压过低所致。</td></tr>
</table>

表 8-3　　常见自动变速器失速转速

型　　号	失速转速（r/min^{-1}）	型　　号	失速转速（r/min^{-1}）
丰田 A245E	2 300～2 400	马自达 GF4A－EL	2 400～2 700
丰田 A240E	2 200～2 500	凌志 A341E、A342E	2 050～2 350
丰田 A340H	1 900～2 200	克莱斯勒 A－415	2 250～2 450
丰田 A341E	2 050～2 350	克莱斯勒 A－413	2 200～3 220
丰田 A340E	2 300～2 600	宝马 ZF4HP22－EH	1 900～2 050
丰田 A540E	2 250～2 550	本田雅阁	1 850～2 200

由于在失速工况下，发动机的动力全部消耗在变矩器内液压油的内部摩擦损失上，液压油的温度急剧上升，因此在失速试验中，从油门踏板踩下到松开的整个过程的时间不得超过 5s，否则会使液压油因温度过高而变质，甚至损坏密封圈等零件。在一个挡位的试验完成之后，不要立即进行下一个挡位的试验，要等油温下降之后再进行。试验结束后不要立即熄火，应将操纵手柄拨入空挡或停车挡，让发动机怠速运转几分钟，以便让液压油温度降至正常。如果在试验中发现驱动轮因制动力不足而转动，应立即松开油门踏板，停止试验。

做上述试验时，由于变矩器涡轮已制动，发动机的全部机械能都转变为变矩器内自动变速器油的动能冲击和摩擦很大，故试验时间不要超过 5s，试验次数不多于 3 次，以防止油温急剧升高损坏。

操作三　时滞试验

1	概念	在发动机怠速状态下，将选挡手柄从 N 挡换入 D 挡或从 N 挡换入 R 挡后直到感觉汽车震动或车辆运动时存在一定的时差，称之时滞。时差大小取决于自动变速器油压高低、密封情况、离合器和制动器磨损情况。测量自动变速器时差大小的试验称为时滞试验。
2	试验方法	自动变速器时滞试验方法如图 8-7 所示。 图 8-7　自动变速器时滞试验方法

续表

3	试验步骤	（1）让汽车行驶，使发动机和自动变速器工作温度升至60℃～80℃。 （2）将汽车停放在水平地面上，拉紧手制动。 （3）检查发动机怠速。如不正常，应按标准予以调整。 （4）将自动变速器操纵手柄从空挡（N）位置拨至前进挡（D）位置，如图8-8所示，用秒表测量从拨动操纵手柄开始到感觉汽车震动为止所需的时间，该时间称为N—D延时时间。 （5）将操纵手柄拨至N位置，让发动机怠速运转1min后，再做一次同样的试验。 （6）做3次试验，并取平均值。 （7）按上述方法，将操纵手柄由N位置拨至R位置，测量N—R延时时间，如图8-9所示。  图8-8 N挡到D挡的时间测试图 图8-9 N挡到R挡的时间测试 丰田系列车型标准时滞时间值：N挡到D挡时滞不大于1.2s。 N挡到R挡时滞不大于1.5s。 大众系列车型标准时滞时间值：N挡到D挡时滞不大于0.9s。 N挡到R挡时滞不大于2.0s。
4	性能分析	大部分自动变速器N—D延时时间小于1.0～1.2s，N—R延时时间小于1.2～1.5s。 （1）时滞过长，说明离合（制动）器片间或制动器带、鼓间隙过大，控制油压过低。 （2）时滞过短，说明离合（制动）器片间或制动器带、鼓间隙过小，控制油压过高。

想一想

● 时滞试验时，发动机是什么工作状态？

熄火□　　怠速□　　高速□

● 时滞试验时，变矩器输出轴是否转动？

不能转动□　　能转动□

操作四 油压试验

1	试验目的	测量控制管路中的油压，用于判断油泵和各类阀的工作性能。自动变速器控制油压过高，引起换挡冲击，密封件过早损坏；若控制油压过低，造成离合器、制动器打滑，汽车加速无力。
2	准备工作	在做油压试验之前应做好以下准备工作。 （1）行驶汽车，让发动机及自动变速器达到正常工作温度。 （2）将车辆停放在水平地面上，检查发动机怠速和自动变速器液压油的油面高度。如不正常，应予以调整。 （3）准备一个量程为 2MPa的压力表。 （4）找出自动变速器各个油路测压孔的位置。通常在自动变速器外壳上有几个用方头螺塞堵住的用于测量不同油路油压的测压孔。《自动变速器维修手册》上标有该自动变速器各个油路测压孔的位置。如果没有《自动变速器维修手册》作参考，可以用举升器将汽车升起，在发动机运转时分别将各个测压孔螺塞松开少许，观察各测压孔在操纵手柄位于不同挡位时是否有压力油流出，以判断该测压孔是与哪一个油路相通，从而找出各个油路测压孔的位置。 具体判断方法如下： 不论操纵手柄位于前进挡或倒挡时都有压力油流出，则为主油路测压孔。 只有在操纵手柄位于前进挡时才有压力油流出，则为前进挡油路测压孔。 只有在操纵手柄位于倒挡时才有压力油流出，则为倒挡油路测压孔。 只有在操纵手柄位于前进挡，并且在驱动轮转动后才有压力油流出，则为调速器油路的测压孔。

续表

3	油路测试项目	自动变速器主油压试验方法，如图 8-10 所示。测试主油路油压时，应分别测出前进挡和倒挡的主油路油压。必要还应进行调速器油压和油压电磁阀工作的测试。 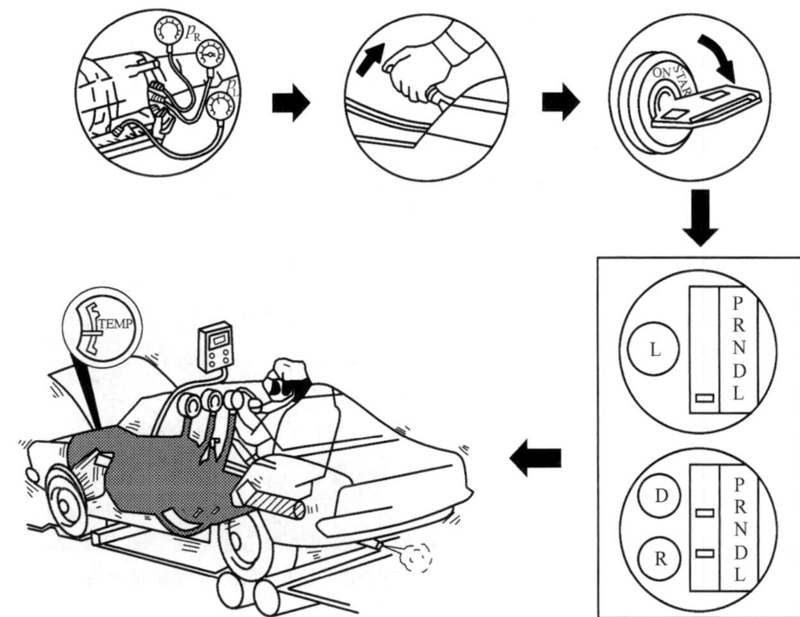 图 8-10　自动变速器主油压试验方法
4	前进挡油路油压测试方法	前进挡主油路油压测试方法如图 8-11 所示，其操作步骤如下。 （1）拆下变速器壳体上的主油路测压孔或前进挡油路测压孔螺塞，接上油压表。 （2）起动发动机。 （3）将操纵手柄拨至前进挡(D)位置。 （4）读出发动机怠速运转时的油压。该油压即为怠速工况下的前进挡主油路油压。 （5）用左脚踩紧制动踏板，同时用右脚将油门踏板完全踩下，在失速工况下读取油压。该油压即为失速工况下的前进挡主油路油压。 （6）将操纵手柄拨至空挡或停车挡，让发动机怠速运转 lmin 以上。 （7）将操纵手柄拨至各个前进低挡（S、L 或 2、1）位置，重复①～⑥的步骤，读出各个前进低挡在怠速工况和失速工况下的主油路油压。  图 8-11　主油路油压测试方法

续表

5　倒挡主油路油压测试方法

倒挡主油路油压测试方法如图 8-12 所示，其操作步骤如下。

（1）拆下自动变速器壳体上的主油路测压孔或倒挡油路测压孔螺塞，接上油压表。

（2）起动发动机。

（3）将操纵手柄拨至倒挡（R）位置。

（4）在发动机怠速运转工况下读取油压。该油压即为怠速工况下的倒挡主油路油压。

（5）用左脚踩紧制动踏板，同时用右脚将油门踏板完全踩下，在发动机失速工况下读取油压。该油压即为失速工况下的倒挡主油路油压。

（6）将操纵手柄拨至空挡（N）位置，让发动机怠速运转 lmin 以上。

将测得的主油路油压与标准值进行比较。不同车型自动变速器的主油路油压都不完全相同。表 8-4 所示为几种常见车型自动变速器主油路油压标准表。

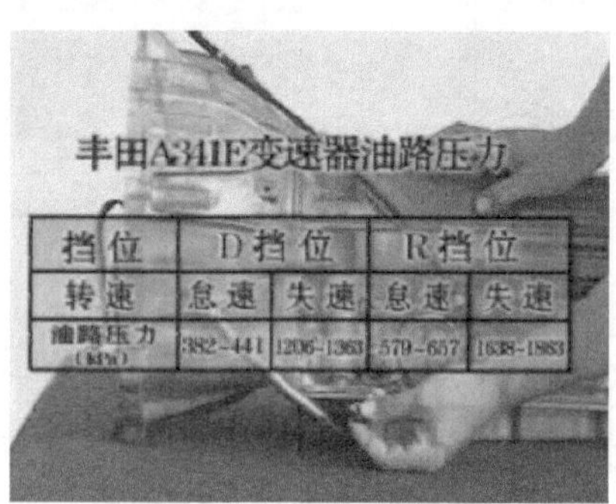

图 8-12　倒挡主油路油压测试方法

表 8-4　不同车型自动变速器主油路的标准油压值

车　型	变速器型号	发动机型号	选挡手柄位置	主油路油压（kPa）	
				怠速工况	失速工况
丰田 HIACB	A45DL	1RZ 2RZ	D	353～402	1 030～1 191
			R	500～569	1 422～1 785
		2L 3L	D	343～431	1 098～1 294
			R	451～657	1 471～1 863
		2RZ－E	D	441～500	990～1 167
			R	667～745	1 471～1 863
丰田 PREVIA	A46DE	2TZ－FE	D	363～402	104～1 304
			R	500～559	140～1 863
丰田 CROWN	A340E	2JZ－GE	D	363～422	902～1 147
			R	500～598	123～1 589
	A42DL	1G－FE	D	353～402	1 030～1 191
			R	500～569	142～1 785
丰田 CORONA	A240E	4A－FE	D	373～422	903～1 050
			R	550～707	141～1 648
	A241E	3S－FE	D	373～422	903～1 050
			R	638～795	156～1 893
	A241L	2C	D	373～422	824～971
			R	647～794	142～1 755
丰田 CAMRY	A540E	3VZ－FE	D	353～412	99～1 040
			R	637～745	160～1 873

续表

<table>
<tr><td>6</td><td>调速器油压测试方法</td><td>大部分液力控制自动变速器都可以做这项测试。在测试调速器油压时，应当用举升器将汽车升起，或用千斤顶将驱动桥顶起，也可以接上压力表后进行路试（见图 8-13）。

（a）路试
（b）台试
图 8-13　调速器油压的测试
（1）拆下自动变速器壳体上的调速器测压孔螺塞，接上油压表。
（2）起动发动机。
（3）将操纵手柄拨至前进挡（D）位置。
（4）松开手制动拉杆，缓慢地踩下油门踏板，让驱动轮转动。
（5）读取不同车速下的调速器油压。
（6）将测试结果与标准值进行比较。
若调速器油压太低，可能有以下原因：主油路油压太低，调速器油路泄漏，调速器工作不正常。</td></tr>
<tr><td>7</td><td>油压电磁阀工作的测试方法</td><td>电子控制自动变速器常采用油压电磁阀来控制主油路油压或减震器背压。这种自动变速器可以在油压试验中人为地向油压电磁阀施加电信号，实时测量油路油压的变化，以检查油压电磁阀的工作是否正常。不同车型的电子控制自动变速器的油压电磁阀的工作原理不完全相同，其检测方法也不一样。下面以凌志 L5400 轿车的 A341E 和 A342E 电子控制自动变速器为例，说明测试油压电磁阀工作的方法，其他车型也可以参考。
（1）将油压表接至自动变速器减震器背压的测压孔。
（2）对照电路图，找出自动变速器电脑线束插头上油压电磁阀控制端的接线脚，将一个 8W 灯泡的一脚与油压电磁阀控制端的接脚连接。
（3）将汽车停放在地面上，拉紧手制动拉杆，并用三角木块将 4 个车轮塞住。
（4）起动发动机，检查并调整好发动机怠速。
（5）踩住制动踏板，将操纵手柄挂入前进挡（D）位置。
（6）读出此时的减振器背压，其值应大于 0。
（7）将连接油压电磁阀的 8W 灯泡的另一脚接地，此时油压电磁阀将通电开启。读出此时的减振器背压。在油压电磁阀的接线脚经 8W 灯泡接地时，油压电磁阀将通电开启、此时减震器背压应下降为 0。如有异常，说明油压电磁阀工作不良（见图 8-14）。</td></tr>
</table>

续表

7	油压电磁阀工作的测试方法	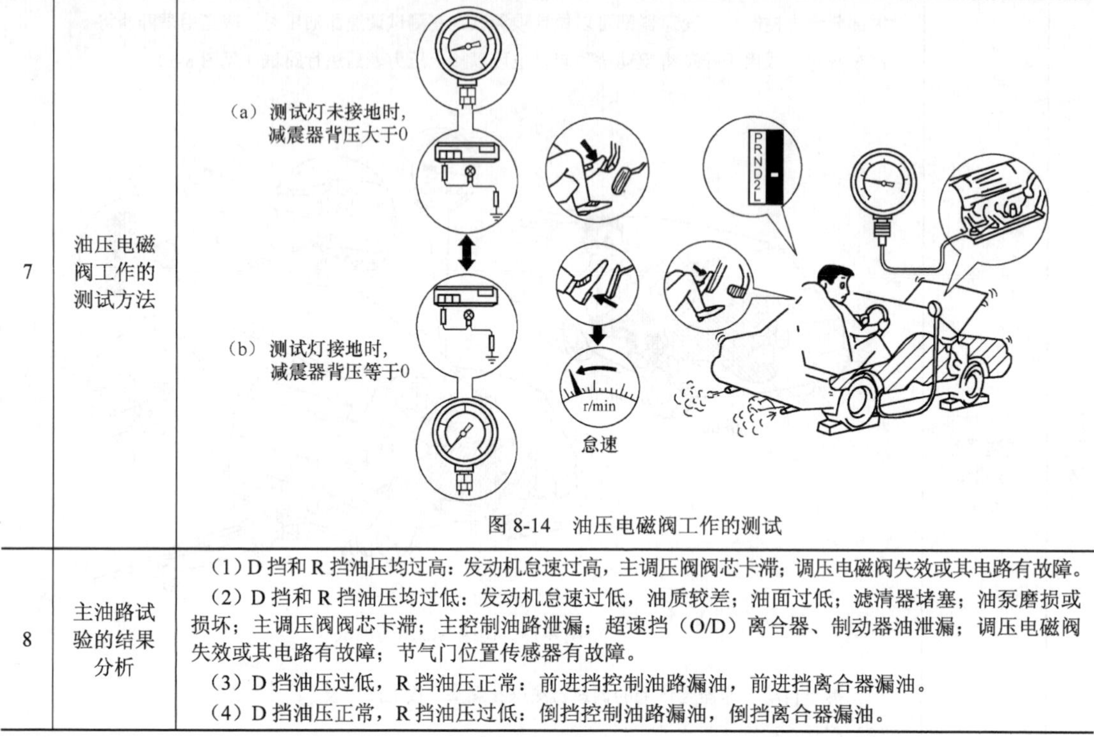 图 8-14 油压电磁阀工作的测试
8	主油路试验的结果分析	(1)D 挡和 R 挡油压均过高：发动机怠速过高，主调压阀阀芯卡滞；调压电磁阀失效或其电路有故障。 (2)D 挡和 R 挡油压均过低：发动机怠速过低，油质较差；油面过低；滤清器堵塞；油泵磨损或损坏；主调压阀阀芯卡滞；主控制油路泄漏；超速挡（O/D）离合器、制动器油泄漏；调压电磁阀失效或其电路有故障；节气门位置传感器有故障。 (3)D 挡油压过低，R 挡油压正常：前进挡控制油路漏油，前进挡离合器漏油。 (4)D 挡油压正常，R 挡油压过低：倒挡控制油路漏油，倒挡离合器漏油。

提示

液压试验还包括速控阀油压测试、前进挡油压测试、倒挡油压测试、油压电磁阀工作测试等测试项目。这些项目的测试方法与主油路测试方法相同，所不同的是测压孔不同。只要将油压表接在相应的测压孔上，按照主油路测试方法就可测出不同项目的油压。不同项目油压标准值不同，根据所测油压值与标准值比对加以分析，以确定故障部位。

操作五 道路试验

1	试验目的	自动变速器道路试验是对自动变速器综合性能的测试，包括齿轮变速器内部的各离合器和制动器的工作情况、液压控制系统及电子控制系统控制的自动换挡点速度是否正确、换挡时车辆的平顺性、行驶时自动变速器内有无异响声、各种行驶模式时车辆的行驶性能、液力变矩器的锁止情况、选挡手柄在各位置时的换挡范围、发动机制动情况等。
2	D 挡升挡试验	将选挡手柄置于 D 挡，打开 O/D 挡开关，右脚踩住加速踏板，始终保持节气门全开，记录各换挡点时的车速，与《自动变速器维修手册》有关数据对照，看其是否在规定的范围之内。 如无 1→2 升挡，则有可能是速控阀损坏或 1、2 挡换挡阀卡住。 如无 2→3 升挡，则可能 2、3 挡换挡阀卡住。 如无 2→4 升挡，则可能是 3、4 挡换挡阀卡住或电磁阀及油路故障。 如换挡点不正确，则可能是节气门拉索调整不当或相应换挡阀有故障。 用同样的方法检查在 1→2 挡、2→3 挡、3→4 挡升挡时的冲击和打滑情况，如振动过大，则有可能是主油路油压过高、蓄压器损坏或单项球阀损坏。
3	D 挡降挡试验	在 D 挡以 2 挡、3 挡和 4 挡行驶，利用踩加速踏板“提前降挡”的方法检查 2→1、3→2 和 4→3 降挡时的车速是否与《自动变速器维修手册》要求一致。同时，利用同样的方法检查降挡时有无异常的振动和打滑。
4	2 挡试验	将选挡手柄置于 S 挡或强制 2 挡，加速踏板始终保持在节气门全开位置行驶，检查 1→2 升挡点时的车速是否符合《自动变速器维修手册》的要求。然后松开加速踏板，检查发动机制动情况。同时，检查加、减速期间有无异常噪声，升、降挡时有无振动。

续表

5	L 挡试验	在 L 档或强制 1 挡行驶时，自动变速器应升至 2 挡，松开加速踏板应有明显的发动机制动效果，加速和减速期间不应有异常噪声。
6	R 挡试验	停车后换入 R 挡，在节气门全开时起步，检查有无打滑现象。
7	P 挡试验	在大于 9%的坡道上停车，将选挡手柄置于 P 挡，松开驻车制动，检查自动变速器停车锁爪能否将车辆停住。

道路试验路试前必须排除发动机和底盘故障，使油温达到正常范围（60℃~80℃）。因为道路试验只能凭感觉以及车速表、转速表检查其性能，所以试车人员应具有操作多种自动变速器的经验，以便能敏锐地感觉故障原因和部位。

工作情境链接

代码优先是自动变速器故障诊断原则之一，在不能直接确认故障部位的情形下，用读取故障代码方法来诊断故障部位是最有效的方法，也是自动变速器故障诊断最便捷的方法。

三、读取自动变速器故障代码

当自动变速器电控系统出现故障时，“O/D”警告指示灯点亮，应读取故障代码快速诊断排除故障。不同变速器故障代码的读取方法不同，应按照相关车型技术资料读取故障代码。

1．丰田车系自动变速器人工读取和消除故障代码的方法

（1）读取故障代码

丰田佳美、凌志、皇冠、科罗娜、大霸王、海狮等车型自动变速器都可以采用人工读取方法读取故障代码，其方法如下。

① 打开点火开关，不起动发动机。

② 按下 O/D 超速开关，如果 O/D 指示灯不停地闪亮，表示有故障。

③ 关闭点火开关。

④ 打开故障诊断连接器盖，将模式选择开关定在 NORM 正常位置，使 TE1 与 E1 短接（适用于皇冠 3.0、凌志 400 轿车等）或使 ECT 与 E1 短接（适用于佳美、CELICA、COROLLA 、CRESSIDA 等），如图 8-15 所示。

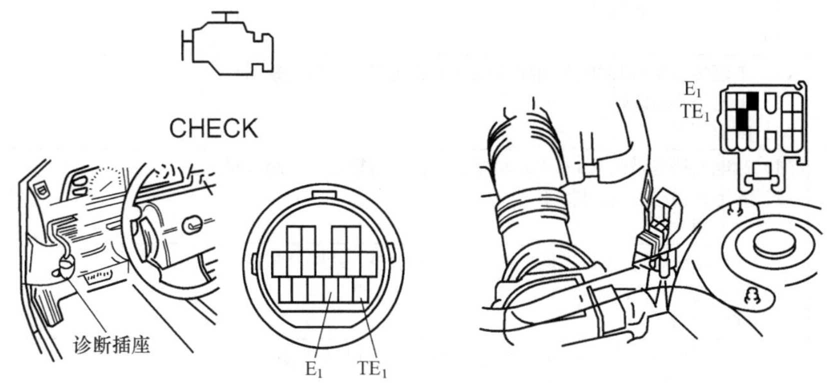

图 8-15 丰田系列轿车故障诊断端子

⑤ 打开点火开关，不起动发动机。

⑥ 根据O/D指示灯闪烁规律读出故障代码。

例如，丰田车系O/D指示灯闪烁规律如下：

若O/D指示灯连续快速闪烁，亮熄时间为0.5s，说明电控自动变速器无故障代码，如图8-16（a）所示；若O/D指示灯间隔闪烁，则说明电控自动变速器有故障代码。

若有故障代码时，点火开关在O/N位置，按下O/D超速挡开关，指示灯在4.5s后开始闪烁,故障代码为两位数字，先闪烁十位数字，后闪烁个位数字，每次亮熄间隔时间为0.5s。十位与个位之间间隔时间为1.5s，1.5s之前亮的次数为十位数，即亮一次为10，亮两次为20，依此类推；1.5s之后亮的次数为个位数，即亮一次为1，亮两次为2，依此类推；当两个或两个以上故障代码出现时，按从小到大顺序显示，代码之间间隔时间为2.5s。故障代码显示完毕后暂停4.5s后再重新显示。上述闪亮规律的故障代码为23，如图8-16（b）所示。

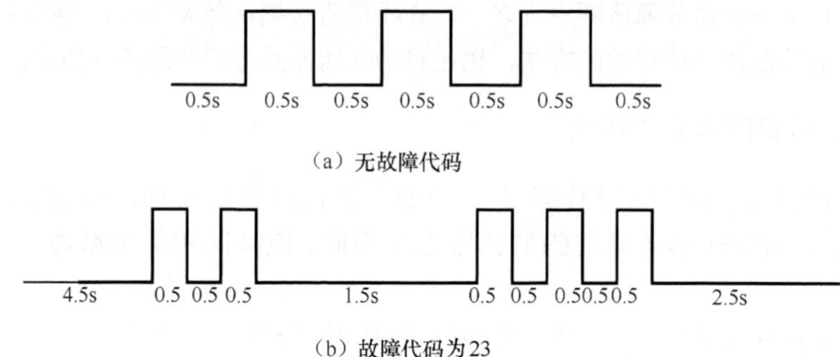

图8-16 丰田车系O/D指示灯闪烁规律

⑦ 读取故障代码时，要记下这些故障代码，然后在故障代码表中查出故障代码相应的含义。丰田车系自动变速器部分故障代码的含义如表8-5所示。

表8-5 丰田车系自动变速器部分故障代码含义

故障代码	代码含义
33	（1）温度传感器与ECU之间配线或连接器短、断路及搭铁 （2）温度传感器故障 （3）ECU故障
46	（1）主油压电磁阀与ECU之间配线或连接器短路、断路及搭铁 （2）主油压电磁阀故障 （3）ECU故障
61	（1）车速传感器与ECU之间配线或连接器短路、断路及搭铁 （2）车速传感器故障 （3）ECU故障
62 63	（1）2#电换挡电磁阀与ECU之间配线或连接器短路、断路及搭铁 （2）2#电换挡电磁阀故障 （3）ECU故障
64	（1）锁止电磁阀与ECU之间配线或连接器短路、断路及搭铁 （2）锁止电磁阀故障 （3）ECU故障
67	（1）O/D直接挡离合器/O/D转速传感器线束或连接器短路、断路 （2）O/D直接挡离合器/O/D转速传感器故障 （3）ECU故障

续表

故障代码	代码含义
68	（1）强降挡开关线束或连接器短路、断路。 （2）强降挡开关故障 （3）ECU 故障

出现 67 故障代码时，“O/D OFF”指示灯不闪亮。
出现 68 故障代码时，“O/D OFF”指示灯不闪亮。

（2）消除故障代码

拆下熔断器盒中“EF1”熔断丝 10s 以上即可消除故障代码。

2．本田雅阁自动变速器人工读取和消除故障代码的方法

（1）读取故障代码

当本田雅阁自动变速器出现故障时，仪表板上 D_4 指示灯闪烁，表明有故障。人工读取故障代码的方法如下。

关闭点火开关，如图 8-17 所示，用 SCS 短路插接器与诊断端子 2 相连接，接通点火开关，根据 D_4 指示灯闪烁时间的长短次数来读取故障码。

本田雅阁自动变速器 D_4 指示灯闪烁规律如下：

1～9 号故障码，是通过单纯的短闪烁表示。10～26 号故障码，是通过一系列的长、短闪烁综合来读取故障码。长闪烁的次数代表十位数，短闪烁的次数代表个位数，如图 8-18 所示。

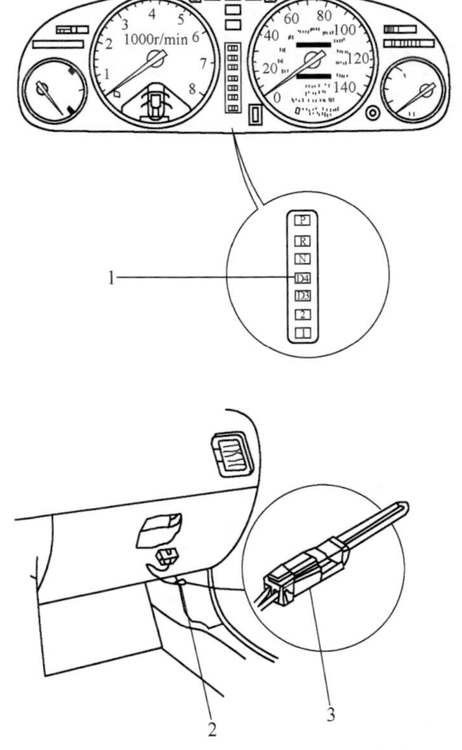

图 8-17 本田雅阁变速器 D_4 指示灯和诊断端子位置

1—D_4 指示灯；2—故障诊断端子；3—SCS 短路插接器

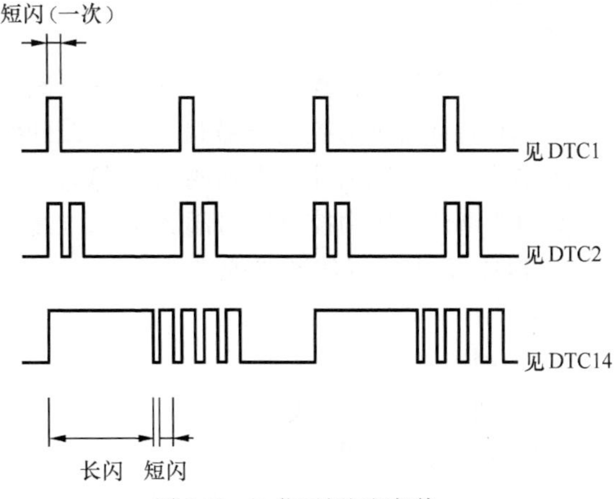

图 8-18 D_4 指示灯闪烁规律

本田雅阁自动变速器故障代码含义如下。

1#

① 锁止电磁阀/换挡电磁阀 A 端子断开。

② 锁止电磁阀导线断路、短路。

③ 锁止电磁阀故障。

④ 锁止电磁阀电源导线断路。

5#

① AT 挡位位置开关短路。

② AT 挡位位置开关故障。

7#

① 锁止电磁阀/换挡电磁阀 A 端子断开。

② 换挡电磁阀 A 导线断路或短路。

③ 换挡电磁阀 A 故障。

④ 锁止电磁阀/换挡电磁阀 A 电源导线断路。

8#

① 换挡电磁阀 B 端子断开。

② 换挡电磁阀 B 导线断路或短路。

③ 换挡电磁阀 B 故障。

④ 换挡电磁阀 B 电源导线断路。

9#

① 中间轴转速传感器断开。

② 中间轴转速传感器导线断路或短路。

③ 中间轴转速传感器故障。

15#

① 主轴转速传感器断开。

② 主轴转速传感器的导线断路或短路。

③ 主轴转速传感器故障。

16#

① AT 离合器压力控制电磁阀 A 的端子断开。

② AT 离合器压力控制电磁阀 A 的导线断路或短路。

③ AT 离合器压力控制电磁阀 A 故障。

④ AT 离合器压力控制电磁阀 A 电源导线断路。

⑤ PG1 及 PG2 导线断路或搭铁不良。

22#

① 换挡电磁阀 C 端子断开。

② 换挡电磁阀 C 导线断路或短路。

（2）消除故障代码

将“BACK UP”熔断丝拆下 10s 以上，即可消除故障代码。

3．本田车系解码器读取故障代码的方法

（1）将解码器接到仪表盘专用端子上。

（2）打开点火开关。

（3）将汽车编号输入到解码器中，再输入汽车行驶里程，按照提示菜单读取故障代码。

工作情境链接

进入汽修厂的轿车有80%的原因是因为故障。面对一辆自动变速器故障的轿车时，要根据故障现象判定它是什么故障，对故障原因进行综合分析，采取不同的方法、手段来诊断部位和排除故障。

四、自动变速器常见故障

自动变速器常见故障主要有汽车不能行驶、自动变速器打滑、换挡冲击、升挡过迟、不能升挡、不能强制降挡、频繁跳挡、无超速挡、无前进挡、无倒挡、挂挡后发动机怠速易熄火、无发动机制动、无锁止、油变质、异响等。下面以丰田车系自动变速器常见故障为例进行阐述。

故障1　汽车不能行驶。

1	故障现象	（1）选挡手柄在任何挡位上，汽车均不能行驶 （2）冷车起动后汽车能行驶一小段路程，但稍一热车就不能行驶	
2	故障原因	（1）自动变速器无油或泄漏 （2）油泵严重磨损 （3）滤清器严重堵塞 （4）选挡手柄连接松脱而在P位或N位上 （5）超速、前排中断动力传递 （6）锁杆卡死驻车齿轮，输出轴不能转动 （7）油路漏油或堵塞	● 油泵严重磨损一般会怎样 无油压□ 油压过低□ 油压过高□
3	故障诊断与排除	（1）拔出自动变速器的油尺，检查自动变速器液压油的油面高度。若油尺上没有液压油，说明自动变速器内的液压油已全部漏光。对此，应检查油底壳、液压油散热器、油管等处有无破损而导致漏油。如有严重漏油处，应修复后重新加油 （2）检查自动变速器操纵手柄与手动阀摇臂之间的连杆或拉索有无松脱。如有松脱，应予以装复，并重新调整好操纵子柄的位置 （3）拆下主油路测压孔上的螺塞，起动发动机，将操纵手柄拨至前进挡或倒挡位置，检查测压孔内有无液压油流出 （4）若主油路侧压孔内没有液压油流出，应打开油底壳，检查手动阀摇臂轴与摇臂有无松脱，手动阀阀心有无折断或脱钩。若手动阀工作正常，则说明油泵损坏。对此，应拆卸分解自动变速器，更换油泵 （5）若主油路测压孔内只有少量液压油流出，油压很低或基本上没有油压，应打开油底壳，检查油泵进油滤网有无堵塞。如无堵塞，说明油泵损坏或主油路严重泄漏。对此，应拆卸分解自动变速器，予以修理 （6）若冷车起动时主油路有一定的油压，但热车后油压即明显下降，说明油泵磨损过甚。对此，应更换油泵 （7）若测压孔内有大量液压油喷出，说明主油路油压正常，故障出在自动变速器中的输入轴、行星排或输出轴。对此，应拆检自动变速器。汽车不能行驶的故障诊断与排除程序如图8-19所示	● 滤清器严重堵塞时，对油泵有何影响 不能吸油□ 不能压油□ 不能卸压□ ● C_1严重打滑时，会造成什么故障 汽车不能行驶□ 行驶无力□ 无D挡有R挡□

续表

3	故障诊断与排除	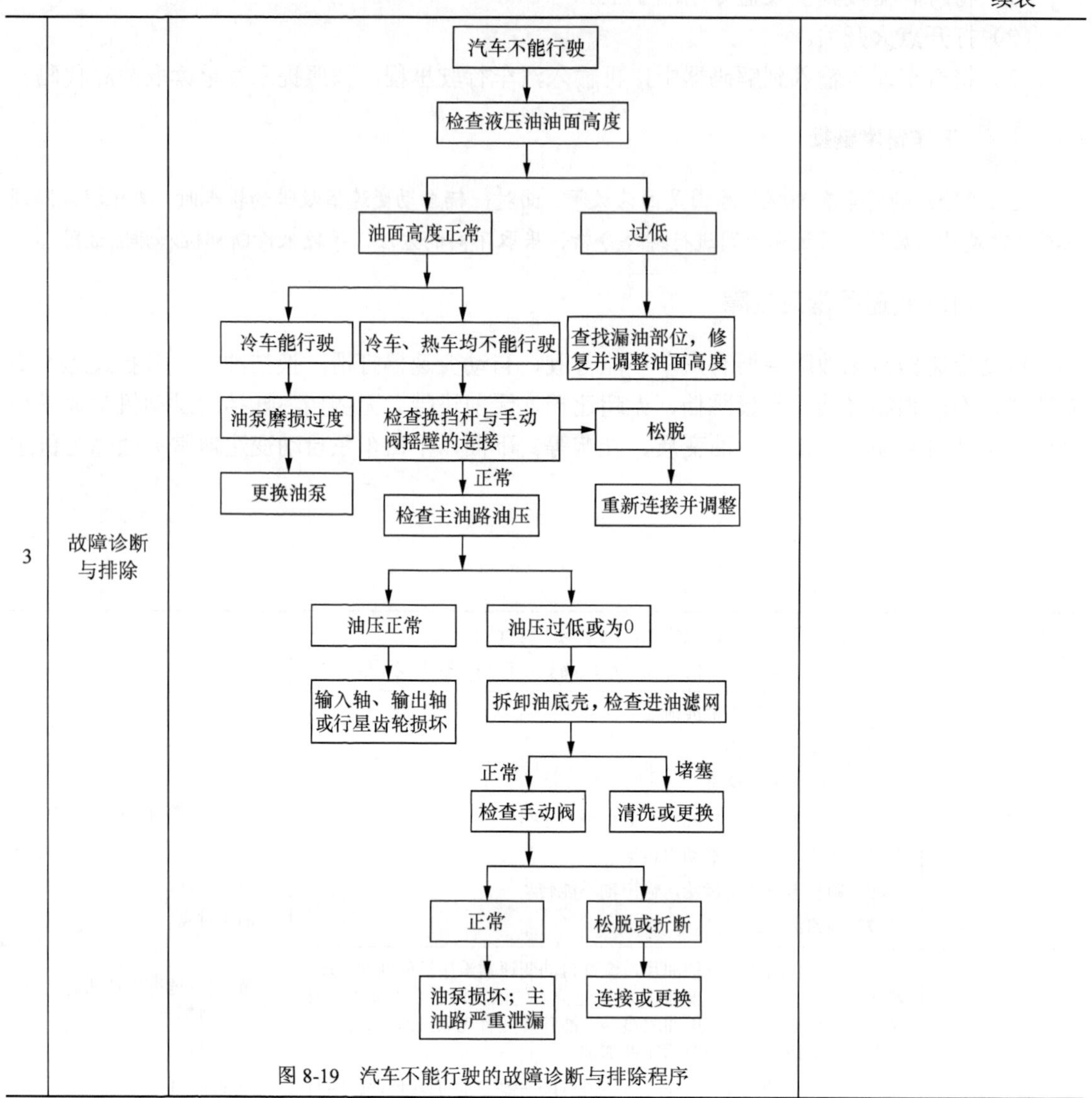 图 8-19　汽车不能行驶的故障诊断与排除程序	

故障 2　自动变速器打滑。

1	故障现象	（1）汽车起步时，发动机转速升高但起步很困难 （2）汽车加速时，车速不能随发动机转动升高而提高 （3）汽车上坡时，汽车行驶无力	● 油面过低造成什么使自动变速器打滑 离合器结合□　油压过高□ 油压过低□ ● 什么原因最容易导致制动器摩擦片严重磨损 油压过低□　油压过高□ 油泵内漏□ ● 自动变速器失速时，发动机肯定也失速 对□　错□
2	故障原因	（1）液压油油面太低 （2）液压油油面太高，运转中被行星排剧烈搅动后产生大量气泡 （3）离合器或制动器摩擦片、制动带磨损过甚或烧焦 （4）油泵磨损过甚或主油路泄漏，造成油路油压过低 （5）单向超越离合器打滑 （6）离合器或制动器活塞密封圈损坏，导致漏油 （7）减震器活塞密封圈损坏，导致漏油	

续表

3	故障诊断与排除	打滑是自动变速器最常见的故障之一。虽然自动变速器打滑往往都伴有离合器或制动器摩擦片严重磨损甚至烧焦等现象，但如果只是简单地更换磨损的摩擦片而没有找出打滑的真正原因，则会使修后的自动变速器使用一段时间后又出现打滑现象。因此，对于出现打滑的自动变速器，不要急于拆卸分解，应先做各种检查测试，以找出造成打滑的真正原因 （1）对于出现打滑现象的自动变速器，应先检查其液压油的油面高度和品质。若油面过低或过高，应先调整至正常后再做检查。若油面调整正常后自动变速器不再打滑，可不必拆修自动变速器 （2）检查液压油的品质。若液压油呈棕黑色或有烧焦味，说明离合器或制动器的摩擦片或制动带有烧焦，应拆修自动变速器 （3）做路试，以确定自动变速器是否打滑，并检查出现打滑的挡位和打滑的程度。将操纵手柄拨入不同的位置，让汽车行驶。若自动变速器升至某一挡位时发动机转速突然升高，但车速没有相应地提高，即说明该挡位有打滑。打滑时发动机的转速愈容易升高，说明打滑愈严重 根据出现打滑的规律，还可以判断产生打滑的是哪一个换挡执行组件（以 3 行星排的辛普森式 4 挡行星齿轮变速器为例） ① 若自动变速器在所有前进挡都有打滑现象，则为前进离合器打滑 ② 若自动变速器在操纵手柄位于 D 位时的1挡有打滑而在操纵手柄位于 L 位或 1 位时的 1 挡不打滑，则为前进单向超越离合器打滑。若不论操纵手柄位于 D 位或 L 位或 1 位时，1 挡都有打滑现象，则为低挡及倒挡制动器打滑 ③ 若自动变速器只在操纵手柄位于 D 位时的 2 挡有打滑，而在操纵手柄位于 S 位或 2 位时的 2 挡不打滑，则为 2 挡单向超越离合器打滑。若不论操纵手柄位于 D 位或 S 位或 2 位时，2 挡都有打滑现象，则为 2 挡制动器打滑 ④ 若自动变速器只在 3 挡有打滑现象，则为倒挡及高挡离合器打滑 ⑤ 若自动变速器只在超速挡 N 有打滑现象，则为超速制动器打滑 ⑥ 若自动变速器在倒挡和高挡时都有打滑现象，则为倒挡及高挡离合器打滑 ⑦ 若自动变速器在倒挡和 1 挡时都有打滑现象，则为低挡及倒挡制动器打滑 （4）对于有打滑故障的自动变速器，在拆卸分解之前，应先检查自动变速器的主油路油压，以找出造成自动变速器打滑的原因。自动变速器不论前进挡或倒挡均打滑，其原因往往是主油路油压过低。若主油路油压正常，则只要更换磨损或烧焦的摩擦组件即可。若主油路油压不正常，则在拆修自动变速器的过程中，应根据主油路油压(详见前面章节)，相应地对油泵或阀板进行检修，并更换自动变速器的所有密封圈和密封环。自动变速器打滑的故障诊断与排除程序如图 8-20 所示	

续表

3	故障 诊断与 排除	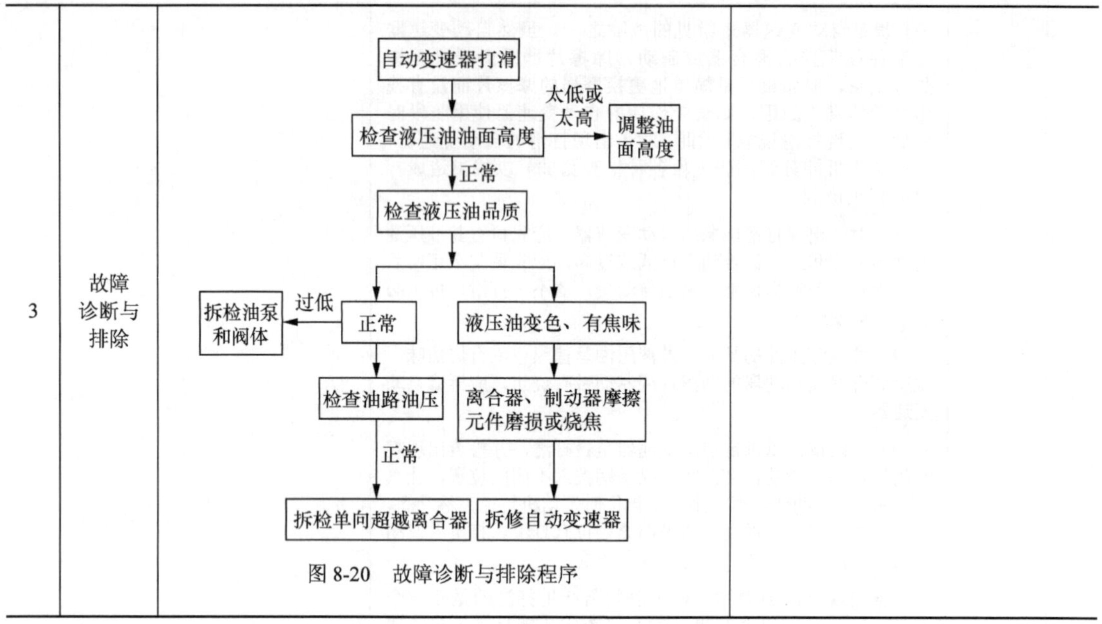 图 8-20 故障诊断与排除程序	

故障 3 换挡冲击大。

1	故障 现象	（1）当选挡手柄从 P 位或 N 位换入 R 挡或 D 挡时，汽车震动较为严重 （2）汽车行驶中升挡时，有较明显的闯动	
2	故障 原因	（1）发动机怠速过高 （2）节气门拉索调整过短 （3）节气门位置传感器调整不当 （4）主调压阀调整油压过高 （5）减震器不起减震作用 （6）储压器不起作用 （7）单向离合器损坏或漏装 （8）换挡组件打滑 （9）升挡过迟 （10）车速传感器或电路接触不良 （11）电控单元故障	● 节气门拉索调整过短，节气门会怎样 开度过大□ 开度过小□ ● 轿车起步时有轻微蠕动是允许的 对□ 错□ ● 下列中什么原因最容易引起换挡冲击 油温过高□ 摩擦片磨损□ 钢片质量差□
3	故障 诊断与 排除	导致自动变速器换挡冲击大的故障原因很多，情况也比较复杂。故障原因可能是调整不当等，对此，只要稍作调整即可排除；也可能是自动变速器内部的控制阀、减震器或换挡执行元件有故障，对此，必须分解自动变速器，予以修理；还可能是电子控制系统有故障，对此，必须对电子控制系统进行检测，才能找出具体原因。因此，在诊断故障的过程中，必须循序渐进，对自动变速器的各个部分做认真检查。一定要在全面检测的基础上，有针对性地进行分解修理，切不可盲目地拆修 （1）检查发动机怠速。装用自动变速器的汽车的发动机怠速一般为 750r/min 左右，若怠速过高，应按标准予以调整 （2）检查节气门拉索或节气门位置传感器的调整情况，如不符合标准，应重新予以调整 （3）检查真空式节气门阀的真空软管。如有破裂，应更换；如有松脱，应接牢	● 发动机在什么状况下会造成换挡冲击 无怠速□ 怠速过低□ 怠速过高□ ● 什么样的节气门开度会造成换挡冲击 过小□ 过大□

续表

<table>
<tr>
<td>3</td>
<td>故障诊断与排除</td>
<td>

（4）做道路试验。如果有升挡过迟的现象，则说明换挡冲击大的故障是升挡过迟所致。如果在升挡之前发动机转速异常升高，导致在升挡的瞬间有较大的换挡冲击，则说明离合器或制动器打滑，应分解自动变速器，予以修理

（5）检测主油路油压。如果怠速时的主油路油压过高，则说明主油路调压阀或节气门阀有故障，可能是调压弹簧的预紧力过大或阀心卡滞所致；如果怠速时主油路油压正常，但起步进挡时有较大的冲击，则说明前进离合器或倒挡及高挡离合器的进油单向阀阀球损坏或漏装。对此，应拆卸阀板，予以修理

（6）检测换挡时的主油路油压。在正常情况下，换挡时的主油路油压会有瞬时的下降。如果换挡时主油路油压没有下降，则说明减震器活塞卡滞。对此，应拆检阀板和减震器。

（7）电子控制自动变速器如果出现换挡冲击过大的故障，应检查油压电磁阀的线路以及油压电磁阀工作是否正常、电脑是否在换挡的瞬间向油压电磁阀发出控制信号。如果线路有故障，应予以修复；如果电磁阀损坏，应更换电磁阀；如果电脑在换挡的瞬间没有向油压电磁阀发出控制信号，说明电脑有故障，对此，应更换电脑。自动变速器换挡冲击大的故障诊断与排除程序如图 8-21 所示

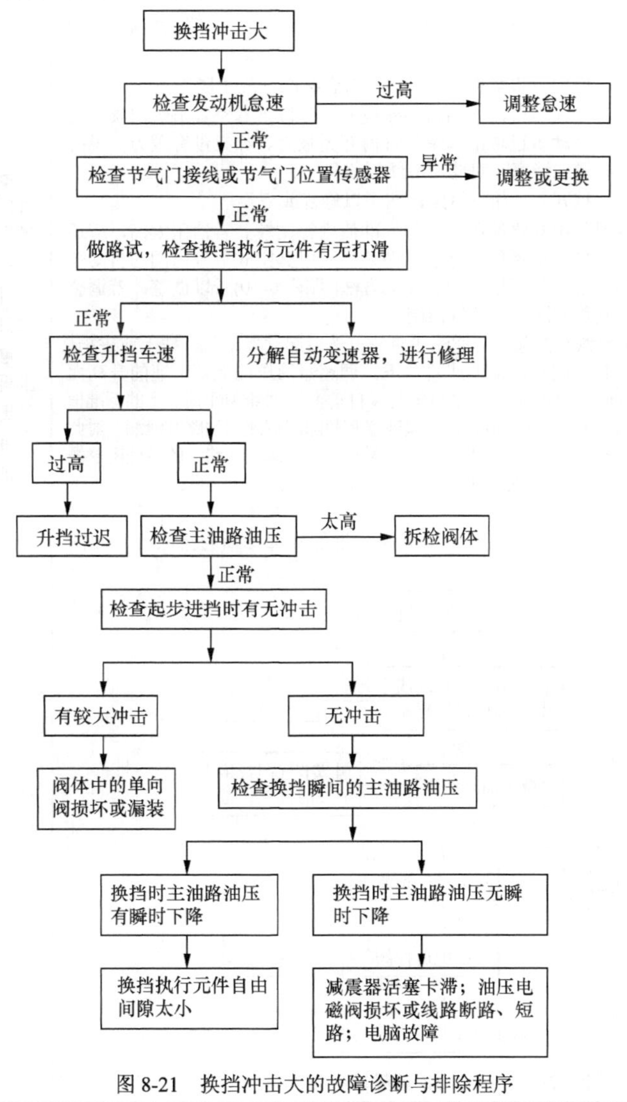

图 8-21　换挡冲击大的故障诊断与排除程序

</td>
<td></td>
</tr>
</table>

故障 4 升挡过迟。

<table>
<tr><td>1</td><td>故障现象</td><td>（1）汽车行驶中，升挡车速和发动机转速高于升挡正常值
（2）采用松开油门踏板方法才能迅速升入高挡</td><td rowspan="3">● 本故障原因中“节气门位置传感器调整不当”是指节气门什么
不能开启□
开度过小□
开度过大□
● 本故障原因中“调压阀调整不当”是指什么
无油压力□
油压过低□
油压过高□</td></tr>
<tr><td>2</td><td>故障原因</td><td>（1）节气门拉索或节气门位置传感器调整不当
（2）节气门位置传感器损坏
（3）调速器卡滞
（4）调速器弹簧预紧力过大
（5）调速器壳体螺栓松动或输出轴上的调速器进出油孔处的密封环磨损，导致调速器油路泄漏
（6）真空式节气门阀推杆调整不当
（7）真空式节气门阀的真空软管破裂或真空膜片室漏气
（8）主油路油压或节气门油压太高
（9）强制降挡开关短路
（10）电脑或传感器有故障</td></tr>
<tr><td>3</td><td>故障诊断与排除</td><td>（1）对于电子控制自动变速器，应先进行故障自诊断，如有故障代码，则按所显示的故障代码查找故障原因
（2）检查节气门拉索或节气门位置传感器的调整情况，如不符合标准，应重新予以调整
（3）测量节气门位置传感器的电阻，如不符合标准，应予以更换
（4）对于采用真空式节气门阀的自动变速器，应拔下真空式节气门阀上的真空软管，检查在发动机运转中真空软管内有无吸力。如果没有吸力，说明真空软管破裂、松脱或堵塞。对此，应予以修复
（5）检查强制降挡开关，如有短路，应予以修复或更换
（6）测量怠速时的主油路油压，并与标准值进行比较。若油压太高，应通过节气门拉索或节气门位置传感器予以调整。采用真空式节气门阀的自动变速器，应采用减少节气门阀推杆的长度的方法(见图 6-10)予以调整。若调整无效，应拆检主油路调压阀或节气门阀
（7）用举升器将汽车升起，让驱动轮悬空，然后起动发动机，挂上前进挡，让自动变速器运转，同时测量调速器油压。调速器油压应能随车速的升高而增大。将不同转速下测得的调速器油压与《自动变速器维修手册》上的标准值进行比较。若油压值低于标准值，说明调速器有故障或调速器油路有泄漏。对此应拆卸自动变速器，检查调速器固定螺栓有无松动、调速器油路上的各处密封圈或密封环有无磨损漏油、调速器阀心有无卡滞或磨损过甚、调速弹簧是否太硬
（8）若调速器油压正常，则升挡过迟的故障原因为换挡阀工作不良。对此，应拆检或更换阀板。自动变速器升挡过迟的故障诊断与排除程序如图 8-22 所示 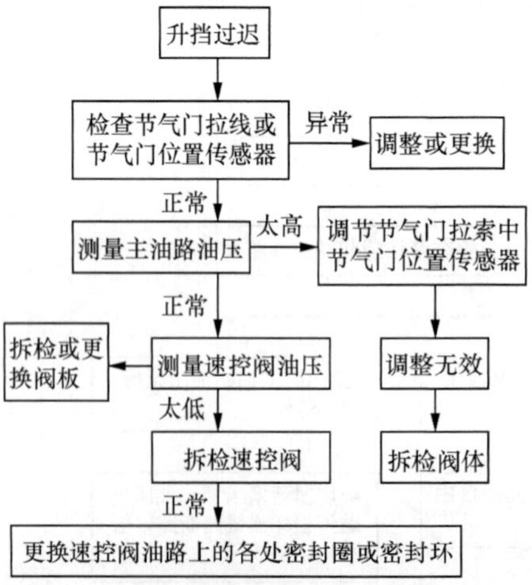
升挡过迟
检查节气门拉线或节气门位置传感器
异常
调整或更换
正常
测量主油路油压
太高
调节节气门拉索中节气门位置传感器
正常
测量速控阀油压
调整无效
拆检或更换阀板
太低
拆检速控阀
拆检阀体
正常
更换速控阀油路上的各处密封圈或密封环
图 8-22 升挡过迟的故障诊断与排除程序</td></tr>
</table>

故障 5　不能升挡。

1	故障现象	（1）选挡手柄在 2 位或 S 位时，汽车只能在 1 挡而不能升入 2 挡 （2）选挡手柄在 D 位时，汽车只能在低挡行驶而不能升入高一挡位	
2	故障原因	（1）节气门拉索调整不当 （2）节气门位置传感器调整不当 （3）调压阀调整油压过低 （4）油路泄漏 （5）换挡阀卡止 （6）电磁阀故障 （7）2 挡制动器或高挡离合器故障 （8）车速传感器及其线路故障 （9）电控单元故障	
3	故障诊断与排除	（1）对于电子控制自动变速器，应先进行故障自诊断。影响换挡控制的传感器有：节气门位置传感器、车速传感器等。按所显示的故障代码查找故障原因 （2）按标准重新调整节气门拉索或节气门位置传感器 （3）检查车速传感器，如有损坏，应予以更换 （4）检查挡位开关的信号，如有异常，应予以调整或更换 （5）测量调速器油压。若车速升高后调速器油压仍为 0 或很低，说明调速器有故障或调速器油路严重泄漏。对此，应拆检调速器。调速器阀心如有卡滞，应分解清洗，并将阀心和阀孔用金相砂纸抛光。若清洗抛光后仍有卡滞，应更换调速器 （6）用压缩空气检查调速器油路有无泄漏，如有泄漏，应更换密封圈或密封环 （7）若调速器油压正常，应拆卸阀板，检查各个换挡阀。换挡阀如有卡滞，可将阀心取出，用金相砂纸抛光，再清洗后装入。如不能修复，应更换阀板 （8）若控制系统无故障，应分解自动变速器，检查各个换挡执行组件有无打滑，用压缩空气检查各个离合器、制动器油路或活塞有无泄漏。自动变速器不能升挡的故障诊断与排除程序如图 8-23 所示 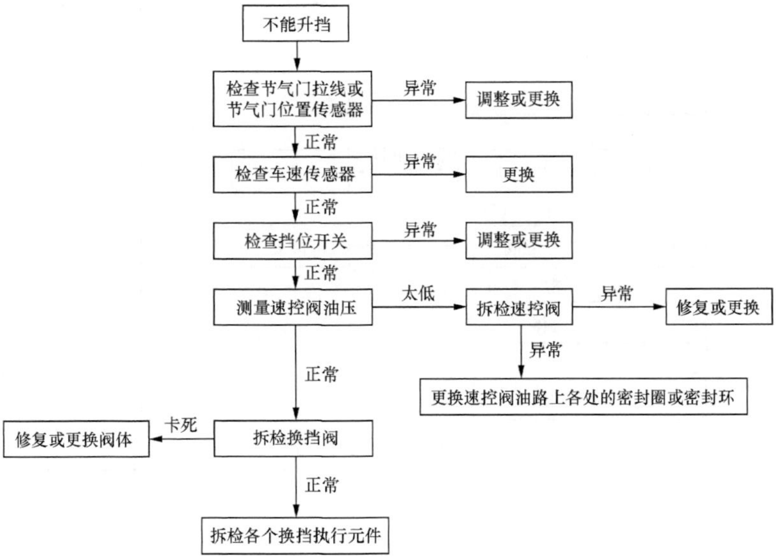 不能升挡 检查节气门拉线或节气门位置传感器 —异常→ 调整或更换 正常 检查车速传感器 —异常→ 更换 正常 检查挡位开关 —异常→ 调整或更换 正常 测量速控阀油压 —太低→ 拆检速控阀 —异常→ 修复或更换 拆检速控阀 —异常→ 更换速控阀油路上各处的密封圈或密封环 正常 拆检换挡阀 —卡死→ 修复或更换阀体 正常 拆检各个换挡执行元件 图 8-23　不能升挡故障诊断与排除	● 本故障原因中“节气门拉索调整不当”是指节气门什么 过短□ 过长□ ● 换挡阀卡止使换挡油路怎么样 不能通畅□ 不能改换□ ● 本故障原因中“2 挡制动器故障”是指什么 不能制动□ 不能分离□ ● 本故障原因中“高挡离合器故障”是指什么 不能结合□ 不能分离□

故障 6 不能强制降挡。

<table>
<tr><td>1</td><td>故障现象</td><td>汽车以 3 挡或 4 挡行驶时，突然将加速踏板踩到底，自动变速器不能立即降低一个挡，致使汽车加速无力</td><td rowspan="2">● 强制降挡的目的是什么
增速超车□
减速行驶□
● 不能强制降挡的含义也可指 2 挡不能降为 1 挡。
对□ 错□</td></tr>
<tr><td>2</td><td>故障原因</td><td>（1）节气门拉索调整不当
（2）节气门位置传感器调整不当
（3）强制降挡开关损坏或安装不当
（4）强制降挡电磁阀损坏或线路短路、断路
（5）强制降挡控制阀卡滞</td></tr>
<tr><td>3</td><td>故障诊断与排除</td><td>（1）检查节气门拉索，若拉索长短不当时，应进行调整
（2）检查调整节气门开度，若开度不当时，应进行调整
（3）检查强制降挡开关。在加速踏板踩到底时，强制降挡开关触点应闭合；松开加速踏板时，强制降挡开关触点应断开。如果加速踏板踩到底触点没有闭合时，可用手动开关。如果按下手动开关后触点能闭合，说明开关安装不当，应重新调整；如果触点不能闭合，说明开关损坏
（4）检查强制降挡相关线路是否短、断路，若有松动、短路时，应检修线路
（5）检查强制降挡电磁阀。打开油底壳，拆下电磁阀检查其工作情况，若不正常应更换电磁阀
（6）检查强制降挡。打开油底壳，拆解阀板总成，清洁检查强制降挡，若阀芯有卡滞，可抛光检修，若无法修理时，应更换强制降挡
自动变速器不能强制降挡的故障诊断与排除程序如图 8-24 所示 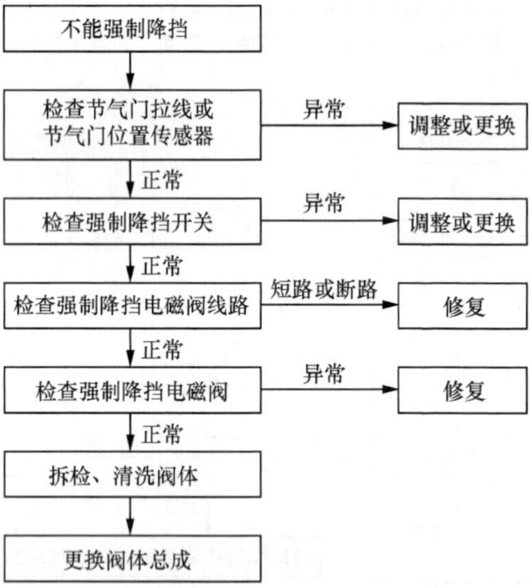

不能强制降挡
↓
检查节气门拉线或节气门位置传感器 —异常→ 调整或更换
↓正常
检查强制降挡开关 —异常→ 调整或更换
↓正常
检查强制降挡电磁阀线路 —短路或断路→ 修复
↓正常
检查强制降挡电磁阀 —异常→ 修复
↓正常
拆检、清洗阀体
↓
更换阀体总成

图 8-24 不能强制降挡的故障诊断与排除程序</td><td>● 本故障原因中“节气门拉索调整不当”是指什么？
拉索过短□
拉索过长□
● 电控自动变速器强制降挡开关在节气门达到多少开度才接通强制降挡电路？
50%□
85%□
100%□</td></tr>
</table>

故障 7　频繁跳挡。

1	故障现象	汽车行驶中，自动变速器出现突然降挡，降挡后发动机转速升高，并产生换挡冲击	
2	故障原因	（1）节气门位置传感器调整不当或线路故障 （2）车速传感器有故障 （3）换挡电磁阀或线路故障 （4）ECU 故障	
3	故障诊断与排除	（1）对于电子控制自动变速器，应先进行故障自诊断。如有故障代码出现，按所显示的故障代码查找故障原因 （2）测量节气门位置传感器，如有异常，应更换 （3）测量车速传感器，如有异常，应更换 （4）检查控制系统电路各条接地线的接地状态，如有接地不良现象，应予以修复 （5）拆下自动变速器油底壳，检查各个换挡电磁阀线束接头的连接情况，如有松动，应予以修复 （6）检查控制系统电脑各接线脚的工作电压，如有异常，应予以修复或更换 （7）换一个新的阀板或电脑试一下，如果故障消失，说明原阀板或电脑损坏，应更换 （8）更换控制系统所有线束 自动变速器频繁跳挡的故障诊断与排除程序如图 8-25 所示 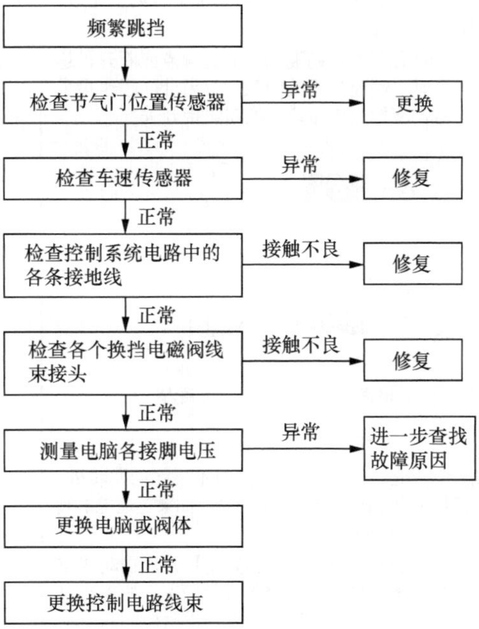 频繁跳挡 检查节气门位置传感器 —异常→ 更换 正常 检查车速传感器 —异常→ 修复 正常 检查控制系统电路中的各条接地线 —接触不良→ 修复 正常 检查各个换挡电磁阀线束接头 —接触不良→ 修复 正常 测量电脑各接脚电压 —异常→ 进一步查找故障原因 正常 更换电脑或阀体 正常 更换控制电路线束 图 8-25　频繁跳挡的故障诊断与排除程序	● 本故障原因中“车速传感器有故障”是指什么 断、短路□ 接触不良□ ● 本故障原因中“换挡电磁阀线路故障”是指什么 有断、短路□ 无断、短路□

故障 8 无超速挡。

1	故障现象	（1）在汽车行驶中，车速已升高至超速挡工作范围，但自动变速器仍不能从 3 挡换入超速挡 （2）在车速已达到超速挡工作范围后，采用提前升挡(即松开油门踏板几秒后再踩下)的方法也不能使自动变速器升入超速挡	
2	故障原因	（1）节气门位置传感器及其线路有故障 （2）超速挡开关有故障 （3）3～4 挡电磁阀有故障 （4）3～4 挡换挡阀卡滞 （5）超速挡制动器有故障 （6）挡位开关有故障 （7）超速单向离合器卡死 （8）油温传感器及其线路有故障 （9）ECU 故障	
3	故障诊断与排除	（1）对于电子控制自动变速器，应先进行故障自诊断，检查有无故障代码。液压油温度传感器、节气门位置传感器、超速电磁阀等部件的故障都会影响超速挡的换挡控制。按显示的故障代码查找故障原因 （2）检查液压油温度传感器在不同温度下的电阻值，并与标准值进行比较。如有异常，应更换液压油温度传感器 （3）检查挡位开关和节气门位置传感器的信号。挡位开关的信号应和操纵手柄的位置相符。节气门位置传感器的电阻或输出电压应能随节气门的开大而上升，并与标准相符。如有异常，应予以调整。若调整无效，应更换挡位开关或节气门位置传感器 （4）检查超速挡开关。在 ON 位置时，超速挡开关的触点应断开，超速指示灯不亮；在 OFF 位置时，超速挡开关的触点应闭合，超速指示灯亮起(见图 8-26)。如有异常，应检查电路或更换超速挡开关 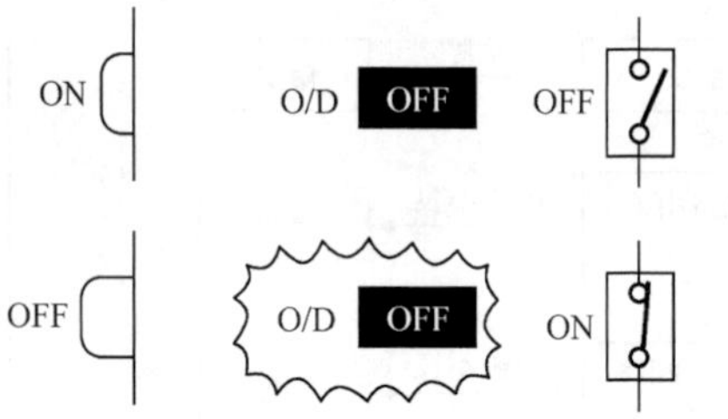 （a）超速挡开关 （b）超速指示灯 （c）开关触点 图 8-26 超速挡开关 （5）检查超速电磁阀的工作情况。打开点火开关，但不要起动发动机，在按下超速挡开关时，检查超速电磁阀有无工作的声音。如果超速电磁阀不工作，应检查控制线路或更换超速电磁阀 （6）用举升器将汽车升起，让驱动轮悬空。运转发动机，让自动变速器以前进挡工作，检查在空载状态下自动变速器的升挡情况。如果在空载状态下自动变速器能升入超速挡，且升挡车速正常，说明控制系统工作正常，不能升挡的故障原因为超速制动器打滑，在有负荷的状态下不能实现超速挡。如果能升入超速挡，但升挡后车速提不高，发动机转速下降，说明超速行星排中的直接离合器或直接单向超速离合器卡死，使超速行星排在超速挡状态下出现运动干涉，加大了发动机运转阻力。如果在无负荷状态下仍不能升入超速挡，说明控制系统有故障。对此，应拆卸阀板，检查 3～4 换挡阀。如有卡滞，可将阀心拆下，予以清洗并抛光。如不能修复，应更换阀板总成 自动变速器无超速挡的故障诊断与排除程序如图 8-27 所示	●本故障原因中“节气门位置传感器有故障”是指什么 无低电压信号□ 无高电压信号□ ●本故障原因中“超速挡开关有故障”是指什么 开关断开不了□ 开关闭合不了□ ●本故障原因中“3～4 挡电磁阀有故障”是指什么 断路、短路□ 接触不良□ ●选挡手柄在什么挡位上汽车才有可能进入 4 挡行驶 R 位□ D 位□ S 位□ L 位□

续表

3	故障诊断与排除	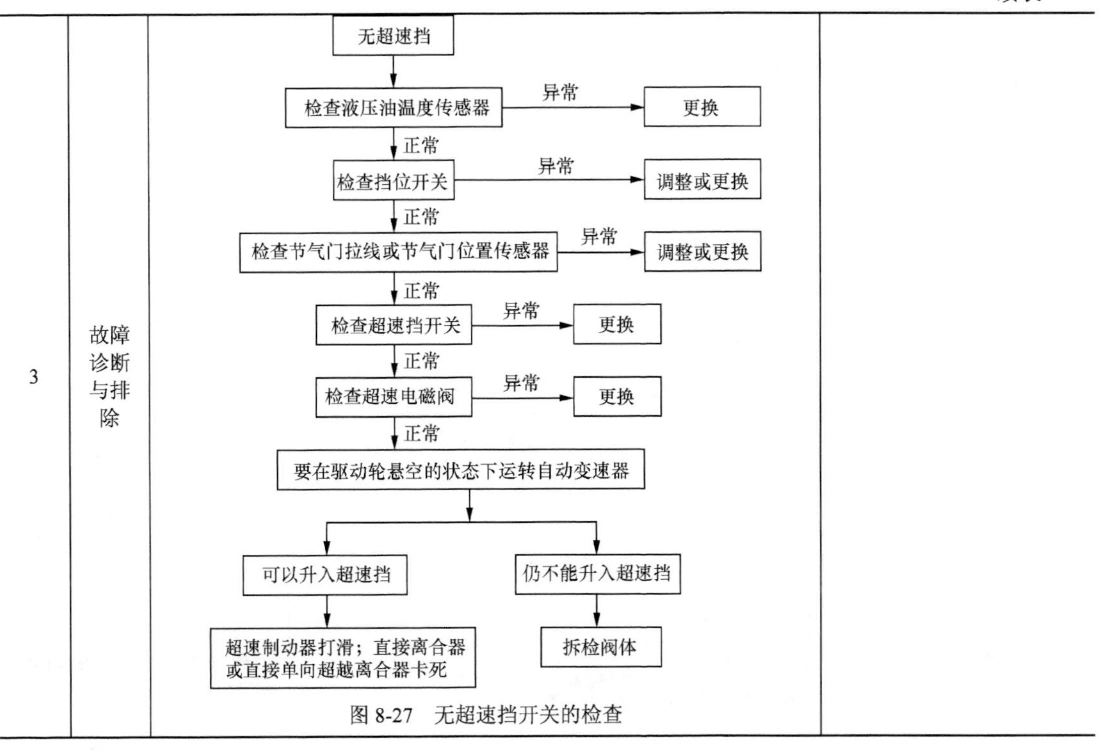 图 8-27　无超速挡开关的检查	

故障 9　无前进挡。

1	故障现象	自动变速器在 D 位、2 位或 L 位时，均不能行驶，但在 R 位时则正常	● 直接挡离合器有故障时，使汽车无前进挡，而对 R 挡工作无影响 对□　　错□ ● 离合器摩擦片严重老化时，无论油压是否正常都会打滑 对□　　错□
2	故障原因	（1）前进挡离合器打滑 （2）前进挡离合器油路严重泄漏 （3）前进挡单向离合器打滑或装反 （4）选挡手柄位置不当	
3	故障诊断与排除	（1）检查操纵手柄的调整情况，如有异常，应按规定程序重新调整 （2）测量前进挡主油路油压。若油压过低，说明主油路严重泄漏，应拆检自动变速器，更换前进挡油路上各处的密封圈和密封环 （3）若前进挡的主油路油压正常，应拆检前进离合器。如摩擦片表面粉末冶金层有烧焦或磨损过甚，应更换摩擦片 （4）若主油路油压和前进离合器均正常，则应拆检前进单向超越离合器 自动变速器无前进挡的故障诊断与排除程序如图 8-28 所示 无前进挡 检查换挡杆位置　异常→　调整 正常 测量前进挡主油路油压　太低→　前进离合器油路泄漏 正常 前进离合器打滑；前进单向超越离合器打滑或装反 图 8-28　无前进挡的故障诊断与排除程序	

凡是涉及“无挡”故障时，均应从它的挡位传递路线和油控途径着手，沿着挡位传递路线和油控途径去分析线路中涉及的组件，查找故障部位。

故障 10　无倒挡。

1	故障现象	自动变速器在 R 位时不能行驶，而在 D 位、2 位或 L 位时则正常	
2	故障原因	（1）倒挡离合器打滑 （2）倒挡制动器打滑 （3）倒挡油路严重泄漏 （4）选挡手柄位置不当	
3	故障诊断与排除	（1）检查操纵手柄的位置，如有异常，应按规定程序重新调整 （2）检查倒挡油路油压。若油压过低，则说明倒挡油路泄漏。对此，应拆检自动变速器，予以修复 （3）若倒挡油路油压正常，应拆检自动变速器，更换损坏的离合器片或制动器片(制动带) 自动变速器无倒挡的故障诊断与排除程序如图 8-29 所示 无倒挡 → 检查换挡杆位置 —异常→ 调整 检查换挡杆位置 —正常→ 检查倒挡主油路油压 —太低→ 倒挡油路泄漏 检查倒挡主油路油压 —正常→ 倒挡及高挡离合器或低挡及倒挡制动器打滑 图 8-29　无倒挡的故障诊断与排除程序	● 倒挡离合器代号是什么 C0□　C1□　C2□ ● 倒挡离合器的输出端零件是什么 输入轴□ 中间轴□ 太阳齿轮□ ● 变速器泄漏有内漏和外漏之分 对□　　错□

故障 11　挂挡后发动机怠速易熄火。

1	故障现象	（1）发动机怠速运转时将操纵手柄由 P 位或 N 位换入 R 位、D 位、S 位、L 位(或 2 位、1 位)时发动机熄火 （2）在前进挡或倒挡行驶中，踩下制动踏板停车时发动机熄火	
2	故障原因	（1）发动机怠速过低 （2）阀板中的锁止控制阀卡滞 （3）挡位开关有故障 （4）输入轴转速传感器有故障	● 轿车发动机怠速的转速一般是多少？ 800～900min/r □ 1000～1200min/r □ 1300～1500min/r □
3	故障诊断与排除	（1）在空挡或停车挡时，检查发动机怠速，正常的发动机怠速应为 750r/min。若怠速过低，应重新调整 （2）对于电子控制自动变速器，应先进行故障诊断，按所显示的故障代码查找故障原因 （3）检查挡位开关的信号，应与操纵手柄的位置相一致，否则应予以调整或更换	

续表

<table>
<tr>
<td>3</td>
<td>故障诊断与排除</td>
<td>（4）检查输入轴转速传感器，如有损坏，应更换
（5）拆卸阀板，检查锁止控制阀。如有卡滞，应清洗抛光后装复。如仍不能排除故障，应更换阀板。若油底壳内有大量摩擦粉末，应彻底分解自动变速器，予以检修。排除程序如图 8-30 所示
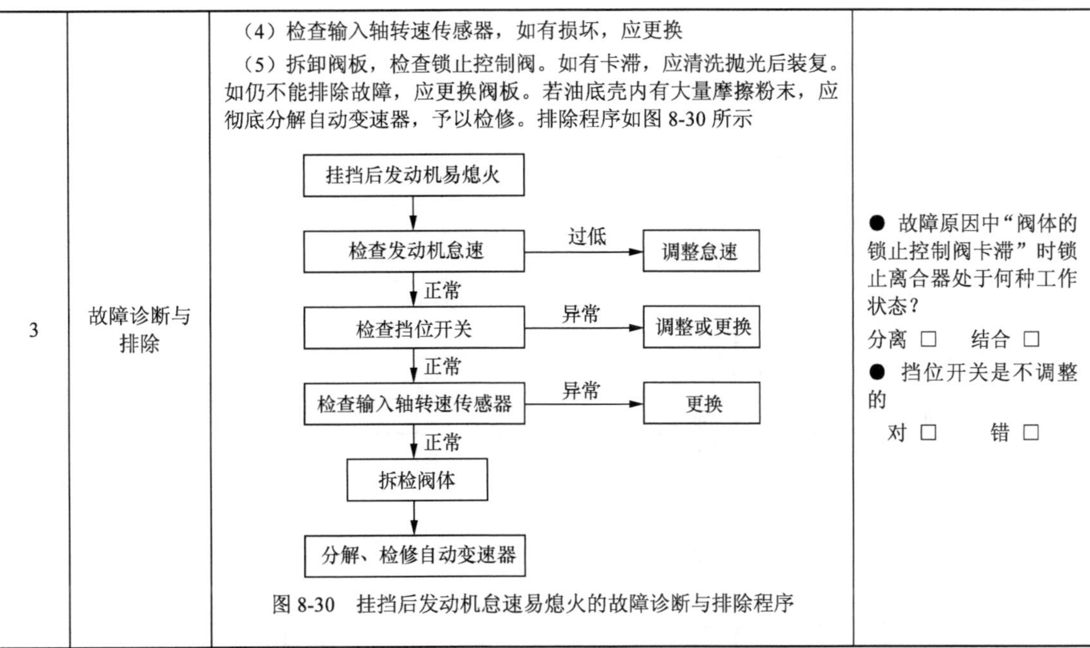

图 8-30　挂挡后发动机怠速易熄火的故障诊断与排除程序</td>
<td>● 故障原因中“阀体的锁止控制阀卡滞”时锁止离合器处于何种工作状态？
分离 □　结合 □
● 挡位开关是不调整的
对 □　错 □</td>
</tr>
</table>

故障 12　无发动机制动。

<table>
<tr>
<td>1</td>
<td>故障现象</td>
<td>汽车在 L 位或 2 位 2 挡行驶时，松开加速踏板后，车速没有明显减速；下坡时，无发动机制动作用</td>
<td rowspan="3">● 低挡制动器代号是什么
B_1□　B_2□　B_3□
● 低挡制动器在哪些挡位上处于制动工作状态
L、S−1□
L、S−2□
L、R□
● 本故障原因中“阀体有故障”是指什么
无 B1 或 B3 油路□
电磁阀故障□
● 换挡离合器打滑所指的是什么
离合器完全分离□
离合器完全结合□
离合器半结合□</td>
</tr>
<tr>
<td>2</td>
<td>故障原因</td>
<td>（1）挡位开关调整不当
（2）选挡手柄位置不正确
（3）低挡制动器打滑
（4）换挡离合器打滑
（5）阀体有故障
（6）ECU 故障</td>
</tr>
<tr>
<td>3</td>
<td>故障诊断与排除</td>
<td>（1）对于电子控制自动变速器，应先进行故障自诊断，按所显示的故障代码查找故障原因
（2）做道路试验，检查加速时自动变速器有无打滑现象。如有打滑，应拆修自动变速器
（3）如果操纵手柄位于 S 位时没有发动机制动作用，但操纵手柄位于 L 位时有发动机制动作用，则说明 2 挡强制制动器打滑，应拆修自动变速器
（4）如果操纵手柄位于 L 位时没有发动机制动作用，但操纵手柄位于 S 位时有发动机制动作用，则说明低挡及倒挡制动器打滑，应拆修自动变速器
（5）检查控制发动机制动的电磁阀线路有无短路或断路，电磁阀线圈电阻是否正常，通电后有无工作声音，如有异常，应修复或更换
（6）拆卸阀板总成，清洗所有控制阀。阀心如有卡滞可抛光后装复。如抛光后仍有卡滞，应更换阀板
（7）检测电脑各接脚电压。要特别注意与节气门位置传感器、挡位开关连接的各接脚的电压。如有异常，应做进一步的检查</td>
</tr>
</table>

续表

<table>
<tr><td>3</td><td>故障诊断与排除</td><td>（8）更换一个新的电脑试一下。如果故障消失，说明原电脑损坏，应更换动变速器
无发动机制动的故障诊断与排除程序如图 8-31 所示 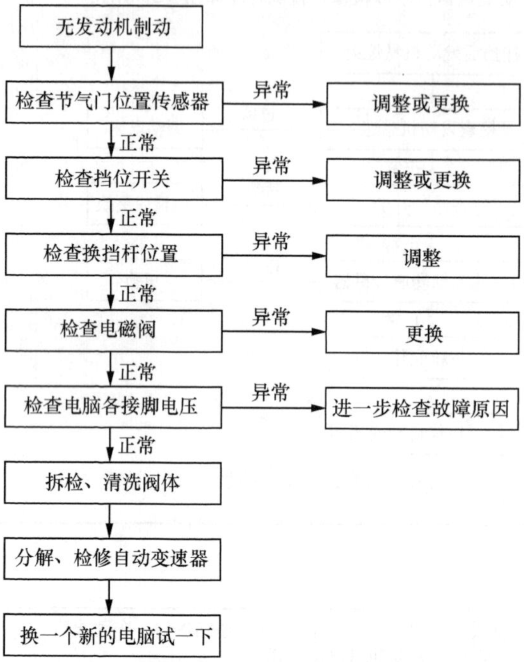
无发动机制动 → 检查节气门位置传感器（异常 → 调整或更换；正常 ↓）
检查挡位开关（异常 → 调整或更换；正常 ↓）
检查换挡杆位置（异常 → 调整；正常 ↓）
检查电磁阀（异常 → 更换；正常 ↓）
检查电脑各接脚电压（异常 → 进一步检查故障原因；正常 ↓）
拆检、清洗阀体 → 分解、检修自动变速器 → 换一个新的电脑试一下
图 8-31　无发动机制动的故障诊断与排除程序</td><td></td></tr>
</table>

利用发动机制动是指抬起油门踏板，但不脱离开发动机，利用发动机的压缩行程产生的压缩阻力、内摩擦力和进排气阻力对驱动轮形成制动作用。

故障 13　无锁止。

<table>
<tr><td>1</td><td>故障现象</td><td>汽车行驶中其车速、挡位已经达到锁止离合器工作条件，但不能起到锁止作用，且油耗增大</td><td rowspan="3">● 本故障原因中“变矩器锁止离合器损坏”是指什么
不能结合□
不能分离□
● 无油温信号时 ECU 则无锁止命令
对□　错□</td></tr>
<tr><td>2</td><td>故障原因</td><td>（1）电磁阀及其线路故障
（2）锁止控制阀有故障
（3）变矩器锁止离合器损坏
（4）节气门位置传感器有故障
（5）油温传感器及其线路故障</td></tr>
<tr><td>3</td><td>故障诊断与排除</td><td>（1）对于电子控制自动变速器，应先做故障自诊断，检查有无故障代码。如有故障代码则可按显示的故障代码查找相应的故障原因，与锁止控制有关的部件包括液压油温度传感器、节气门位置传感器、锁止电磁阀等
（2）检查节气门位置传感器，如果在一定节气门开度下的节气门位置传感器输出电压过高或电位计电阻过大，应予以调整。若调整无效，应更换节气门位置传感器</td></tr>
</table>

续表

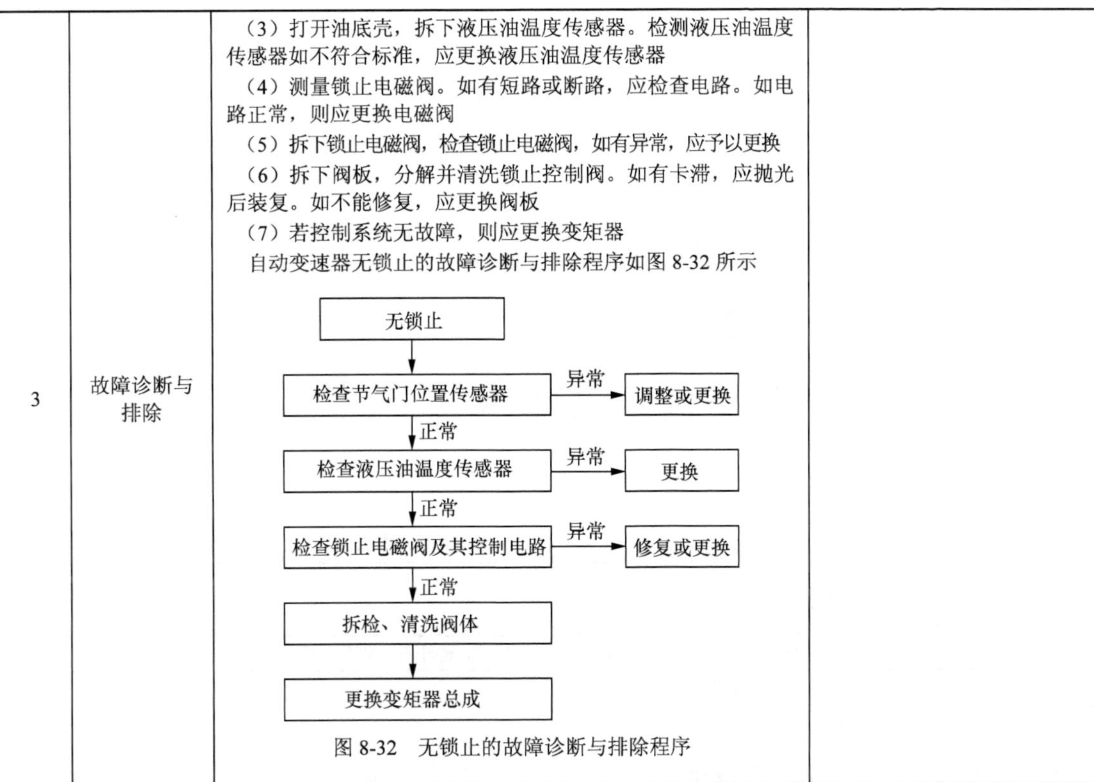

3	故障诊断与排除	（3）打开油底壳，拆下液压油温度传感器。检测液压油温度传感器如不符合标准，应更换液压油温度传感器 （4）测量锁止电磁阀。如有短路或断路，应检查电路。如电路正常，则应更换电磁阀 （5）拆下锁止电磁阀，检查锁止电磁阀，如有异常，应予以更换 （6）拆下阀板，分解并清洗锁止控制阀。如有卡滞，应抛光后装复。如不能修复，应更换阀板 （7）若控制系统无故障，则应更换变矩器 自动变速器无锁止的故障诊断与排除程序如图 8-32 所示	

图 8-32　无锁止的故障诊断与排除程序

故障 14　自动变速器液压油变质。

1	故障现象	（1）更换后的新液压油使用不久即变质 （2）自动变速器温度太高，从加油口处向外冒烟	
2	故障原因	（1）汽车使用不当，经常超负荷行驶，如经常用于拖车，或经常急加速、超速行驶等 （2）液压油散热器管路堵塞 （3）通往液压油散热器的限压阀卡滞 （4）离合器或制动器自由间隙太小 （5）主油路油压太低，离合器或制动器在工作中打滑	● 油压过高会使油温怎么样 过低□ 过高□
3	故障诊断与排除	（1）让汽车以中低速行驶 5～10min，待自动变速器达到正常工作温度后，在发动机运转过程中检查自动变速器液压油散热器的温度。在正常情况下，液压油散热器的温度可达 60℃左右。若液压油散热器的温度过低，说明油管堵塞，或通往液压油散热器的限压阀卡滞。这样，液压油得不到及时的冷却，油温过高，导致变质 （2）若液压油散热器的温度太高，说明离合器或制动器自由间隙太小。对此，应拆卸自动变速器，予以调整 （3）若液压油温度正常，应测量主油路油压，若油压太低，应检查节气门拉索或节气门位置传感器的调整情况。若节气门拉索或节气门位置传感器安装正常，应拆卸自动变速器，检查油泵是否磨损过甚、阀板内的主油路调压阀和节气门阀有无卡滞、主油路有无漏油处 （4）若上述检查均正常，则故障可能是汽车经常超负荷行驶所致，或未按规定使用合适牌号的液压油所致。对此，可将液压油全部放出，加入规定牌号和数量的液压油	● 进入散热器内的油液来自于哪里 变矩器□ 换挡元件□ 油底壳□

续表

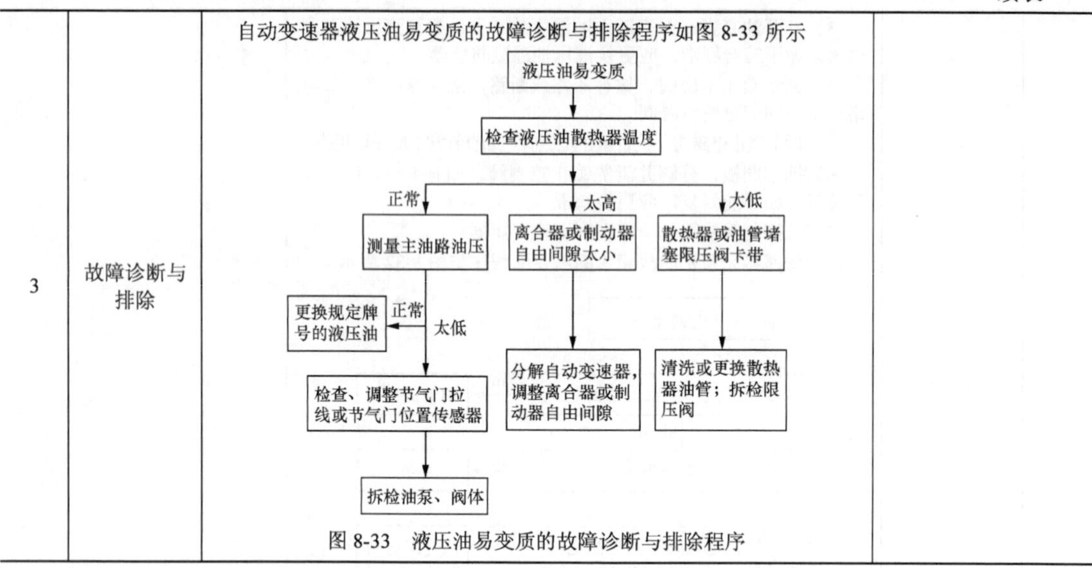

3	故障诊断与排除	自动变速器液压油易变质的故障诊断与排除程序如图 8-33 所示 图 8-33　液压油易变质的故障诊断与排除程序	

故障 15　自动变速器异响。

1	故障现象	汽车在行驶过程中，自动变速器内始终有异响，停车挂空挡后异响消失	
2	故障原因	（1）自动变速器油面过低 （2）油泵严重磨损 （3）锁止离合器损坏 （4）行星齿轮机构损坏 （5）单向离合器损坏 （6）换挡离合器或制动器严重磨损 （7）自动变速器轴承严重磨损	
3	故障诊断与排除	（1）检查自动变速器液压油油面高度，若太高或太低，应调整至正常高度 （2）用举升器将汽车升起，启动发动机，在空挡、前进挡、倒挡等状态下检查自动变速器产生异响的部位和时刻 （3）若在任何挡位下自动变速器中始终有一连续的异响，通常为油泵或变矩器异响，应拆检自动变速器，检查油泵有无磨损、变矩器内有无大量摩擦粉末。如有异常，应更换油泵或变矩器 （4）若自动变速器只有在车辆行驶中才出现异响，空挡时则为行星齿轮机构异响，应分解自动变速器，检查行星齿轮机构中各个零件有无磨损痕迹，齿轮有无裂纹，单向超越离合器有无磨损、卡滞，轴承有无磨损。如有异常，更换相应零件 自动变速器异响的故障诊断与排除程序如图 8-34 所示 异响 → 检查液压油油面高度 —异常→ 调整 正常 → 检查异响部位 前部异响 → 油泵异响或变矩器异响 → 更换 后部异响 → 行星齿轮机构异响 → 拆检行星排 图 8-34　自动变速器异响的故障诊断与排除程序	● 空挡时有异响，故障部位在哪里 离合器□ 变矩器□ 行星齿轮机构□ ● 零件磨损后首先是什么 变形□ 裂纹□ 断裂□

提示 影响自动变速器正常工作的主要因素有两方面：一是机械部分，即换挡离合器、制动器摩擦片磨损或间隙不当、活塞磨损间隙过大、各密封组件泄漏、油道堵塞等；二是电子控制部分，即各传感器、执行器、中央控制单元损坏或调整不当等

■ 拓展练习

1．故障诊断与故障排除在定义上有何不同？	
2．人工读取故障代码前，为什么要求关掉所有用电设备？	
3．自动变速器油数量不足对变速器工作有何影响？	
4．空挡起动开关调整不当对变速器工作有何影响？	
5．节气门拉索调整不当对变速器工作有何影响？	
6．自动变速器换挡冲击应该做哪些检查和试验？	
7．自动变速器不能升挡应该做哪些检查和试验？	

8．请你根据丰田车系故障指示灯闪亮规律，画出无故障代码的波形。

9．请你根据丰田车系故障指示灯闪亮规律，分别画出故障代码46和64的故障波形。

故障代码46的故障波形　　　　故障代码64的故障波形

10．请你根据本田雅阁故障指示灯闪亮规律，分别画出故障代码 8 和 16 的故障波形。

故障代码 8 的故障波形　　　　故障代码 16 的故障波形

■ 学习活动评价

活动评价表

项　　目	评 价 内 容	评价等级（学生自我评价）		
		A	B	C
关键能力评价项目	1．安全意识强			
	2．着装仪容符合实习要求			
	3．积极主动学习			
	4．无消极怠工现象			
	5．爱护公共财物和设备设施			
	6．维护课堂纪律			
	7．服从指挥和管理			
	8．积极维护场地卫生			
专业能力评价项目	1．书、本等学习用品准备充分			
	2．工具、量具选择及运用得当			
	3．理论联系实际			
	4．遵守操作规范			
	5．作业符合技术标准			
	6．独立完成操作训练			
	7．独立完成工作页			
	8．学习和训练质量高			
教师评语		成绩评定		

附录A 汽车自动变速器型号与车型对照表

公司	自动变速器型号	车型		
		英文名称	中文名称	生产时间
丰田	A240L	Corolla	花冠	1981年以后
	A140L	Camry 2.2	佳美 2.2	1981年以后
	A43DL	Crown	皇冠	1981年以后
	A43DE	Crown	皇冠	1981—1987年
	A140E	Camry 2.2	佳美 2.2	1982年以后
	A340E	Crown	皇冠	1984年以后
		Supra	超级人	1984年以后
	A540E	Lexus 300	凌志 300	1988年以后
		Camry 3.0	佳美 3.0	1988年以后
	A341E	Lexus 400	凌志 400	1989年以后
	A342E	Lexus 400	凌志 400	1989年以后
	A46DE	Previa	大霸王	1990年以后
日产	RE4F02A	Maxima	千里马	
	RE4F04A	Cefiro 2.0	风度 2.0	
	RE4F04A	Sunny	阳光	
	RL4F03A	BlueBird（U13）	蓝鸟（U13）	
	L4N71B	Cedric（U13）	公爵王（U13）	
本田	MPXA	Accord 2.2	雅阁 2.0	1993年
	MPOA	A ccord 2.2	雅阁 2.0	1994年
	MPYA	Legend 3.2	里程 3.2	
别克	4T60E	Century 3.1	世纪 3.1	
		Regal	豪华	
		Skylark 2.4	云雀 2.4	1996年
	3T40	Century	世纪	
		Skylark 2.3	云雀 2.3	
雪佛兰	4T60E	Beretta V6 3.1	贝雷塔 V6 3.1	
		Corsica 3.1	柯西嘉 3.1	
	3T40	Cavalier 2.2	骑士 2.2	
		Lumina 3.1	鲁米娜 3.1	

续表

公司	自动变速器型号	车型		
		英文名称	中文名称	生产时间
马自达	R4A-EL	Mazda 929 3.0	马自达	1990—1992 年
	GF4A-EL	Mazda 626	马自达	
		Mazda MX-6	马自达	
宝马	ZF3HP22	BMW733i	宝马 733i	
	4L30E	BMW525	宝马 525	
	ZF3HP22 /24-EH	BMW535i	宝马 535i	
		BMW740i	宝马 740i	
	ZF5HP 18-EH	BMW750i	宝马 750i	
		BMW850i	宝马 850i	
大众	ZF4HP 18	Audi V6	奥迪 V6	
	大众 96	Golf	高尔夫	
		Jetta	捷达	
		Audi 100/200	奥迪	
奥迪	大众 97	Audi 100	奥迪 100	1993—1994 年
	大众 97	Audi 90	奥迪 90	1993—1994 年
沃尔沃	AW40（AW30-40 AW30-43）	Volvo940	沃尔沃 940	
		Volvo960	沃尔沃 960	
一汽	01V	AUDIA6	奥迪 A6	1991 年
一汽	01M	JETTA	捷达都市先锋	2000 年
一汽	AG-4	BORA	宝来	2002 年
神龙	AL-4		富康 988	1998 年
上海通用	4T65-E	BUICK BUICK	上海别克 GL、GLX、新世纪	1999 年
上海大众	01N	SANTANA、PASSAT B5	桑塔纳 2000GSI-AT、帕萨特 B5	1997 年
广本	PAX	ACCORD	本田雅阁	1998 年
奇瑞	4HP14	CHERY	奇瑞	2002 年

附录B 汽车自动变速器术语中英文对照表

英 文 缩 写	英 文 全 称	中 文 含 义
TOYOTA	Toyota	丰田
HONDA	Honda	本田
HYUNDAI	Hyundai	现代
BMW	Bavarian Motor Works	宝马
NISSAN	Nissn	日产
VW	Volks Wagen	大众
GM	General Motors	通用
FORD	Ford	福特
BENZ	Mercedes Benz	奔驰
RENAULT	Renault	雷诺
MITSUBISHI	Mitsubishi	三菱
MAZDA	Mazda	马自达
CITROEN	Citroen	雪铁龙
FIAT	Fabbrica Italiana di Automobile Torino	菲亚特
VOLVO	Volvo	沃尔沃
CHRYSLER	Chrysler	克莱斯勒
AT A/T	Automatic Transmission	自动变速器
CVT	Continuous Variable Transmission	无级自动变速器
MT	Manual Transmission	手动变速器
TRSR	Transmission Ratio Speed Ratio	传动比
ATF	Automatic Transmission Fluid	自动变速器油
ATTS	Automatic Torque Transfer System	自动转矩传递系统
AUTO	Automatic	自动
TC	Torque Converter	液力变矩器
LUC	Locr Up Clutch	锁止离合器
T	Torque	转矩
4WD	Four Wheel Drive	四轮驱动
FWD	Four Wheel Drive	前轮驱动
RWD	Rear Wheel Drive	后轮驱动
P	Park	停车挡

续表

英文缩写	英文全称	中文含义
R	Reverse	倒车挡
N	Neutral	空挡
D	Drive	前进挡
S	Slow	前进2挡
L	Low	前进1挡
BAT	Battery	蓄电池
GND	Ground	接地
CPS	Crankshagt Position Sensor	曲轴位置传感器
CTS	Coolant Temperature Sensor	水温传感器
OTS	Oil Tempcrature Sensor	油温传感器
ECT	Engine Coolant Temperature	发动机冷却液温度
VSS	Vehicle Speed Sensor	车速传感器
TPS	Throttle Position Sensor	节气门位置传感器
A/F	Air Fuel Ratio	空燃比
A/D	Analog /Digital	模拟/数字转换器
ECU	Electrical Control Unit	电控单元
CPU	Central Processing Unit	中央处理器
ROM	Read Only Memory	只读存储器
RAM	Random Access Memory	随机存储器
I/O	Input Output	输入/输出
SV	Solenotd Valves	电磁阀
DTC	Diagnostic Trouble Code	故障代码
OBD	On Borad Diagnostics	车载诊断
SW	Switch	开关
IG	Ignition	点火 点火开关
	ON	开启状态
	OFF	关闭状态
O/D	Over Drive	超速挡开关
NSS	Neutral Start Switch	空挡起动开关
	Economic	经济模式
	Power	动力模式
	Standard	标准模式
S	Sports	运动模式
	Snow	雪地模式
	Auto	自动换挡模式
	Manual	手动挡模式

续表

英文缩写	英文全称	中文含义
CC	Cruise Control	巡航控制
	Hold	保持
LED	Light Emitting Diode	发光二极管
Diff	Differential	差速器
Max	Maximum	最大值
Min	Minimum	最小值
℃		摄氏度
℉	Fahrenheit	华氏度
km/h	Kilometer per hour	千米/每小时
r/min	Revolutions perminute	转/每分钟

参考文献

[1] 杜愎刚，吴社强．汽车自动变速器维修技术问答[M]．北京：金盾出版社，2004．
[2] 盛守法，汪立亮．汽车自动变速器维修技能实训教程[M]．北京：国防工业出版社，2006．
[3] 刘利胜，刘成．2 版．汽车自动变速器原理与维修[M]．北京：中国劳动保障出版社，2009．
[4] 朱迅，李晓．自动变速器构造与维修[M]．北京：中国劳动保障出版社，2010．
[5] 陈慧岩．汽车自动变速器原理与维修[M]．北京：中国劳动保障出版社，2002．
[6] 黎巧云．2 版．汽车修理与检测[M]．北京：中国劳动保障出版社，2004．
[7] 齐峰．汽车电工[M]．北京：电子工业出版社，2006．
[8] 张朝山．自动变速器原理与检修[M]．北京：电子工业出版社，2006．